冯宝麟 中药炮制研究之路

主编 孙立立

山东科学技术出版社

图书在版编目（CIP）数据

冯宝麟中药炮制研究之路/孙立立主编．—济南：山东科学技术出版社，2013.4（2021.1 重印）
ISBN 978-7-5331-6517-8

Ⅰ．①冯… Ⅱ．①孙… Ⅲ．①冯宝麟–生平事迹 ②中药炮制学–研究 Ⅳ．① K826.2 ② R283

中国版本图书馆 CIP 数据核字 (2013) 第 048136 号

冯宝麟中药炮制研究之路
FENGBAOLIN ZHONGYAO PAOZHI YANJIU ZHILU

责任编辑：韩　琳

主管单位：山东出版传媒股份有限公司
出 版 者：山东科学技术出版社
　　　　　地址：济南市市中区英雄山路 189 号
　　　　　邮编：250002　电话：（0531）82098088
　　　　　网址：www.lkj.com.cn
　　　　　电子邮件：sdkj@sdcbcm.com
发 行 者：山东科学技术出版社
　　　　　地址：济南市市中区英雄山路 189 号
　　　　　邮编：250002　电话：（0531）82098071
印 刷 者：北京时尚印佳彩色印刷有限公司
　　　　　地址：北京市丰台区杨树庄103号乙
　　　　　邮编：100070　电话：（010）68812775

规格：16 开（710mm×1000mm）
印张：16.75
版次：2021 年 1 月第 1 版 第 2 次印刷
定价：64.00 元

冯宝麟先生

实验室伏案工作

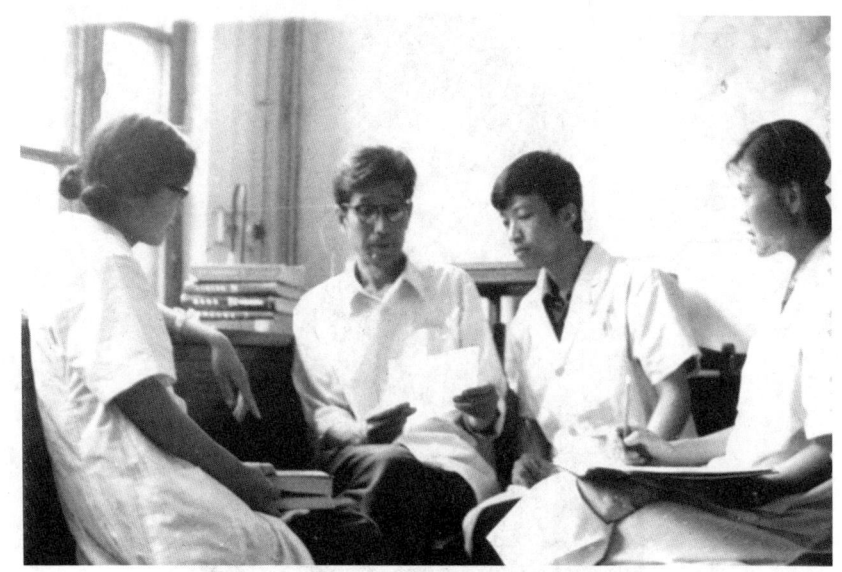

指导年轻同志

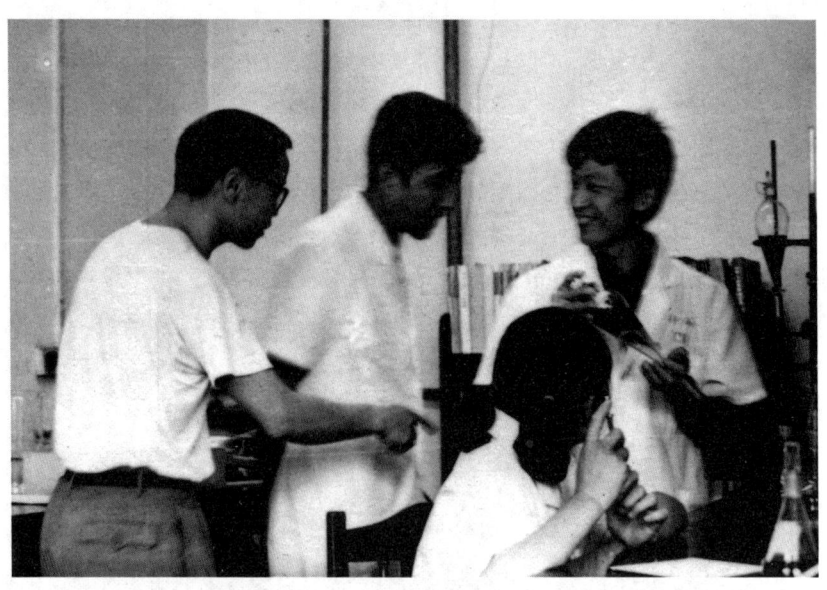

实验室指导青年科研人员工作

在家伏案写作

生活近照1

生活近照 2

生活近照 3

冯宝麟传承工作室

冯宝麟传承工作室授牌

前　言

中药炮制是我国医药学宝库的一个重要组成部分,是历代医药学家用药经验的总结。它是根据中医理论和药材自身的性质,按医疗、调剂、制剂的要求对中药材进行加工处理的技术。中药通过炮制可以达到减毒、增效、改变或缓和药性、适应临床用药等目的,而炮制是否得当,对保证临床药效、用药安全及便于制剂等有十分重要的意义。陈嘉谟在《本草蒙荃·制造资水火》中指出:"凡药制造,贵在适中,不及则功效难求,太过则气味反失……",说明炮制是否得当,对用药安全有效至关重要,特别是有些毒性药材,虽临床疗效显著,但必须经过炮制才能入药。中药炮制是一门实践性很强的学科,熟练掌握中药炮制技术,需要长时间的积累;同时中药炮制又是一门既古老又新兴的学科,对人才素质要求较高,既需要掌握传统经验,又需要掌握现代技术。一些名老中药专家的炮制加工经验,都是从长期实践中总结出来的,是宝贵的财富。因此,继承和发扬名老中药专家的中药炮制经验和学术思想,对加强中药炮制专业技术人员的培养,促进中药饮片炮制规范化,保证临床疗效具有重要的意义。

冯宝麟先生是我国著名的中药炮制专家,新中国成立后山东省第一批从事中药炮制研究的工作者,是我国中药炮制科学研究的奠基人之一,是第一届国家人事部、卫生部、中医药管理局500名全国名老中医药专家学术经验继承工作导师之一,享受国务院特殊政府津贴,在全国中药炮制专业领域内具有崇高声望。先生在从事中药炮制研究的近50年里,在探索中药炮制研究的方法和途径方面做了大量工作,学验俱丰。

本书通过对冯宝麟先生的论文、著作以及取得的科研成果进行检索和整理,探索和总结了冯宝麟先生几十年工作积累的炮制实践经验和其独特的实验技术方法。通过整理上述材料,对冯宝麟先生的学术思想、科研思路与方法进行总结,挖掘其对中药炮制学研究的贡献,继承并发展中药炮制理论;并梳理总结冯宝麟先生40余年中药炮制研究的历程,研究先生的成才之路,提炼总结名老中医药专家的成才因素和规律。

  作者希望通过总结研究冯宝麟先生中药炮制经验、学术思想和成才规律，使名老中医药专家的炮制经验和学术思想得以继承，促进中药炮制研究水平的提升。也希望本书能为从事中药、中药炮制的人员在研究思路和方法上提供一些参考和借鉴。

编者

目 录

第一章 学术思想与思辨特点 ... 1
一、中药炮制研究应重视历史沿革的整理 ... 1
二、中药炮制研究可按炮制的基本技术分类研究 ... 4
三、中药炮制可按炮制品类别进行研究 ... 9
四、加强临床与炮制基础理论相结合的研究 ... 10
五、中药炮制应重点开展统一炮制工艺、质量标准研究 ... 13
六、创造新的炮制法和新型炮制品 ... 15
七、中药炮制应重点开展炮制原理和理论研究 ... 16
八、中药炮制生产应发展机械化和现代化 ... 20
九、中药炮制研究应全国统一规划,多学科配合,有计划、有步骤的研究 ... 22
十、结语 ... 25

第二章 成才之路 ... 25
一、从研之路 ... 32
二、读书心要 ... 33
三、中药炮制研究思路 ... 36
四、成才经验 ... 38
五、结语 ... 40

第三章 重点科研 ... 40
一、搜毒丸中巴豆霜的制造研究(1958年) ... 41
二、西瓜膏制法研究(1958年) ... 43
三、山东地区中药炮制及加工方法备集(1959年) ... 46
四、保健丹剂型改进研究(1960年) ... 47

五、超声波对煎药的影响研究(1960年) ·········· 51
　　六、麦芽、谷芽、稻芽的炮制研究(1961年) ·········· 56
　　七、神曲的炮制研究(1961年) ·········· 57
　　八、中药研究资料收集总结(1961年) ·········· 62
　　九、单味药制造研究(1961年) ·········· 64
　　十、磁石、山甲、硇砂的炮制研究(1961年) ·········· 68
　　十一、杏仁的炮制研究(1961年) ·········· 71
　　十二、酸枣仁的炮制研究(1961年) ·········· 73
　　十三、巴豆霜的炮制研究(1962年) ·········· 74
　　十四、几个有关中药问题的讨论(1963年) ·········· 81
　　十五、有关炮制的历代文献简介(1964年) ·········· 82
　　十六、马钱子炮制方法改革研究(1970年) ·········· 84
　　十七、地黄炭的研究(1981年) ·········· 92

第四章　著作拮萃 ·········· 92
　　一、山东中药炮制经验汇编(节选) ·········· 96
　　二、中草药加工炮制手册(节选) ·········· 112
　　三、古今中药炮制初探(节选) ·········· 127

第五章　学术论文 ·········· 127
　　一、中药炮制研究规划设想 ·········· 130
　　二、对中药炮制研究的几点看法 ·········· 133
　　三、关于中草药炮制原理和改革途径的探讨 ·········· 140
　　四、中药炮制研究应重视历史沿革的整理 ·········· 143
　　五、新中国成立以来炮制研究概况与展望 ·········· 146
　　六、关于中药酒制改革问题的商榷 ·········· 150
　　七、中药炭药探讨 ·········· 154
　　八、中药醋制类炮制理论探讨 ·········· 160
　　九、中药酒炒类炮制的研究 ·········· 164
　　十、中药蜜制沿革探讨 ·········· 167
　　十一、陈嘉谟炮制原理(辅料制)适用范围的讨论 ·········· 169
　　十二、关于麦冬去心问题的探讨 ·········· 175
　　十三、地黄炭的研究 ·········· 176
　　十四、川乌炮制工艺改革的研究 ·········· 181

十五、马钱子散生产工艺改进的实验研究 …………………………… 183
十六、神曲炮制研究小结(1961年) ………………………………… 184
十七、山甲炮制法初步分析(1961年) ……………………………… 185
十八、醋煅磁石的初步分析(1961年) ……………………………… 186
十九、巴豆霜炮制方法的初步探讨(1962年) ……………………… 188
二十、杏仁炮制理论探讨及压油后新剂型的试制(1961年) ……… 191
二十一、超声波对煎药质量影响的探讨(1960年) ………………… 195
二十二、对《中国药典1977年版》中炮制项目的几点意见 ……… 199
二十三、制备中草药注射液的点滴体会 ……………………………… 202
二十四、柴胡药用部位的探讨——南柴胡根马茎叶的比较 ………… 207
二十五、柴胡药用部位的探讨 ………………………………………… 209
二十六、中药炮制作用的药理研究 …………………………………… 213
二十七、论炮制历史沿革研究中的几个问题 ………………………… 216
二十八、从经方看中药炮制液体辅料的早期应用 …………………… 219
二十九、从中药盐制沿革看盐制的作用及原意 ……………………… 223
三十、新中国成立以来中药炮制整理和研究的进展(1963年) …… 229
三十一、有关中药炮制的历代文献简介(1963年) ………………… 242
三十二、麦芽、谷芽和稻芽的炮制研究(1961年) ………………… 244
三十三、硇砂醋制理论及成分分析 …………………………………… 245
三十四、《中药炮制学》二版教材学用心得 ………………………… 248
三十五、生、炒酸枣仁水煎剂镇静、安眠作用的比较 ……………… 248

第一章 学术思想与思辨特点

冯宝麟先生是我国著名的中药炮制专家,新中国成立后山东省第一批从事中药炮制研究的工作者,是我国中药炮制科学研究的奠基人之一,是第一届国家人事部、卫生部、中医药管理局 500 名全国名老中医药专家学术经验继承工作导师之一,享受国务院特殊政府津贴,在全国中药炮制专业领域内具有崇高声望。先生在从事中药炮制研究的近 50 年里,在探索中药炮制研究的方法和途径方面作了大量的工作,学验俱丰。我们通过系统搜集整理先生的论文、著作、科研等相关材料,以及走访他当年的同事和学生,从以下九个方面对冯宝麟先生的中药炮制研究学术思想与思辨特点进行了归纳和总结。

一、中药炮制研究应重视历史沿革的整理

(一)中药炮制历史沿革整理的意义

中药炮制是我国历代医药学家在长期实践活动中逐渐发展起来的制药技术,它的发展经历了由浅到深、由低级到高级的过程,但是由于历代的炮制方法在文献中记载较为分散,且缺乏系统的整理,尤其是对品种、方法及炮制作用的认识,历代均有变化,且争议颇多,使得炮制技术在整个炮制发展过程中的变化较大。

冯宝麟先生认为现用炮制经验的来源不一,如果只根据现用炮制经验进行研究,往往不能反映炮制的原始意图,得不到正确的结论。要真正规范炮制方法,做到继承与发展,就需要了解前人的发展情况,把零散的炮制资料进行系统的整理和分析,搞清炮制的历史沿革,弄清楚炮制的原始意图,完整地认识炮制的全貌,去粗取精,去伪存真,为现代中药炮制的发展奠定坚实的基础。

(二)对炮制历史沿革整理的探索

在实际工作中,冯宝麟先生非常重视对炮制经验的搜集和历史沿革的整理,早在 1959~1961 年先生在搜集整理山东各地中药炮制经验时,就查阅整理了 21 部古代中药著作中有关中药炮制的记载,探寻各味中药炮制的原始意图、目的、方法、作用、发展沿革的规律和特点。1963 年,其又与王孝涛先生共同编写了

《有关中药炮制的历代文献简介》,该书介绍了唐代之前至清代106部医药著作中关于炮制记载的概况;还作为主编参与了《历代中药炮制资料辑要》一书的编写,该书辑录了167部医药古籍中有关炮制的资料,是迄今为止提供历史资料最多的炮制书籍。1983年,先生主编出版了《古今中药炮制初探》一书,该书系统总结了60余味中药的炮制演变过程,分析其炮制原意,并结合现代研究,探讨其炮制的合理性和科学性。通过开展上述研究工作,先生提出了自己的观点。

1. 现代某些炮制品不一定符合古代的炮制原意。

在古人发现某一药材经某法炮制有一定作用后,常常被后人引以为规律推广到多种药材。如"抽去心除烦""不去皮耗人元气""去芦免吐""去核免滑"等,后世许多药材的去皮、去心、去核、去毛皆受这些理论的影响。如巴戟天、贝母、连翘的去心,狗脊、鹿茸、骨碎补、马钱子的去毛,党参、丹参、桔梗、牛膝等的去芦,金樱子、山楂等的去核等,但其中一些药材的炮制法不一定都符合古人提出的炮制原意。对于此类中药,应该通过历史文献整理研究弄清楚其炮制原始意图,以做到正本清源。

2. 炮制的作用随药而异,不应简单的解释和推论引用。

某些炮制理论,只能应用于部分中药,或只能代表一部分炮制作用,如"入药火炮、汤炮、煨、炒者去其毒也""炒以缓其性""生的性悍,主泻;熟的性淳,主补",种子类药材炒黄是为了"始煎味得出"等,都只是从不同角度说明加热的作用,不能简单地引用推广和解释炮制作用,还应具体药材具体分析,才能正确理解炮制的作用。

3. 古代的炮制方法也有优劣和合理与不合理之分,应进一步研究。

单味药在历史上的炮制方法变化很大,虽目的未变,但这些方法肯定有优劣、是否合理之分。如苍术去燥性,历史上有用"米泔水浸泡不断换水法"的,也有"米泔水拌后炒"的。大黄去寒性有煨的,有炒的,有蒸的,在蒸中有单蒸的也有酒蒸的,有笼蒸的,又有罐蒸的。采用这些方法炮制后是否均能达到炮制目的,炮制效果是否相同,以哪一种最为合理有效,都应进一步研究。

4. 古代的炮制方法亦不完全正确。

任何一种药物炮制方法的产生和演变,均不是凭空而生的。有的是为适应配方、制剂的需要;有的是为改变或缓和其药性;有的为降低毒副作用;有的出于商业的利益需要;有的受某种理论以及传说、宗教、风俗习惯的影响;甚至有的出自某些庸医、药商的故弄玄虚等等,所以这些炮制法并不完全可靠,应该搞清其是否具有实用价值。如"酸枣仁生用醒睡,炒用治失眠""当归头止血、身和血、梢破血""杜仲炒炭""乳香用灯心同研"等,这些炮制方法是否正确,均需要进一步研究探讨。以杜仲为例,《华氏中藏经》中首先提出"慢火炒令断丝",盐水炒始于宋代《扁鹊心书》,并一直沿用至今。其加热炒制的最初目的是破坏其胶质,但是由于杜仲丝很难炒断,随着炒制程度的不断加重,结果到了现代便演变成了杜仲炭,杜仲制炭不但与止血毫无关系,而且杜仲的其他有效成分也遭到了破坏。另外,据记载南北朝时曾认为钟乳醋煮、细辛水渍、黄芪蜜制、当归酒润等都是商人为了追求外观效果而采用的办法,而实际不应如此炮制。明、清时代也有半夏是否长时间浸泡,麦冬是否去心,砂仁是否拌蒸熟地,地黄是否炒炭等争论。这些品种也应采用现代技术手段,进一步分析研究,看其炮制方法是否与炮制目的相符。

5. 炮制理论的实用价值应有评价。

中药炮制理论多是在总结多种单味药炮制作用的基础上归纳起来的,如"炒用性缓""逢子必炒""炒炭止血""火炮、汤炮、煨、炒者去其毒也"等,但不能应用于所有药物的炮制。特别是明代陈嘉谟的总结,现代大都引以解释炮制作用,用于指导生产,扩大炮制品的应用,但这些理论往往只能代表一部分炮制作用。以酒制为例,《本草蒙筌》中提出"酒制升提",具体应用例如黄芩、黄连、大黄等酒制后有引药上行、助发、行经去寒等作用,但实际上酒制并非仅此一种作用,还有其他多种作用,包括使药材易于粉碎的作用(菟丝子)、去腥的作用(鹿厌)、去燥性的作用(补骨脂)、去不良反应(常山)等,因此,升提只是酒制的一个方面。又如醋制,《本草蒙筌》中提到"醋注肝,以资注痛"。而实际上醋制的作用有多种,其中有精制去毒(硇砂),帮助矿物药粉碎、引药入血分(逢莪术)及入肝的作用(青皮)等,所以,仅说醋制入肝止痛是不全面的。由此看来,不能理解为一切酒制都是为了"上行",一切醋制都是为了"止痛"。使用炮制理论时,不能一概依此来解释和推广到任何药材,还应具体药材具体分析。要了解炮制的意义仍需搞清其历史背景,方能了解古人的意图。

(三) 小结

现代炮制经验源于古代,中药人员常说"遵古炮制",但中药炮制的众多方法都与当时的认识和生产力水平有关,有医疗、调剂、制剂和临床使用的需要,也有理论推衍、商业需要,甚至是商家、医家故弄玄虚,真伪优劣并存。如果不加以整理、分析与研究,难免会使中药炮制研究失之偏颇。

冯宝鳞先生作为中药炮制研究的开拓者之一,在没有经验借鉴的情况下,从实地走访、收集历史文献资料入手,理清沿革,正本清源,分析炮制的原始意图,探索炮制技术、品种、方法与理论产生、发展、演变规律,从多侧面对如何研究炮制这一传统学科提出了个人看法,提出开展中药炮制研究,应首先重视中药炮制历史沿革的整理,为炮制研究现代化起到了奠基和探路的作用,为后人提供了借鉴经验。

二、中药炮制研究可按炮制的基本技术分类研究

（一）中药炮制的基本技术分类含义

冯宝鳞先生在长期的研究总结中发现，千变万化的中药炮制，亦是有规律可循的，所有复杂的炮制方法都是由几种基本技术为要素组成的，即净制（去除药材的某一部位）、水制（水处理）、加热制（加热处理）和加辅料制（加辅料处理）四种基本技术。每一种基本技术都有其适用范围和作用。这些基本技术早期多单独使用，后来逐步形成了复合制法。

（二）中药炮制基本技术分类的意义

中药的炮制品很多，其炮制方法不仅因药材不同而不同，同一种药材往往也有多种炮制方法，加上地区经验的不同，使其炮制方法更是多而复杂，研究起来不易着手。面对原始、纷繁的历代炮制史料，先生将其分解为净制、水制、加热制、加辅料制四种基本技术，把纷繁的炮制工艺分解成基本技术单元，探索其基本作用，使复杂问题条理化。这样研究，有助于认识炮制作用，有助于搞清炮制原理，对指导中药炮制技术研究，促进中药科研水平的提高，进而推动中药饮片的行业发展，实现中药现代化具有重要意义。

（三）中药炮制可按基本技术分类研究

先生对净制、水制、加热制和加辅料制四种基本技术的历史演变和现代研究分别进行了系统研究，归纳了各自的基本作用、炮制的目的，提出中药炮制可按基本技术分类研究。

1. 净制　净制是中药炮制中起始最早、应用最广的基本技术，是古人选择药用部位，去除非药用部位和杂质的一类处理方法。这是由于中药材是天然产品，因此多含有泥沙、尘土或其他不洁之物等杂质，有的药材有枯朽部位，有的药材的非药用部位有毒副作用，有的药材的非药用部位无效或质量低劣，有的药材的用药部位不同作用不同甚至相反，因此用药前一般都需要进行净制处理，以保证用药安全有效。

先生首先对炮制历史文献进行查阅和总结，发现净制可分为去皮、去壳、去荚、去苗、去芦、去枝梗、去毛、去心、去子、去核、去瓤、去节、去头、去足、去爪、去翅、去土、去沙及其他等十九个方面。对这些净制方法适用品种和作用整理分析，归纳出净制的作用和目的，不外是去除杂质，去除无用部位，去除质次部位，去除毒、副作用等。

先生认为应当对中药净制技术开展现代研究，并对净制理论进行甄别。因为虽然通过现代研究已经解释和说明了一些古人炮制经验的合理性，但净制的经验大多是来自长期的实践经验的总结，是部分药材炮制经验的总结，多数药材

是沿用推广,并且有些药材的某些部位有毒性或副作用,或不同部位具有不同的作用,都是经过历代实践和积累逐步认识到的,往往只针对某一药材,不具有普遍意义,所以应在合理的基础上研究提高,对那些不合理或者比较落后的经验,应采用现代技术手段加以改进。现代研究表明,有些历史上沿用下来的净制方法并无必要。如麦冬去心历史上即有争议,自南北朝《本草经集注》中提出麦门冬去心,有除烦闷的作用,如"凡用麦门冬皆微润,抽去心……",后世基本以此说为主。明代《本草蒙荃》中总结为"抽去心除烦"的说法,此后在明代《医学入门》、《本草正》,清代《修事指南》中都有相同的论点。但对麦冬去心历代也有不同的看法,在明代《本草乘雅半偈》,清代《本草崇原》、《本草述钩元》、《温病条辨》、《本草便读》等书中主张带心用。《本草崇原》中说:"用麦冬以通脉络,并无去心二字,后人不详经义,不穷物理,相沿去心久矣,今表正之。"故该书中记载为"不去心"用。对于上述两种历史观点,先生对其分别进行了考证,通过从文献、实际调查、临床试用、成分定性和水溶性成分溶出方面进行综合分析,最终得出麦冬的"心"是质次部位,古人去心是为了提高药效和便于煎出,但麦冬心所占比例很小,不去心轧扁或切制,也可提高煎出率。另外有些净制的药材是属于同类药材的推广沿用,是否同一类型的药材,其作用就一定相同?如山茱萸的核能滑精,金樱子的核也能滑精?人参芦有吐的作用,其他芦是否也有吐的作用?都有必要进一步研究。

对于净制理论,《本草蒙荃》、《修事指南》等医籍中对净制理论做了总结,但多数理论只能说明某些药材的具体作用,并不能将这些理论套用于一切药材,具体药材应具体分析,通过研究,完善和提高古代合理的净制方法。

2. 水制　水制是中药炮制的基本技术之一,包括水淘洗、水润、水浸泡、水溶解、水飞等。水具有多种性能,水作为一种溶剂,可以溶解多种物质,也可以悬浮一些物质;药材的含水量多少可决定药材的硬度等。古人利用水的种种性质将其广泛用于各种药材的处理,以达到除去毒性、副作用、沙石等杂质,进行精制、选取细粉,软化药材,便于切制等目的。大多数药材都必须用水淘洗去土、沙等杂质,多数植物药材也必须用水浸润软化后切片,水飞法可应用于多种水不溶性的矿物药材以选取细粉,一些可溶性无机盐类矿物药可用水溶解后重结晶以纯净药物,用水浸漂法可除去一些药材的毒副作用。这些炮制技术至今遵循着古人的意图和方法来进行,而且用之有实效,可见古人利用这些简单的方法处理药材积累起来的经验是相当有价值的。

先生首先对水制法的历代演变进行了论述。早在汉代开始有用水制法处理药材的记载,至唐代水制的常用方法均已出现,早期是单独使用,后世又配合加热、加辅料等形成多种炮制法,但水制的基本目的、方法和用途至今沿用未变,只不过是品种的增加和方法更详尽。

古代的水处理方法,特别是水飞法和水溶后重结晶法,至今一直在应用,说明其具有科学性和合理性,但在软化药材和去除毒副作用方面,虽有合理的一面,但也有不足的地方。因此,先生主要对有毒药材的处理和水浸软化切片两个方面进行了研究和归纳。

有毒中药经水处理后多能降低毒性,原因主要是有毒物质被水溶解或水解而降低了含量。在去毒、副作用研究中发现,川乌、半夏经水浸泡后,虽降低了毒性,但其水浸出物、醇浸出物等的含量都有所降低,虽现代尚不清楚其药效作用的物质基础是什么,但质地和成分组成有改变是肯定的。另外,如马钱子的毒性成分与有效物质都是番木鳖碱,浸泡后含量降低过多则会影响疗效。乌头有毒,经水浸泡后可使其有毒成分乌头碱含量降低从而降低毒性,但有人认为乌头碱尚有止痛的作用,可用于治疗风寒湿痹,过度浸泡自然也会影响其临床疗效。清代曾有人亦对当时浸泡处理附子、半夏等有不同看法,如清代《本草从新》中曾说附子"市医漂淡用之,是徒用附子之名尔"。《女科要旨》中说:"时行临证指南,其药惯用生姜渍,泡淡附子、地黄炭、泡淡吴茱萸、漂淡白术及一切炭药……皆无气无味之类。"《本草纲目拾遗》中说:"今药肆所售仙半夏,惟将半夏浸泡,尽去其汁味,然后以甘草浸晒……全失本性……是无异食半夏渣滓,何益之有。"所以为了降低药材毒性,仅靠长期浸泡并非妥当的方法。先生提出应进一步改进,既要保证无毒,又不损失药效。

水处理软化药材是现代应用极广的办法,其目的是使干燥的药材均匀吸水软化后,便于加工为饮片入药。如切制,多数植物药材在切制前需要通过浸泡等手段进行软化,而水能溶解多种物质,通过实验可以看出,浸泡虽然达到了软化的目的,但药材的质量也受到了影响,使得很多药材的成分有损失。明代已有人注意到这一问题,在《本草原始》中曾说天门冬水渍润,去心,但"不可浸出脂液,不知者乃以汤浸多时,柔则柔矣,然气味都尽,用之不效"。这一问题现已引起重视,所以现代在软化药材方面,有的采用少泡多润,有的采用喷水闷润,有的采用通热蒸汽润软,也有的主张产地趁鲜切片,这种种方法都是为了既达到软化药材切制饮片的目的,又不使药材质量降低,无疑是值得肯定的。用水软化切制药材方面,还有必要进一步改进。

3. 加热制　加热制是中药炮制的基本技术之一,加热制在炮制中应用的较早也较广泛,多数药材的炮制方法中都有加热炮制这一过程。加热对药材的质量影响很大,古人曾以"炮""炙"两种加热方法代表炮制,足以说明加热在炮制中的重要性。

先生首先对加热炮制技术的历史沿革进行研究,发现加热炮制方法历代有很多变革,药材种类不同,加热方式、加热程度不同,产生的效应亦会有所不同,因此搞清这一基本技术的原始意图、方法演变、使用范围及存在的问题,对加热炮制技术进行系统的整理研究有着重要意义。

加热制起源古人知道使用火之后,医食同源,引用于炮制药材。传统的加热方法由于受到古代科学技术水平的影响,因此历史上加热法变化很大。早在《内经》中就有头发烧灰的记载,汉代《神农本草经》、《伤寒论》中已有烧、炼、熬、蒸等法炮制药材。古代在不了解中药有效成分的情况下,通过实践,利用种种方法,对药材进行加热炮制,从而起到了灭活,杀菌,干燥,使其质地变疏松而易于粉碎和便于煎出有效物质,缓和药效,去除副作用,降低毒性,甚至改变原药性能等作用,从而满足临床和制剂的需要;并根据需要,创造了多种加热方法,如介质加热法,即通过米、麸、蛤粉、沙等,使药材均匀受热;且不断改进蒸法、闷煅炭法等,使药材经加热炮制后能够获得更好的疗效。

先生通过对加热制实验研究和现代文献的考证,发现中药经过加热炮制后主要作用有两个方面:一是中药经加热炮制后,有生理活性的成分,多数有不同程度的破坏,因此使某一方面的药效得到缓和,毒副作用有所降低,而成分损失的多少,与加热的方式、程度、时间等因素有直接的关系。二是中药经加热炮制后,可改变药材的物理性质,改变或增强疗效。

传统的加热方法由于受到当时科学技术水平的影响,因此历史上加热法变化很大,同时由于药材质地不同,加热处理时有的需要温度低,有的需要温度高,加热程度也需控制,通过改变加热介质,可以很好的解决这一问题,介质中米、面、麸、纸等作介质温度较低,滑石粉、油、蛤粉、沙等作介质温度较高,煅烧温度最高,应根据药材的质地和炮制需求分别应用,以控制所需温度。同时米、面、麸、蛤粉等加热介质,本身又具有健脾、去痰等其他作用,但不是介质加热的主要目的。至于一般加热变化,已知其作用各不相同,但炒焦和制炭对药材改变较大,药材作用虽有改变,但药材的损耗和有用物质的损失较多,因此如何充分利用药材的效用而又不使其浪费有待于深入研究。

4. 辅料制　加辅料处理是炮制的基本技术之一。以辅料炮制中药,是利用辅料本身所具有作用的基础上发展起来的一类炮制方法,实际上是引用复方配伍的原理,借助辅料本身的作用,以加强药材某一方面的功效。至今单纯用辅料炮制的中药已很少,大多配合净选、水处理、加热等法炮制,多数辅料在炮制中有其独有的作用,辅料是达到预期炮制目的的因素之一。辅料制的种类很多,包括酒制、醋制、蜜制、盐制、米泔制、姜制、童便制、胆汁制等,其后在单一辅料制的基础上,又出现附、黄连、甘草制等多种辅料复制的品种,同时亦出现一药多制法。以上种种辅料制法,皆可说明辅料制是借助辅料本身的作用,以加强药材对某一方面的疗效。

以辅料炮制中药,是在元、明时期炮制理论形成之后,逐渐广泛应用和发展起来的,后期又增加的新的辅料品种及其制法,是否符合原始炮制意图,其实际效果到底如何,仍须进一步深入研究。如早期一些用于解毒的辅料,似有某种专一性,在《肘后备急方》中提到的大豆、大豆汁、小豆能解乌头、附子毒,甘草能解芫花毒,生姜能解半夏毒等。但后期不仅豆、甘草、生姜的解毒范围扩大了,新的辅料品种也有所增加,如用以解乌头毒的辅料就有黑豆、豆腐、甘草、生姜、醋、白矾、金银花等。是否每一种用于解毒的辅料,都可以任用于某一种有毒中药?究竟有何作用?不同辅料对药性影响有何不同?尚待继续探讨。

古人在早期并不主张泛泛的用辅料制,南北朝时期曾指出,有些没有意义的制法是药商的弄虚作假,如"众医睹不识药,唯听市人,市人又不辨究,皆委采送之家,传习治拙,真伪莫测,所以钟乳酢煮令白,细辛水渍使直,黄芪蜜蒸为甜,当归酒洒取润,螵蛸胶着桑枝,蜈蚣朱足令赤,诸如此等,皆非事实,世用既久,转以成法,非复可改,未知何如!"依此足以说明,古人早就认识到有些辅料的用法是不妥当的。因此,先生认为搞清辅料制的意图和原理,将有助于指导并改进炮制工艺,保证炮制品的质量。

此外,先生指出在研究炮制工艺的同时,不应忽略对辅料应用的研究,比如辅料用量,加入方法等。辅料制从古人的原意来看,是起辅料的配伍作用,意在发挥辅料本身的医疗作用,或其他辅助作用。如蜜制入肺,醋制入肝等,仅是提出一些原则,很少说明辅料用量,现代各地也往往根据各自的实际经验,加入一定量的辅料,从而造成炮制工艺不统一,难以保证药效的一致性。因此辅料用量是保证炮制作用的重要因素之一,另外辅料的加入方法、辅料本身的质量也会影响到炮制品的质量,现代应重点开展此方面的研究。

(四)按炮制的基本技术分类研究应用

中药炮制的四种基本技术常常单独使用或形成包含多种基本技术的复合方法使用。槟榔在炮制加工时首先采用水处理软化切片,然后按照不同的炮制目的,加工炮制为炒槟榔、焦槟榔和微波制槟榔等饮片规格。在研究中包括了净制、水制和加热制三种基本技术。

"八·五"期间,在冯宝麟先生炮制基本技术分类研究的思想指导下,对槟榔的炮制工艺按照净制、水制和加热制三种基本技术进行研究,使得对槟榔炮制技术的研究非常条理,容易着手研究。槟榔水制的目的就是为了软化,易于切制,因此工艺采用正交设计法进行系统研究,筛选出最佳软化切制工艺,并提出最佳切制工艺参数为先减压后加 25~26℃ 水浸泡,切 0.5 mm 以下极薄片,阴干,使槟榔有效成分的流失降到最低。进一步对槟榔加热制的炮制工艺进行优选,根据槟榔所含成分槟榔碱遇热易挥发的特性,在炒槟榔和焦槟榔的规格外,又设计了微波制槟榔新工艺,研究确定了各炮制规格的工艺参数,三种规格又以微波炮制为槟榔炮制的最佳工艺。研究中不仅采用了按照基本技术分类进行研究,还在研究过程中根据药物的特性创立了新的炮制方法。

三、中药炮制可按炮制品类别进行研究

(一)中药炮制品类别的含义

中药炮制品类别主要有蜜炙、醋制、制炭、酒制、炒制、复制、煅制等。中药饮片各类炮制方法目的均不相同,经过某一类方法炮制后,却可以起到同样的炮制目的,如清炒可起到保持饮片质量,有利于药效成分煎出及便于贮存等作用;麸炒可降低药物的燥性,以增强药物的健脾作用;土炒可起到协同作用,能增强药物的健脾安胃的作用;炒炭可增强药物的止血作用;蜜制可因蜂蜜滋补润肺的作用,增强药物润肺止咳、补中益气的功效;盐制可引药入肾,增强药物补益肝肾利水的作用;醋制可引药入肝经,增强药物活血化瘀、理气止痛的作用;酒制可引药上行,增强药物温补肝肾、活血通络的作用。因此按照炮制的目的不同,可选择不同的炮制方法。

(二)中药炮制按炮制品类别进行研究的意义

先生认为每一类方法涉及的药材虽不同,但其炮制意图可能是一致的,如传统认为炒用性缓,炒焦健脾,炒炭止血,盐制入肾,都有一定的共性。为什么炒能性缓？焦能健脾？炒炭为什么能止血？寻找其改变的共同点,则可以逐步搞清炮制原理。因此,上述炮制方法均有一定的共性规律,可按炮制品类别开展研究,找出共同的规律和共性,对揭示炮制原理,搞清炮制实质具有重要意义。

(三)按炮制的炮制品类别研究应用

先生对不同炮制品类别进行的研究主要包括中药蜜制类、酒制类、炭药类、醋制类等。先生在这方面开展了大量的研究,如硇砂、磁石、山甲的醋制研究,对三者醋制的工艺和目的分别进行研究,寻找中药醋制的规律和共性,总结出药物用醋处理的目的,有下列几点:①辅助药物的作用,将醋吸入药内,辅助药物的治疗;②降低药物的寒性、毒性及急剧的作用,③使药物易于粉碎;④去掉药物异味;⑤精制。再如,先生对中药炭制的规律和共性进行研究总结,对《中药炮制经验集成》收载的30余种炭药进行研究,首先对炭药的历史沿革进行总结分析,然后对比了30种中药炒炭前后对动物止血的作用;实验结果表明多数炭药具有缩短出血及凝血时间的作用,"红见黑止"的理论是肯定的。

按照先生对炮制品分类进行研究的学术思想和科研思路,开展了中药炮制方法共性技术研究,在中药蜜炙共性技术等方面取得重大的进展。

在"十一·五"国家科技支撑计划项目"中药蜜炙共性技术于相关设备研究"中，选取蜜炙有代表性的甘草、黄芪、百部、前胡和麻黄五种饮片，采用高效液相色谱法等现代分析技术，研究并找出了各代表性药材炮制前后化学成分的变化及其共性，炮制前后药理作用的变化及其共性，甘草、黄芪经蜜炙后能明显增加补益作用，前胡、百部和麻黄经蜜炙后能明显增加化痰止咳和平喘作用，与传统中医药蜜炙理论相符。同时证实蜂蜜的加入对于增强药物的补益和润肺止咳、平喘作用起到了协同作用，揭示了蜜炙炮制原理于科学内涵，对五味蜜炙饮片质量评价体系进行了共性总结，形成了蜜炙饮片质量评价标准。

（四）小结

先生通过多年炮制科研实践，提出中药炮制应按炮制品类别研究，为中药炮制的科研提供了新的思路和方法，对中药炮制的研究具有指导性作用。国家"十一·五"科技支撑计划项目中，首次将中药炮制共性技术列入支撑计划，而这一思路先生很早就已经提出，这种研究思路和方法具有很强的科学性和前瞻性，时至今日对中药炮制研究仍然具有重要的指导意义，极大地提升了中药炮制的科研水平。

四、加强临床与炮制基础理论相结合的研究

冯宝麟先生提出中药炮制研究在中医理论及实践中，可以吸收很多经验和线索，研究中药是不能脱离中医理论和实践体系的。不能孤立的去研究中药的成分、药理，而要根据中医的治疗和用药规律，接受中医的使用经验，分解化学、药理、临床来探索中药的治疗理论及作用机制。

（一）中药炮制开展临床研究的现状

中药研究是药化、药理、临床各方面的综合研究，中药炮制的研究也是一样，必须通过临床才能进一步肯定，应注重中药炮制与临床应用相结合。因为目前炮制研究多借助现代化学和药理手段进行，而目前符合中医用途的成分和药理指标并不多，且缺乏符合中医药理论的药理学手段和方法，因此难以做出确切的符合炮制改变性、味、归经以及临床功效作用的药效学结果，所以炮制是否得当，还应在化学和药理研究上得到一定的线索后，进行临床验证，以达到炮制研究的目的。目前临床上总结炮制作用的报道不多，且很多研究只是仅仅得出实验室结论，难以得到推广，服务于社会。另外，有些历史上有争议的炮制问题，在未进行临床验证明确其炮制作用之前，就盲目开展基础研究，既浪费了资源，又走了很多弯路，因此，应注重中药炮制研究与临床应用相结合的研究，更好地服务于临床。

(二)中药炮制研究应注重与临床应用相结合

针对当前中药炮制作用临床研究现状,先生认为应在化学和药理研究上得到一定的线索后,进行临床验证,或从临床需要以及临床用药存在的问题入手,加强对中药饮片炮制前后临床疗效的比较,以达到炮制研究的目的。先生开展了部分中药炮制与临床研究相结合的研究工作,如酸枣仁在宋代以后逐渐出现了生熟异治之说,《证类本草》引证了五代史后唐刊《石药志》说的"睡多生使,不得睡炒熟",但有的古代文献中也有不同记载,认为"酸枣肉味酸,吃后不思睡,酸枣仁可治失眠"。不是生用与熟用的关系。生用与熟用是否作用相反?是否为果肉与核仁作用相反的误解呢?针对上述疑问,先生开展生、炒酸枣仁水煎剂镇静、安眠作用的比较。首先进行药理研究,试验结果表明不论口服或注射,生熟酸枣仁煎剂皆有使小白鼠睡眠的作用,对照组睡醒如常,并在几年的时间里进行了多次的临床试验。通过药理和临床试验,先生认为生炒酸枣仁均有镇静安眠作用,二者并无区别。如有人曾对生、姜腌的半夏煎剂对近千例病人进行数年以至几十年的临床观察,并未发现有"戟人咽"和"失音"的现象,这为生半夏或姜汁腌制半夏可入煎剂使用提供了可靠的依据。

先生所进行的研究体现了为临床服务的观点。如开展的麦芽、谷芽和稻芽的炮制研究,表明了麦芽、谷芽和稻芽的药效作用物质基础是淀粉酶,微炒不影响其淀粉酶的含量,但炒焦影响较大,建议少用;在服用方法上,煎服能损耗淀粉酶,建议临床研成细粉直接冲服,可节约用药,该研究成果很容易为临床所接受,容易推广使用,提高临床疗效。又如先生开展的关于麦冬去心问题的探讨,针对临床用麦冬,按传统习惯,多数认为需要"去心"后入药,有"不去心令人烦"的说法。但近年来因"去心"费人工多,有的地区已不去心用,如北京、上海、山东各地的药房、药厂已均不去心。应否"去心"?如果不"去心"影响疗效,则应保留此项炮制,以保证质量,如不影响疗效,则可删除此项炮制,以节省人工,便于生产。先生首先调查了临床使用情况,访问了山东省中医院的药房和几位老中医,该院医院药房中配方与制剂中所用麦冬"不去心"已有近二十年,老中医的意见是临床使用中带心麦冬并未发现有"烦"的副作用,在临床使用调查的基础上对麦冬肉与麦冬心二者的75%乙醇提取物、甲醇提取物和水提取物分析后发现化学成分基本相似,麦冬肉水浸出物高于麦冬心,但心在全麦冬中约占3%,对临床应用影响不大。初步认为,麦冬"去心"与"不去心"区别不大,临床使用可以不去心用,以节省人力,便于生产。入煎剂时,可以砸扁入药,提高煎出率。先生针对中药临床煎药供不应求,煎药工人劳动强度大,工作效率低的现状。观察了超声波与普通方法煎药效果的比较,选取的药材、粉碎度、加水量等条件一致,加热至沸后,一种方法是继续加热,并计算时间,加热至规定时间,过滤,蒸干,干燥,称重;另一种方式是煮沸后,超声波提取一定时间,其他操作同上,比较两种提取方法煎出物的重量。通过试验,结果表明通过超声波1~5分钟处理煎液,即可达到普通方法煎煮30分钟的效果。为临床提高煎药效率,节约燃料提供了方法。

从先生所开展的炮制研究可以看出先生特别注重与临床应用相结合,加强临床研究,取得的成果更容易推广应用,避免在中药炮制的研究中走弯路,达到事半功倍的目地,提高了中药炮制的科研水平。

(三)中药炮制研究与临床结合的探索

先生在研究中提出,炮制是一个复杂成分变化的过程,基础理论研究如化学成分等研究应注意药物的中医临床用途,提供与中医临床实际有关的有效部位、有效成分或组分,如现今已从中药中分离出很多具有临床疗效的有效部位或单体成分,如人参皂苷、三七皂苷、淫羊藿总黄酮、地黄多糖等。药理研究则应建立与中医临床的"证"相符合的动物模型,选用符合中医药理论的药理学指标和方法开展研究。如元胡,古代已知加醋制增加止疼作用。现代研究发现醋制可使元胡索碱的溶解度加大,疗效增加。鸡内金的应用,本草记载不可水洗。从现代研究看,它的消食作用是利用其腺胃分泌粘着消化液的作用,因此不可水洗。雷丸的驱虫成分为蛋白质分解酶,不耐热,柴胡的解热物质易于挥散,可随蒸汽蒸馏而出,故古人有雷丸不可煮,柴胡不可近火的经验。这些研究都紧密结合临床,研究成果是极有价值的。

"八·五"期间,在棕榈研究项目中,冯宝麟先生亲自指导课题组人员,查阅了历代中医药著作200余部,并对13个有代表性省市的棕榈炮制现状进行了广泛地调查研究,发现不仅药用部位有别,炮制方法也不统一,而且制炭后存性程度差异很大。根据文献考证、现状调查和现代研究结果,拟定了煅、炒和砂烫三种制炭工艺研究方案,以成品性状、化学成分、药理作用和临床疗效为指标,对三种不同工艺、不同存性程度的炮制品、不同地区的制炭品,以及不同药用部位进行了比较。结果发现不同入药部位以棕骨或棕边为优;不同炮制工艺以砂烫制炭为佳;不同存性程度以存性适中为宜。通过血小板凝集、血液黏稠度、微循环和复钙实验等为指标,对各个样品进行了止血作用比较,结果表明,各供试样品的止血作用与成分测试结果基本一致。又经临床验证,通过150多例出血病例观察,均证实砂烫制炭工艺优于其他方法。最终,确立了砂烫法为棕榈炭最佳炮制工艺,并拟定了棕榈的药材和炮制品名称,植物来源和药用部位、炮制方法和成品性状、理化鉴别和鞣质含量等标准。研究成果获国家中医药管理局科技进步二等奖,得到了广泛认可。

（四）小结

中药炮制是体现中医用药特点的主要内容之一,直接关系到临床用药的疗效。中药的功效与其炮制方法有极为密切的关系,中药炮制的依据,始终贯穿着中医临床。先生提出加强中药炮制以临床基础相结合的学术思想,体现了上述中医用药的特点。

先生认为借助化学、药理等手段开展中药炮制研究,应紧密结合临床,注重符合中医用途的成分和药理指标的选择,这样更能有效地解决炮制问题,更好地为临床服务。对于有些历史上有争议的炮制问题,亦应在临床验证后,再进行基础研究。使我们在炮制研究中少走弯路,提高中药炮制研究质量,保证临床用药安全有效。

五、中药炮制应重点开展统一炮制工艺、质量标准研究

冯宝麟先生在多年的研究中发现中药炮制需研究的问题很多,其中文献研究、临床研究、炮制原理研究,虽是炮制研究的基础工作,但由于历史文献多而分散,中药炮制品的临床效果缺乏数据资料,中药药性亦缺乏科学阐明,加之现代科学手段尚不能完全反映中医药特点,因此短期内难以彻底解决问题,只能将其列为长期工作目标,分阶段逐步来实现。当前,较短时间内可能实现的是:结合生产和临床实际,在符合传统要求的前提下,先在统一工艺、制定质量标准等方面做工作,首先保证药材质量和用药安全有效。

（一）中药炮制工艺和质量标准现状

20世纪五六十年代,中药炮制的研究领域都是空白,一切工作都是刚刚起步,先生首先对中药炮制的状况进行了走访调查研究。通过多年调查研究发现,全省乃至全国的中药炮制方法和工艺很不统一,存在"各地各法,一药多法"的问题,例如淫羊藿有的地区要求去叶刺,有的不去;蛤蚧有的地区只去眼,有的地区要去头足,有的地区只用尾;熟地有清蒸的也有酒蒸的,蒸法有九蒸九晒,也有用罐蒸的,用酒量也不同,炮制方法不同,饮片质量不会一致。炮制技术多靠"师徒相传,口传心授"来传承,无统一的规范和标准,中药饮片缺乏量化统一的质量标准,炮制品的质量控制全靠老药工的炮制经验,仅仅靠外观性状如眼看、口尝、鼻闻和手摸等传统经验判断炮制品的质量,炮制方法和炮制经验又往往因人因地而异,结果导致炮制品质量参差不齐,直接影响到临床疗效,也严重制约着中药现代化的进程。

（二）中药炮制工艺和质量标准研究的意义

先生通过研究发现,由于历史和科技发展的原因,中药炮制行业一直是落后行业,各地炮制工艺不统一,也缺乏明确的质量要求标准,而工艺的不同、质量标

准的缺乏对炮制品的质量有很大影响,这些情况的存在不仅仅影响着中药饮片的质量,也对中医临床用药的安全有效和中成药的质量产生很大的影响。因此先生指出应以中医药理论为指导,在进行炮制历史沿革研究基础上,运用药理、化学等现代科学手段,密切结合临床和生产,对中药饮片的炮制工艺和质量标准进行重点研究,加快中药炮制工艺的统一,优选切实可行的炮制工艺参数,制定相应的质量标准,对提高生产效率,减少环境污染,保障饮片质量和临床疗效具有很大意义。

(三)中药炮制工艺和质量标准研究的探索

新中国成立初期,中药炮制工艺和质量标准研究属于空白领域,冯宝麟先生在无先例借鉴的情况下,对炮制方法、炮制工艺不同的炮制品进行研究,比较其质量优劣,制定统一工艺,以保证饮片的质量稳定。在符合传统炮制意图的前提下,采用现代技术将质量标准的参数客观化、数字化,如制定饮片中的鉴别、检查(水分、灰分)、浸出物、含量测定等标准及限度,对饮片的质量进行控制,以保证药材质量和临床疗效。

在中药炮制未列入国家科技项目之前,先生就进行了很多开创性的研究。例如在对川乌的工艺改革研究中,分别采用药典法(1963年版)和醋泡法制备制川乌,比较生品和不同方法制得炮制品的乌头碱的含量,同时通过小鼠急性毒性试验比较各样品的毒性,结果两种炮制方法均可起到降低川乌毒性的目的。通过对炮制过程中温度、时间、加热方式对川乌毒性影响分析,拟定了一种新的炮制方法,即川乌100℃干烘5小时,可达到去毒的目的,方法简便,且同时解决了粉碎药材时有刺激性的弊端。在对巴豆霜炮制方法的初步探讨中,通过比较研究,得出巴豆应加热后压油为好,并建议将其含油量控制在10%左右。

随着国家经济实力和科技水平的日益提高,国家逐步增强对中药炮制研究的支持力度,在"七·五"、"八·五"、"十·五"期间陆续开展了全国性的中药饮片规范化研究。本课题组成员积极运用先生的炮制研究思路,对承担的科技项目进行研究,如"七·五"期间的棕榈、枳壳、吴茱萸、斑蝥,"八·五"期间的槟榔、乳香、水蛭、苍耳子,"十·五"期间侧柏叶、地榆、杏仁、蔓荆子等项目的研究。

如在斑蝥项目研究中,课题组查阅了近百部历代中医药文献,并对全国各地炮制现状进行了调查,发现斑蝥炮制方法有十几种,其中米炒法出现最早,沿用时间最长。历代文献技术均要求斑蝥去头足翅,但其目的何在,历史上未见记载。进行试验研究表明,斑蝥头足翅毒性较小,也较易粉碎,故不必去之。通过炮制工艺的筛选比较,认为烘法优于米炒法,多次实验重复验证,可以达到米炒去毒效果,并确立了烘制法的最佳工艺参数,保证了烘制工艺的稳定性和可靠性。最后,应用烘制工艺对全国七个不同地区的样品进行了炮制,并经过薄层层析和斑蝥素含量测定,拟定了烘斑蝥的质量标准,以确保临床用药的安全有效。

在国家自然基金课题"地榆炭炮制原理"研究中,课题组运用先生的学术思想,在研究地榆制炭原理的同时,追踪了地榆制炭炮制过程中化学成分的动态变化过程,找出了其变化规律,从根本上对地榆炭炮制工艺和质量标准进行规范,在地榆炭中提取分离了若干种新化合物,并确定了其中一种地榆炭的专属性成分为含量测定指标控制地榆炭的质量,该成分具有随着炮制程度的变化而变化,在存性程度适中的情况下含量最高,炒制不及或者过重的情况下含量都较低,因此我们以该成分含量为指标,规范了地榆炭炮制的工艺,建立了地榆炭新的含量测定标准,从而可以保证地榆炭的最优质量。

(四)小结

冯宝麟先生在多年工作实践基础上提出,中药炮制研究应当首先在统一工艺、制定质量标准等方面进行工作,首先保证临床用药的安全有效。先生不但提出这样的设想,也积极的付诸于实践,并取得了很高的成就,本课题组的成员也在这种思想指导下进行工作,取得了一定的成绩,说明先生在当时的情况下提出的学术思想具有很高科学性和前瞻性,为中药炮制的科学研究指明了方向。

六、创造新的炮制法和新型炮制品

中药炮制技术和方法由于受社会生产力水平和条件的限制,传统的中药炮制方法和炮制品已经不能适应中药现代化的要求。中药的成分组成很复杂,传统的炮制方法虽然能达到一定的炮制目的,但往往没有注重炮制过程对其中所含有效成分的影响。如传统的水浸泡,虽然能达到软化药材的目的,便于切制,但水浸也容易造成有效成分的流失。加热制药材,加热温度和时间不一,对药材质量的影响也不一;加辅料制药材,辅料的品种、产地、用法、用量等对药材的质量都有一定的影响。因此,应以中医药理论为指导,在符合中医药理论和传统炮制意图的前提下,运用现代科学手段,密切结合生产和应用,开展对中药炮制的研究,创造新的炮制法和新型炮制品,在实现炮制目的的同时,更好的保证临床疗效。

(一)创造新的炮制法

如传统饮片软化切制,费时费力,现代常常利用加压、减压、蒸汽喷润等方法进行软化后切片,或主张产地趁鲜切片,这些新方法既可保证药材质量又能达到切制的目的。如巴豆霜,现代采用压碎,测定其含油量后使用,马钱子砂烫后,测定其士的宁含量后定量使用,又如乳香传统的炮制方法是炒后喷醋,杂质去除不完全,且容易黏成团,调配处方不方便。工艺改良后,取乳香敲碎置锅内,加适量水加热,不断翻搅至全部熔化沸腾,刺激性浓烟随水蒸气逸出,待浓烟淡化倒入一定量的米醋稍搅拌,倒出冷却,敲碎即可使用。此法炮制温度不会太高,清除杂质又不影响疗效,气温升高时也不会再黏成团。这些方法既保证了疗效,又减少了有效成分的损失,同时方便临床应用。

（二）创造新型的炮制品种

先生认为,在符合中医用药特点和搞清炮制原理的基础上,可使用各种粗提取物或纯品代替药材使用,如巴豆使用巴豆油,马钱子使用浸膏或士的宁,杏仁止咳使用苦杏仁甙或苦杏仁水。这样不仅可以保证疗效,方便应用,亦可以扩大药源。近年来出现了很多新型的中药饮片,如中药颗粒型饮片是近年来中药饮片改革的一个形式,其是以符合炮制规范的中药饮片为原料经加工制成一定颗粒状,经干燥、灭菌、单味定量分装而成统一规格、统一质量标准的新型饮片。中药配方颗粒又称为免煎中药饮片。其生产工艺是将单味中药饮片经提取、浓缩、干燥制粒而成。每味中药制成的浓缩颗粒替代原中药饮片,供临床配伍使用,虽然免煎颗粒和提取物等不能替代中药饮片,但是先生认为未尝不可以作为一种尝试,但是必须在符合中医理论和用药特点的基础上进行。

（三）小结

中药炮制某些操作方法原始粗放,效率低,劳动强度大,个体经验性强,这些技术虽然有着一定的历史根据,但不一定完全符合中医药理论和临床需要。先生提出随着科学技术的发展,采用现代技术,对这些传统技术在中医药理论的指导下丰富发展,创造新的炮制方法和新的炮制品种,提高中药饮片的质量,方便临床使用具有重要的意义。

七、中药炮制应重点开展炮制原理和理论研究

中药炮制原理研究一直是中药炮制研究的瓶颈,制约着中药炮制研究的深入发展,目前大多数中药的炮制原理仍不清楚,药效作用物质基础仍不明确,使得饮片炮制工艺和质量标准缺乏有效的指标,无法真正做到中药饮片的炮制工艺的规范化和质量的标准化,饮片质量难以得到保证,极大的制约了中药炮制学科和中医中药的发展。当前虽开展了部分研究,搞清了部分药物的炮制原始意图,初步探讨了其炮制原理,但多数是验证性实验,无突破性进展,炮制原理研究任重而道远,仍是炮制研究工作的重中之重。

（一）中药炮制原理研究

1. 中药炮制原理研究的含义。

中药炮制原理是指药物炮制的科学依据和药物炮制的作用,即探讨在一定工艺条件下,中药在炮制过程中发生的物理变化和化学变化,以及因这些变化而

产生的药理作用的改变和这些改变所产生的临床意义,从而对炮制方法作出一定的科学评价。

2. 中药炮制原理研究的现状与意义。

炮制是古人是通过长期实践逐渐形成的制药技术,但他们并不了解炮制过程中药材的内在变化,以及该变化与炮制作用改变的相关性。先生很早就认识到中药炮制原理研究的重要性,他提出过很多问题,如川乌、附子虽解决了去毒原理,但其治疗风寒湿痹和回阳救逆的成分和作用是否在炮制中有影响,这些成分是什么?是否为乌头原碱的止疼、镇静作用?是否为去甲乌药碱的强心作用?半夏的祛痰止呕是什么成分?在炮制过程中有什么变化,有毒成分是什么?生地黄的清热凉血成分是什么?熟地黄的滋阴补血成分又是什么?时至今日,这些问题仍有很多难以回答。

当前,虽开展了部分研究,搞清了部分药物的炮制原始意图,初步探讨了其炮制原理,但多数是验证性实验,无突破性进展,大多数中药的炮制原理仍不清楚,中药炮制原理研究仍然是中药炮制研究的瓶颈,制约着中药炮制研究的深入发展。炮制对药效物质基础的作用不明确,使得饮片的炮制工艺和质量标准缺乏有效的指标,无法真正做到中药饮片的炮制工艺的规范化和质量的标准化,饮片质量难以得到保证,极大的制约了中药炮制学科和中医中药的发展。只有彻底搞清楚炮制原理,才能彻底了解炮制所能起到的作用,才可能将传统经验用科学语言加以描述,从根本上统一炮制工艺和制定质量标准。在搞清炮制原理的基础和符合中医用药特点上,还可改进或简化炮制方法,创造新的炮制法和新型炮制品,密切结合生产和应用,从而达到实现炮制目的的同时,更好地保证临床疗效。

3. 中药炮制原理的研究方法。

在中药炮制原理的研究方法上,先生认为应首先进行炮制历史沿革研究,把零散的炮制资料进行系统的整理和分析,搞清炮制的历史沿革,弄清楚炮制的原始意图,完整的认识炮制的全貌,去粗取精,去伪存真,然后进行炮制前后有效成分和药理作用变化研究,逐步厘清炮制原理,并在阐明炮制原理的基础上,指导改进炮制方法和工艺,提高饮片质量。特别值得指出的是过去在中草药研究上有过不少化学药理研究的相关报道,但至今对中药炮制改革贡献不大,是因为过多借鉴西医西药的研究方法,未从中医中药特点着手,炮制原理研究要结合中医用药特点进行临床、化学、药理的探讨。

4. 在中药炮制原理方面进行的探索。

20世纪六七十年代,先生在简陋的实验条件下,进行了炮制历史沿革研究、走访调查和部分实验研究,对部分品种进行了初步的炮制原理探索。例如麦冬的炮制原理研究,先生进行历代医药文献研究,发现汉至宋(公元216～1116年)这一时期是"去心""薄切""捣膏""汁"几法并用。宋至明末(公元1116～1647年)自《证类本草》引用陶弘景的意见"用之汤泽,抽去心,不尔令人烦"之后,虽个别文献仍有"捣膏"的,多数记载是沿用"去心"的方法。明末至近代(公元1647年至今)"去心"与"不去心"并用。"去心"提出较早,"不去心"使用时间亦不短。通过走访山东省中医院药房和几位老中医发现,该医院药房中的配方与制剂所用麦冬"不去心"已有近二十年之久。老中医认为临床处方用带心麦冬并未发现"烦"的副作用,并多数认为可以"不去心"用。临床多系复方,可能不易观察,组织所内6位同志,服带心麦冬煎,每日五钱,连续5～10日,以及11位同志服麦冬煎浓缩液,每日相当于原药一两,连续七日,亦未发现"烦"的表现。然后又进行了化学成分的对比,选用浙江进货麦冬(百合科植物沿阶草 Ophiopoqen japonicuskerl－Gawl.)直接剥去肉与心,分别比较肉与心的75%乙醇提取液、甲醇提取液和水煎出液的成分,TLC结果肉与心的反应相似。浸出物比较,结果肉高于心。这些实验表明肉与心的成分相似,肉比心浸出物多,但心只占全麦冬的3%,带心与否使用时差别不大。由此推断,麦冬"去心"与"不去心"区别不大,可以不去心用,以节省人力,便于生产。

在先生重视开展炮制原理研究的思想指导下,本课题组也在中药炮制原理方面进行了大量尝试和探索。例如,在中药炭药方面,申请国家自然基金项目——地榆炭炮制原理研究。发现炮制对其中的药效物质产生了较大的影响,主要止血有效部位鞣质含量虽然降低,但是其中主要止血物质鞣花酸的含量却大幅增加。对此我们进行了深入研究,鞣质中主要含有大分子酚酸性物质单宁酸类,在炒炭炮制加热过程中,单宁酸受热,在水的作用下发生氧化,生成鞣花酸;同时药理结果也显示鞣花酸具有较好的止血效果,这也就解释为什么具有止血作用的鞣质部位炮制后含量降低,止血作用反而增强,为地榆炭炮制工艺的统一、质量标准的制定提供了强有力的保证,也为其他炭药炮制原理研究提供了范例。

(二)中药炮制理论研究

1. 中药炮制理论的形成。

中药炮制理论是根据中医药的基本理论,在临床实践的基础上逐步形成的。古代发现某一药物的炮制作用后,后世有的直接应用,有的又推广应用于更多的药物,以后逐渐形成一种规律性的认识,即形成了中药炮制理论。如"炒用性缓""逢子必炒""炒炭止血""火炮、汤炮、煨、炒者去其毒也"等,都是总结多种单味药炮制作用的基础上归纳起来的。在明代以前,医药书籍中仅有分散的炮制作用的论述,明代开始有较系统的记载,具有代表性的是陈嘉谟的《本草蒙茎》，现代凡提到炮制理论多以此为据。

2. 中药炮制理论研究的现状。

中药炮制理论是中药炮制的基本理论和实施依据，但是先生认为陈氏理论只是重点概括的总结而已，尚不能包括全部的炮制理论。明代的《医学入门》、《本草粹言》、《本草通玄》，清代的《修事指南》等对中药炮制理论都还有从不同角度的系统论述，论点并不完全一致，互有补充，丰富了中药炮制理论的内容。中药炮制理论从陈嘉谟进行了概况总结，形成初步理论，至今仍未有较大发展，未形成新的理论。同时，在古代科学水平落后，认识能力有限的情况下，所形成的炮制理论也具有很大的局限性，例如，酒制升提。酒制法原意是利用酒的性质辅助和改变中药性能的作用。元代开始强调中药经酒制可以"引药上行"，酒制理论正式形成始于明代，陈嘉谟在前人认识酒制的基础上，概括地有代表性的提出了"酒制升提"的理论，至今为中医药界所引用，并推广至多种中药，但后世的酒炒经加热、干燥，酒已不存在，不可能起酒的作用，现代研究结果亦看不出加酒与不加酒炒或蒸，在药材的成分组成，煎出物量等方面有任何区别。因此中药炮制理论仍有很多需要完善之处。

3. 对中药炮制理论的探索。

对古人流传下来的中药炮制理论，先生认为应当对其进行深入研究，以辩证的思维对待，既要继承科学合理的，并对其加以完善和丰富，又要剔除不实的、讹传的，以适应中药炮制随时代发展的要求。使用炮制理论时，不能一概依此来解释和推广到任何药材，还应具体药材具体分析。首先需搞清其历史背景，方能了解古人的意图。先生对盐制、醋制、蜜制、制炭等炮制理论进行了初步探讨研究。

盐制始于盐的药用。原意是利用盐的雾化性质或治疗作用，但以利用盐的治疗作用，配伍药用提高疗效为主。传统盐制理论是由某类药物盐制作用总结而形成的，具有一定的概括性，又具有局限性。仅以某种理论解释全部盐制作用是不全面的，也是不可能的，因此盐制的作用要具体问题具体分析。盐制品种据某一理论扩大，推广具有一定的盲目性。盐制方法宜根据炮制原意和目的进行研究，如某药盐制是用盐配伍药用，那么辅料用量多少为佳，加热与否是否必要等，都应研究统一。盐制的原意分析提示，盐制主要是取盐与药配伍应用之意，并不一定是使其化合。因此，盐制的现代研究，不宜仅着眼于盐制前后的主要成分变化，更应着眼于盐制前后的整体作用，药理作用以及微量元素的作用等方面。

整理众多醋处理的药物，从中找出中药炮制用醋处理的理论依据。醋本身有理血、理气、消痈、止痛、去坚积、消食、杀毒、收敛之作用。古代记载"醋注肝而止痛""消痈肿、散水气、杀邪毒""治产后血运除症块、坚积、消食、杀恶毒、破结气"。从做法上看，醋处理的药物多是将醋吸入药内，或药物加热后在醋中淬之，帮助粉碎，或去腥的作用，个别是精制。

中药蜜制起源于蜂蜜药用，是蜜参与方剂配伍的沿变，是蜜药配伍的一种药用形式。蜜制的作用是多方面的，并不仅限于润肺止咳。应对蜜制的多种作用进行认真整理研究，并探讨最佳用蜜量及蜜制工艺。

炭药大都用于止血，有人经药理研究亦证实多数炭药有止血作用，但是从炭药的起始看来，炭药不仅只是用于止血，还有其他很多作用，如干漆炒炭是为了减低其刺激性及毒性。并不是每一种中药炒炭后都可止血，一些炭药品种的增加是受元代"血见黑则止"的理论影响，炒炭是否增强止血作用要药物具体分析。

由炮制理论产生、发展和成型的过程可知，在古代从某一药物的炮制作用逐步扩达到一类药物的炮制作用，从而总结出炮制理论，其过程中必然有部分药物是主观沿用和推广甚至臆断，所以部分炮制理论只在特定条件下和部分药物中具有意义。因此要正确理解炮制理论，必须客观地界定炮制理论的适用范围。先生通过对陈氏其理论概括的对比分析，提出酒制、姜汁、盐制等仅代表辅料制法的部分作用，是概括介绍，只适用于部分药材。由陈氏炮制理论推衍而出的炮制品种，需具体药物具体分析，客观分析。这对我们正确的理解、继承和创新炮制理论有重要的意义。

八、中药炮制生产应发展机械化和现代化

中药炮制生产设备多数比较落后，自动化程度差，生产过程和炮制程度绝大多数是凭老药工的炮制经验进行控制和把握，手工操纵，劳动强度大，工作效率低下，工作环境恶劣，不仅影响了饮片的质量，而且严重制约了中药炮制的发展。因此，急需以中医药理论为指导，运用现代科学手段，密切结合生产和应用，进行机械化、现代化炮制生产设备的研究和开发，以更好的提高生产效率，保证饮片质量和临床疗效。对设备的改进研究可从以下几个方面开展。

（一）净选设备

研制风力净选、自动筛具等净选设备，以节省大量人工。

（二）软化浸润设备

药材的软化处理是炮制最基本的操作过程，其中涉及的药材品种最多，因此引入正压、负压等润药方式，研制新的润药设备，达到高效快速润药，润透又不伤水，减少有效成分流失的目的。先生受针剂在负压状态下检漏的启发，提出了中药可减压冷浸软化的设想，后由我所庄立品老师牵头设计，由山东省中医药研究所和济南神农机械厂等单位共同协作制造了国内第一台中药饮片减压浸润设

备——DCS型中药材冷浸软化装置,是当时国内饮片生产浸润软化工序的最新设备,是现代减压闷润设备的先导,为饮片软化浸润生产工艺改革作出了贡献,此工艺后来转让给了潍坊中药厂,使其工作效率大幅提高,取得了较大的经济效益。此后相关的软化浸润炮制机械的改进和研制均是在此基础上进行的。

(三)切制设备

改进现有的切制设备,克服现有设备普遍存在的"易漏料、不易清洗"的缺点,防止造成药材交叉污染,减少残留的药物对设备的锈蚀。如中药颗粒型饮片的加工设备采用QGW型高速万能截断机和WZQY320型往复直线式切药机,可切制0.5~20mm范围内多角形颗粒饮片。

(四)炮制设备

炮制机械设备经过历年的发展,先后引入了滚筒式炒药机和蒸制锅炉等较先进设备,同时为了改变温度、功率不易控制,炮制过程不易掌握的现状,研制出温度可控,火候可调的自动化设备,如通过改造控温型转炉,可控温且受热均匀,不仅可用于炒制药材,还可以替代砂烫炮制马钱子等。又如利用远红外线及微波具有穿透能力强、加热速度快且灭菌效果良好的特点,改用远红外线烤箱或微波炉用于鸡内金的炮制,收到良好的效果,且具有省时、卫生方便、无须大小分档的特点。

在"十一·五"期间,研究团队在承担的蜜炙共性技术与相关设备研究中,与杭州海善制药设备有限公司合作,对蜜炙设备进行了改进研究,开发出了ZQD-60型信息化炙药锅,首先针对传统电热丝加热、位式开关控制具有很大惯性,会产生30℃过冲的缺点,改用电热管加热元件,安装PT100控温元件和红外线温度传感器,采用单极性数字量PID控制技术,可将温度基本维持在5℃范围内,同时还根据药物的热容不同,选择控制模式,以达到最佳控制效果。其次按根茎类药物和全草类药物制备了宽广型和细窄型两种不同搅拌桨,根据具体药物,灵活选择搅拌桨,解决了搅拌过程中存在的死角、搅拌不均等问题。最后,为了方便蜜炙工艺参数优化、质量控制以及生产记录的需要,目前使用的触摸屏具有实时数据采集功能,可与计算机进行数据交换。ZQD-60型信息化炙药锅具有自动化程度高,可控性好的特点,可以动态观察锅温和药温,蜜炙过程基本实行自动操作,可进行工艺数据的贮存和录制,体现出真正的量化指标。该设备已经投产,为饮片企业创造了较好的经济效益。

(五)干燥设备

引进远红外、微波、喷雾、真空低温、真空冷冻干燥等干燥技术,研制更高效、更快速的干燥设备。如中药配方颗粒的制备中引进中药浸膏喷雾干燥机、LPG系列高速离心喷雾干燥机、LGZ高速离心喷雾干燥机等喷雾干燥设备制成粉末或一定规格的颗粒,也有通过冷冻干燥方法加工成粉末,然后将粉末通过LG系列干法制粒机等干法制粒机造粒。

九、中药炮制研究应全国统一规划,多学科配合,有计划、有步骤的研究

冯宝麟先生在20世纪八十年代就认识到当时的炮制研究工作缺乏统筹的组织安排,多是单学科的、零星的、分散的,且品种不多,应用到生产上的更少。提出中药炮制研究应全国统一规划,进行有组织、有计划、有步骤的研究,可加快炮制研究的进展,收到较好的效果。

(一)组织落实,集中力量

中药炮制研究涉及的学科较多,开展起来存在一定的难度。现有的研究力量较薄弱,也较为分散,加之许多中医药研究所,并不按中医药特点进行研究。所以若只有政策号召,而没有全面规划,组织不落实是难以达到预期目的的。因此必须建立医药局系统的中药炮制研究中心,并作为牵头单位,将全国的中医药研究院所组织起来,医药局所属医药研究单位、中医药院校也应拿出一部分力量,形成多个研究方向特定、研究内容特色鲜明的研究中心,在某一方面或方向上有所突破,并形成一定的优势研究基地,进而有效聚集炮制人才,更好的继承和发展中药炮制学科。

(二)全面规划,长短结合

中药炮制需研究的问题很多,必须全面规划。先生提出文献研究、临床研究、炮制原理研究,短期内难以彻底解决问题,宜将其列为长期工作目标,分阶段逐步来实现。在较短时间内应当结合生产和临床实际,在符合传统要求的前提下,首先在统一工艺、制定质量标准和炮制机械化等方面开展工作,以保证饮片质量和用药安全有效。

(三)重点突破

近年来开展的一些炮制研究已初步解决了一些问题,在炮制原理研究方面及在统一工艺或方法上均有所改进。但由于未能全面说明传统作用,因此很多研究结论在中医药界评价不一,未能得到普遍的认可,难以得到广泛应用。而这些药材的传统作用或有效成分、药理作用的基础都有相同之处,如将存在争议的问题列为重点进一步研究,才有可能彻底解决一部分炮制问题,为炮制研究奠定基础。

十、结语

冯宝麟先生的中药炮制研究学术思想与思辨特点是在无先例借鉴的情况

下,从收集散在民间的中药炮制经验、历代中药炮制文献开始,梳理总结再到运用多学科实验方法研究中药炮制,先生一直在不断的学习,不断地钻研,不断地积累经验,探索炮制研究的方法途径,并形成了自己独特的中药炮制研究的观点;他指出中药炮制学科应以传统中医药理论为指导,遵从中医药发展规律,在炮制历史沿革、炮制方法和工艺、炮制品质量评价标准、炮制作用和炮制原理五个方面整理提高和深入研究,建立符合饮片自身特色的科学化的质量标准,解析炮制原理,丰富和完善中药炮制理论体系,更好地实现传统炮制的意图,提高中药饮片质量和疗效的稳定性和可靠性。这些针对中药炮制学科研究、发展、改革的途径及方法的观点绝大多数是在炮制学科领域的首次报道,并一直对炮制学科的发展起到了引领作用,至今仍主要是中药炮制学科研究工作的重点。

先生提出的很多建设性的建议,为现代炮制研究提供了一个很好的研究思路,是十分值得我们学习、借鉴和应用的。

参考文献

[1] 冯宝麟.古今中药炮制初探[M].济南.山东科学技术出版社,1984

[2] 冯宝麟,王琦.中药炮制应重视历史沿革的研究.中成药研究,1982,4(7):18~20

[3] 冯宝麟,王琦.对中药炮制研究的几点看法.中成药研究,1980,2(5):33~35

[4] 冯宝麟,赵小桐,任遵华等.地黄炭的研究[J].中成药研究,1984,6(1):14~15

[5] 冯宝麟,王琦,任遵华等.中药酒类炮制的研究[J].山东医药,1978,38(4):41~46

[6] 冯宝麟,王琦.中药炭药探讨[J].中成药研究,,1982,3(8):16~18

[7] 冯宝麟,吕文海.中药蜜制沿革探讨[J].中成药研究,1986,8(1):18~19

[8] 冯宝麟.陈嘉谟炮制原则(辅料制)适用范围的讨论[J].中成药研究,1985,7(6):13~14

[9] 冯宝麟.关于中药酒制问题改革的商榷[J].中成药研究,1981,3(7)

[10] 有关炮制的历代文献简介,山东省卫生厅课题,1961

[11] 孙立立等.中药槟榔饮片切制工艺研究[J].中成药,1997,19(11):20~22

[12] 孙立立等.中药槟榔饮片炮制工艺研究[J].中成药,2000,22(5):345~348

[13] 山东地区中药炮制及加工方法备集,山东省卫生厅,1959

[14] 建国以来中药炮制研究概况,山东省卫生厅,1961

[15] 冯宝麟.碙砂,磁石,山甲的醋制研究.山东省中医药研究所第十一期内部

资料(1978):24~30
[16] 娄松年,黄一麟,冯宝麟等.中药炭药的研究,山东省中医药研究所第十一期内部资料(1978):41~55
[17] 酸枣仁的炮制研究,山东省卫生厅课题
[18] 娄松年,冯宝麟.生、炒酸枣仁水煎剂镇静、安眠作用的比较[J].中成药研究,1987,(2):18~19
[19] 庄立品,冯宝麟。麦芽、谷芽和稻芽的炮制研究中医杂志[J].中医杂志,1961,(12):27
[20] 冯宝麟,王琦.关于麦冬去心问题的探讨[J].中医药研究参考(内部资料),1978,11
[21] 冯宝麟.超声波对煎药影响之探讨.山东省中医药研究所资料4
[22] 冯宝麟,王琦,李秀稳.川乌炮制工艺改革的研究[J].中成药研究,1980,2(2):32~33
[23] 庄立品,冯宝麟.麦芽、谷芽和稻芽的炮制研究[J].中医杂志,1961,12
[24] 冯宝麟,庄立品.巴豆霜炮制方法的初步探讨[J].山东省中医药研究院内部资料,1978,8
[25] 冯宝麟,王琦,王名洲.《中国药典1977版》中炮制项目的几点意见[J].中成药研究,1982,4(3):18~20
[26] 冯宝麟.中药炮制研究规划设想[J].中成药研究,1984,6(6):46~47
[27] 硇砂,磁石,山甲的醋制研究,山东省卫生厅课题1960~1962

第二章　成才历程

冯宝麟(1928~2008年),男,天津市人,山东省中医药研究院研究员,我国中药炮制研究的创始人之一,也是新中国成立后山东省第一批中药炮制研究工作者,全国首批和第二批老中医药专家学术经验继承工作的指导老师,享受政府特殊津贴,从事中药炮制研究工作近50年,学验俱丰,成果丰硕,在国内中药炮制领域享有较高的声誉,是我国著名中药炮制专家。

一、从研之路

(一)个人经历

冯宝麟1928年2月生于天津市,1950年考入齐鲁大学药学系,1952年齐鲁大学药学系并入华东药学专科学校,成立华东药学院,其转入华东药学院药剂系继续学习,并于1954年毕业,毕业后分配至武汉制药厂工作,1956年调至山东省卫生厅实验药厂中药研究组工作。至1958年山东省成立中医药研究所之际,山东省卫生厅实验药厂中药研究组整体调入山东省中医药研究所,冯宝麟先生也随之调入山东省中医药研究所工作,直到1997年退休。

冯宝麟先生于1982年兼任山东省卫生厅医学科学委员会委员,1987年兼任中华中医学会中药学会委员,1991年被确定为全国首批老中医药专家学术经验继承工作的指导老师,1992年开始享受国务院政府特殊津贴。此外,还兼职光明中药函授学院山东分院院务委员以及《中成药研究》和《山东中医杂志》编委工作,冯老师从事中药炮制研究工作近50年里,先后主持研究科研课题20余项,发表学术论文30余篇,出版专著3部。

(二)从研经历

新中国成立初期,我国十分缺乏中医药研究人才,大学教育中没有设立中医药相关专业,从事中药工作的人员主要是药店学徒出身,缺乏系统的现代中医药基础知识和思维模式,而此时国家提出了大力发展中医药事业,在这个大背景下许多西医药出身的学者积极响应国家号召,投入到中医药研究的行列中,冯老师即是在这种环境中,调入了山东省中医药研究院的前身——山东省中医药研究所,开始了中药炮制研究工作。中药炮制是我国的一项传统制药技术,也是我国独有的一项制药技术,炮制学科历史悠久,炮制文化也相当丰富,但是炮制工作通俗来讲是一项依靠经验与技术的工作,中药的炮制过程需要丰富的经验来掌控,这些经验和技术的传授在当时主要是通过老药工带徒的形式,靠"师徒相传,口传身授"的炮制传承方式,一代代传授下来的,缺少对炮制经验和炮制技术的整理,使得炮制经验的传授局限在很小的范围内,缺乏文字记载。对于炮制的现代研究属于空白状态,更无国外的相关学科可以借鉴,因此难度极大,但冯老师经过自己不懈的努力和钻研,逐渐由一个中药学的外行成长为中药炮制学的大家,开创了中药炮制研究的先河,为我国中药炮制研究做出了较大的贡献。

1. 勤奋学习,实地考察,不断总结,由外行到内行。

冯宝麟先生从阅读一些中医药古籍入手,如《重修政和经史证类备用本草》《本草蒙筌》《炮制大法》《本草纲目》等,寻根求源,在学习的过程中逐渐对中医中药有了深刻的理解,中医中药具有数千年悠久历史,在传统中医理论的指导下,为人类的生存和健康做出了巨大的贡献,中药饮片作为中成药的原料药和中医临床的处方药,其质量优劣直接影响到临床疗效和用药安全,而加工过程即炮制是影响饮片质量的关键环节之一,因此,冯宝麟先生首先从中药炮制研究入手,探索,试点研究。中药炮制作为一项祖国医药学中独有的传统制药技术,是区别于西方植物药的关键所在,因此在当时是无相应先进学科可以借鉴的,冯宝麟先生首先到山东省中医院的中药房去学习认药,再到饮片加工室和一些药店的加工作坊去实地了解、学习中药炮制的各种技术和方法;后来他又到北京中国中医研究院中药研究所参观,考察,学习,查阅文献。在这个过程中,冯老师发现同一种中药炮制方法或工艺,常常因人因地而异,从而形成了各地各法的情况,同一炮制规格的中药饮片往往在外观和内在质量上均有较大的差异,但却均称"遵古炮制"。为了寻求统一的炮制规程,冯宝麟先生从搜集整理近代以来散在于山东各地老药工中的传统炮制经验和技术开始,1959~1961年间,他跑遍了原山东省的九个专区(烟台、昌潍、临沂、济宁、菏泽、泰安、聊城、德州、惠民)和四个直辖市(济南、青岛、淄博、枣庄),通过实地考察,发现山东省的中药炮制经验和技术相当丰富,但炮制方法和炮制经验因人因地而异的问题同样存在,炮制品的质量控制仅靠老药工眼看、口尝、鼻闻和手摸等传统经验评判,致使炮制品的质量差别很大。为此,冯宝麟先生在整理山东各地中药炮制经验的同时,查阅整理了21本历代医药古籍中有关炮制方法的记载资料,探寻各药味炮制的起始、原始意图、目的、方法、作用、特点、发展规律和历史轨迹。经过大量收集、查阅、摘录和整理,并根据调查笔记进行综合归纳和分析,冯宝麟先生主编了近40万字包含500余种常用中药的《山东中药炮制经验汇编》一本,该书详细汇集了山东省四个市,九个专区的中药炮制经验和资料,并对有的药材同一种炮制方法在不同的地区因地而异的现象做了详细的记载和描述,给中药炮制研究和生产提供了丰富详尽的资料。冯宝麟先生这种采用古今结合的方式对炮制经验和方法进行阐述和讨论的方法,开创了山东中药炮制研究的先河,当时在全国范围内也是无前例的。

冯宝麟先生从事中药炮制研究,首先从收集整理散在民间的中药炮制经验开始,然后通过查阅相关古代中药炮制书籍,进行梳理总结,发现问题,找出问题所在,进而从实际出发,运用现代科学技术和手段对其进行研究,并得出正确结论。如对杏仁的研究中,针对杏仁的炮制方法主要分歧在于是否需水浸泡,及炒的程度问题。针对上述问题,冯宝麟先生对杏仁中的主要有效成分氢氰酸的含量进行了测定,结果表明杏仁炮制时,水泡则有效成分损失过大,毒性减少,药效亦失,故以不泡为佳。杏仁所以炒,是为了使煎药成分不至分解而损失,而将酶的作用破坏。炒的程度炒至有黄点及全黄皆可用,以全黄为最妥。就这样冯宝麟先生一点一滴积累起炮制研究经验,逐渐完成了由中药炮制的外行到内行的转变。

2. 从解决实际问题入手,不断积累,由内行到专家。

冯老师从中药炮制存在的实际问题出发,结合古代文献资料,运用现代科学手段开展实验和理论研究,为改进炮制工艺,发展炮制理论,使中药炮制从经验范畴走向科学化和现代化做出了很大的贡献。

(1)炮制沿革的整理:中药炮制来源于古代,有的有依据,有的是推论而来,有正确的,也有误传误用的,甚至有的是不合理的,只从现代经验入手开展研究往往得不到正确的结论,所以冯宝麟先生特别重视对炮制历史沿革的整理,他认为只有搞清炮制历史的来龙去脉,对现代的炮制分清其正确与谬误,才能正确的着手进行研究。在其主编的《山东中药炮制经验汇编》一书中,每味药的项下均收集了古代医药文献中与炮制相关的有关资料,便于了解该药的炮制起始及历史沿革,并根据历史文献记载和临床应用的情况,作了进一步的相关讨论,提出了供炮制具体操作和临床使用时的参考,这是迄今为止少有的在中药炮制经验方面内容如此翔实和丰富的具有指导意义的汇编集成。1963年冯宝麟先生与王孝涛老师发表了"有关中药炮制的历代文献简介",介绍了唐代之前至清代106部医药著作中的炮制概况,并作为主编参与了《历代中药炮制资料辑要》一书的编写,该书辑录了167部医药古籍中的炮制资料,是迄今为止提供历史资料最多的炮制资料。1983年,冯宝麟先生主编了《古今中药炮制初探》一书,该书系统总结了60余味中药的炮制演变过程,分析其炮制原意,并结合现代研究,探讨了其炮制的合理性和科学性。

(2)炮制工艺和炮制方法改进：传统的炮制方法由于受科学技术水平的限制，存在很多需要改进和提高的地方，如炮制工艺不统一、炮制方法太原始等，不能适应中药现代化的要求，因此应该在继承传统的基础上进行创新性的研究。在符合中药炮制要求的基础上，运用现代科学手段，改进炮制工艺，提高饮片质量，使其焕发出更强的生命力。冯宝麟先生首先选取了在生产实际应用中存在问题的中药尤其是有毒中药进行改进研究。在有毒药物川乌炮制工艺改进研究中，冯宝麟先生针对当时山东省两家药厂生产关节炎丸中主要药味川乌所采用的炮制工艺不同开展研究，提出了川乌的炮制应在保证无毒的前提下，尽量保存生物碱，以免造成药材浪费，在这个前提下，冯老师研究创制了一种新的川乌炮制方法，即川乌个子以100℃干烘5小时的方法，可达到去毒的目的，方法简便，粉碎时无刺激性，保留生物碱亦较多，革新了川乌的传统炮制工艺。在对马钱子的炮制研究中发现马钱子传统的炮制方法比较复杂，需经水泡、刮毛、砂烫，或刮毛后切片油炸、去油等工序，特别是去毛最为费工，据老药工认为去毛主要是因为毛不易粉碎，煎剂冲服时易刺激咽喉，另外毛的毒性大，去毛是为了去毒；冯宝麟先生经过实验研究发现马钱子毒性大小不在于是否去皮毛，因此可以省掉马钱子的去皮毛工序。并改油炸马钱子为砂烫马钱子，这样既能达到减毒增效的目的，又经济实惠，便于生产。另外改马钱子散剂为片剂可精确剂量，确保安全有效。在对巴豆炮制方法的初步研究中，冯老师认为巴豆应以加热之后，控制其含油量为10%为要。在对麦冬的炮制研究中，冯老师以麦冬去心为主线，从文献分析、实际调查、临床试用、成分定性和水溶性成分溶出方面进行综合分析，认识到麦冬的"心"是质次部位，古人认为去心是为了提高药效和便于煎出，但冯老师研究得出麦冬心所占比例很小，不去心轧扁或切制，也可提高煎出率，故麦冬药用可不去心。古今对地黄是否制炭有不同的看法，且制炭以何法为佳，质量如何控制等均未有明确的规定，冯老师通过对地黄炭历史沿革的考证及一系列的化学和药理实验研究，发现地黄止血不宜制炭。现代用酒制品较多，但尚存在一些问题，如蒸法有笼蒸、罐蒸、清蒸、酒蒸等，工艺不统一，用酒量各地不同，蒸的时间亦不一致。酒制是否能起到"升提"的作用，冯老师通过一系列的研究认为酒炒起不到"酒制升提""引药上行"的作用，除防腐、矫味外，中药炮制似可省去酒炒法，既节省人力物力，又便于生产。如欲用酒发挥引经作用，则可药、酒同服或服用酒剂，更易达到预期效果。

(3)中药炮制理论的探讨：中药炮制来源于古代，有的有依据，有的是推论而来，有正确的，也有误传误用的，甚至有的是不合理的，必须从历史上搞清炮制的来龙去脉，以分清其正确与谬误，才能正确的着手进行研究。炮制理论同样存在这个问题，比如酒制理论，现代中医药界公认和习用的是陈嘉谟的"酒制升提"的理论,冯宝麟先生通过历史文献的分析,认为陈嘉谟的酒制理论尚不够全面,亦不够确切,只说明了酒制的一方面作用,即"上行药势"的作用,但酒制也有治中焦或下焦疾病者,尚有祛寒、去除副作用、引经、粉碎、精制、去腥、助溶等作用,该理论尚不能包括进来,因此不能作为酒制的普遍指导原则。中药制炭理论方面,冯宝麟先生认为炭药的作用并不仅限于止血,"血见黑则止"的理论只适应于解释某些炭药的止血作用,并非所有药材炒炭后都止血。炭药的制备工艺、质量、止血原理及临床应用应根据具体药物采用科学的手段和数据加以研究和肯定。酸枣仁是中医常用的安神药,具有镇静催眠的作用。据古代文献记载,生用与炒用的作用不同,"睡多生使""不得睡炒熟",冯宝麟先生通过对酸枣仁生熟异制研究后,发现酸枣仁生用、熟用同样有催眠作用,熟用醒睡之说尚须研究。

陈嘉谟的《本草蒙荃》,作为历史上第一次对辅料制进行概要原则介绍的书籍,现代凡提到炮制理论多以此为据。但冯宝麟先生通过研究发现,该书是一本便于初学背诵的书,内容作了精减和归纳,不可能包罗全面。陈氏炮制原则只是一个大概的介绍,只对一些药材是合适的,因此应用时应该有所选择。

(4)炮制研究方法的改进和总结:冯宝麟先生认为中药炮制研究应重视历代文献的整理研究工作;炮制研究可以按工艺技术(去除某一部位,加热处理,水处理,加辅料)和炮制法(如炭药类、酒制类、醋制类等)分类进行研究;炮制研究应加强临床与基础理论相结合的研究;研究制定统一的炮制工艺,制定饮片质量标准和检验方法,揭示炮制原理,创造新的炮制方法,并加强临床研究和炮制生产机械化、现代化研究。此外,建议国家中药炮制研究应全面规划,长短结合;重点突破;组织落实,集中力量,扩大队伍。对于炮制原理的研究,冯宝麟先生从净选、切制和粉碎、去毒、改变作用等四个方面分别进行了阐述。在中药炮制研究改革方面,他认为只有在搞清原理的基础上才有根本的改革,才能更好地发挥中草药的作用。所以需要加强中草药炮制理论的研究。特别值得指出的是要结合中医用药特点进行临床、成分、药理的探讨。为了继承发扬祖国医药学遗产,中草药炮制亦不能永远停留在原来的基础上,仍应坚持中西医结合,深入研究,加以改革,以取其精华、去其糟粕。

为改进原始粗放的中药炮制的加工方法和落后的研究手段,冯宝麟先生将一些先进的科学手段和方法引入到了中药的研究中,取人之长,补己之短,比如他将植物化学中的成分分离技术引用到研究中,拓展了中药研究思路,陆续开展了"芫花的分离""苦参碱的分离"等课题的研究。还将超声波技术应用到中药提取工艺中,大大提高了工作效率,推进了中药的现代化。

3.厚积薄发,由专家到大家。

冯宝麟先生通过开展中药炮制研究,总结炮制理论,提出了中药炮制研究的方法和途径,逐步形成了自己的观点、看法和思路,他提出的很多建设性的建议,为现代炮制研究提供了一个很好的研究思路,十分值得现代炮制研究人员学习、借鉴和应用。

(1)著书立说:冯宝麟先生主编了《山东中药炮制经验汇编》一书,书中结合古代文献,对生产实际中的炮制经验、炮制方法以及调研过程中发现的问题等作了详细的记载和描述,对开展中药炮制研究和饮片生产具有很强的指导意义。另外书中所采用的古今结合对炮制经验进行阐述和讨论的方法,为国内首创。冯宝麟先生在整理山东省各地炮制经验的基础上,又编写了《中草药加工炮制手册》一书,书中收载常用药材465种,重点介绍了中草药的加工炮制方法,其中大部分是山东省各地常用的传统经验,此外书中还概括了一般采收与加工方法,丸、散、膏、丹等一般制法以及片剂、注射液的一般制法,行文通俗易懂、方法简单易行,是一本非常实用的工具书。《山东中药炮制经验汇编》和《中草药加工炮制手册》的出版为第一部《山东省中药炮制规范》的出版提供了大量的基础资料和素材,为其从无到有奠定了基础,也对山东省中药炮制学科的发展起到了很大的推动作用。冯宝麟先生作为主编参与编写了《历代中药炮制资料辑要》一书,辑录了160余部医药古籍中的炮制资料,资料来源丰富,工作量大,总结性强,是迄今为止提供历史资料最多的炮制资料,具有十分强的专业性和指导意义,是现代炮制工作中必不可少的一部参考资料。冯宝麟先生作为主编的《古今中药炮制初探》一书,通过对166部历代医药古籍中有关中药炮制文献考证和现代研究报道的综合分析,分别对中药炮制的历史、应用、技术、理论的演变和发展,以及现代炮制研究的成就和问题,进行了较系统的分析和讨论,并提出了炮制研究的展望。内容包括:中药炮制的历史演变;中药炮制的现代研究;中药炮制的基本技术;单味药炮制的研究;中药炮制的展望等几个部分。该书内容全面翔实,是迄今为止中药炮制学专著中最有深度和广度的一部专著,为现代炮制研究提供了一个很好的研究思路,至今对中药炮制研究工作仍具有较强的指导意义。

(2)中药炮制研究方法和途径:冯宝麟先生在无先例借鉴的情况下,从炮制实际、文献和多学科实验研究等方面,探索中药炮制研究的方法途径,提出了炮制学科需要在炮制历史沿革、炮制方法和工艺、炮制品质量评价标准、炮制作用和炮制原理五个方面整理提高和深入研究,即以中医药理论为指导,遵从中医药发展规律,在继承传统、理清炮制原意的基础上,从实际应用、文献和多学科交叉实验研究等方面,利用现代技术手段和新的工艺方法,规范饮片炮制工艺,建立符合饮片自身特色的科学化的饮片质量标准,解析炮制原理,丰富和完善中药炮制理论体系,更好地实现传统炮制的意图,提高中药饮片质量和疗效的稳定性和可靠性。他的这些观点绝大多数是在炮制学科的首次报道,并一直对炮制学科的发展起到了引领作用,至今仍是炮制学科研究工作的重点。

此外,他还提出,中药炮制还存在"去伪存真"的问题,继承绝不能无分析、无批判的兼收并蓄,对一些可能误传误用的炮制方法,应结合文献研究、临床、药理和化学等现代实验方法进行深入研究,剔除糟粕,吸收精华,加以验证、提高和发展。

(3)学术价值:冯宝麟先生的学术观点和研究模式非常具有前瞻性和创新性,他提出了很多十分独到也很实际的炮制研究观点,包括:中药炮制研究应重视历史沿革的整理;中药炮制可按基本技术分类研究;炮制可按炮制品类别进行研究;加强临床与炮制基础理论相结合的研究;中药炮制应重点开展统一炮制工艺、质量标准研究;中药炮制应研究创造新的炮制法和新型炮制品;中药炮制应重点开展炮制原理和理论研究;中药炮制生产应发展机械化和现代化;中药炮制研究应全国统一规划,多学科配合,有计划、有步骤的研究等。这些观点对于现代中药炮制具有很强的引导性和方向性,对中药炮制领域开展研究起到了很强指导作用。在这些观点的指导下,他开展了一系列的文献和实验研究,如川乌炮制工艺改革的研究、中药炭药的研究、中药醋制类炮制理论探讨,中药酒炒类炮制的研究,饮片减压浸润设备的设计和研制,还结合临床对生炒酸枣仁的镇定安眠作用进行了研究,这些研究在当时国内具有很强的创新性和先进性,同时帮助山东省中医药研究院奠定了在国内中药炮制研究领域的领先地位。

国家科技部在"十一·五"期间立项开展了"中药饮片炮制技术和相关设备研究",分别以"煅制""炒炭""复制""蒸制""蜜制""盐制""酒醋制""炒制""制霜"和"全浸润"等各项炮制技术为单位进行了炮制共性和相关设备的研究,仍在冯老师提出的"中药炮制可按基本技术分类研究"的范畴,足以说明冯老师学术思想的前瞻性和远见性。

(4)科研成果的应用:冯宝麟先生受针剂在负压状态下检漏的启发,提出了中药可减压冷浸软化的设想,后由庄立品老师牵头设计,由山东省中医药研究所和济南神农机械厂等单位共同协作制造了国内第一台中药饮片减压浸润设备——DCS型中药材冷浸软化装置,是当时国内饮片生产浸润软化工序的最新设备,是现代减压闷润设备的先导,为饮片生产工艺改革作出了贡献,此设备后来转让给了潍坊中药厂,使其工作效率大幅提高,取得了较大的经济效益。此后的相关炮制机械的改进和研制均是在此基础上进行的。

在炮制工艺的改进研究中,他提出改油炸马钱子为砂烫马钱子及麦冬可不去心轧扁使用,均被《中国药典》收录,并沿用至今。

此外,冯宝麟先生将植物化学中的成分分离技术引用到研究中,拓展了中药研究思路;在1960年就将超声波技术应用到中药提取工艺中,推进了中药的现代化;尤其在单味药的制备方面更有其独到的见解,他根据中医用药习惯与经验,结合中药有效成分的现代研究资料,选用水及不同浓度乙醇,采用不同煎煮法和渗漉法制成单味药制剂203种,并初步应用于临床,此研究与现代提出的新型中药饮片配方颗粒有着异曲同工之妙。

二、读书心要

冯宝麟先生从钻研古代本草开始,对中药以及中药炮制产生了浓厚的兴趣,逐渐走上了中药炮制研究之路,而后在从事炮制研究工作时,他发现中药炮制存在一系列急需解决的问题,针对存在的问题,他始终坚持从查阅相关文献开始,并以文献记载资料为基础,追本溯源,为研究提供参考和充分的依据。

(一)查阅文献,发现问题

自1958年山东省中医药研究所建所之初,冯宝麟先生即调入我所,他大学里所学专业是药剂学,对中药了解不多,属半路出家,为更好地了解中医中药,找寻中药研究的思路。冯老师开始有目的的阅读一些中医药古籍,如《本草纲目》、《本草蒙筌》、《炮制大法》、《伤寒论》、《金匮要略》、《重修政和经史证类备用本草》、《十药神书》、《修事指南》等。在阅读过程中冯宝麟先生认识到中药炮制作为我国历代医药学家在长期实践活动中逐渐发展起来的制药技术,它的发展经历了由浅到深、由低级到高级的过程,由于历代的炮制方法在文献中记载较为分散,且缺乏系统的整理,尤其是对品种、方法及炮制作用的认识等,历代均有变化,且争议颇多,使得在炮制整个发展过程中,炮制技术的变化较大。现代炮制经验源于古代,从事中药炮制的人员常说"遵古炮制",但中药炮制的众多方法都与当时的认识和生产力水平相关,有医疗、调剂、制剂和临床使用的需要,也有理论推衍、商业需要、甚至是商家、医家故弄玄虚等因素,真伪优劣并存。为此,他从中药炮制实际存在的问题出发,从搜集散在民间的炮制经验和整理炮制文献资料入手,为中药炮制现代研究找到了突破口和一条全新的研究思路。

(二)针对问题,查阅文献

中药炮制历史悠久,炮制技术与生产力水平息息相关,以前,由于受我国当时生产力水平的限制,加之没有相关先进学科作为参照和借鉴,中药炮制研究水平相当落后,但其能经久不衰,必有其独特的科学内涵,因此,中药炮制研究只能探索一条自我发展的道路。在实际进行的每一项研究工作中,冯宝麟先生认为现用炮制经验的来源不一,有的有依据,有的是推论而来的,有正确的,也有误传误用的,甚至有的是不合理的,且掺杂的个人主观影响因素较多,如果只根据现用炮制经验进行研究,往往不能反映炮制的原始意图,得不到正确的结论。要真正地规范炮制方法,做到继承与发展,就需要了解前人的发展情况,把零散的炮制资料进行系统整理、分析和研究,搞清炮制的历史沿革,弄清楚炮制的原始意图,完整地认识炮制的全貌,去粗取精,去伪存真,只有这样才能进行正确的研究,才能更好地为在传承和创新中不断发展的现代中药炮制研究提供参考和依据。

从阅读文献中发现问题,针对问题再去查阅文献,追本溯源。这种读书心得是冯老师在开展炮制研究过程中不断总结得出的,也是冯老师从研期间最重要的读书心得,这种心得对于开展中药炮制这门需要不断传承和创新的学科而言是十分合理和有效的。

三、中药炮制研究思路

中药炮制作为国家的非物质文化遗产,不仅见证着我国的医药历史,还蕴含着中华民族特有的科学精神和文化积淀。中药饮片质量的优劣不仅直接影响到中医临床疗效,也是关系到中药能否进入国际市场的关键。开展炮制研究有着至关重要的意义,以下几点是冯宝麟先生毕生经验的总结,对于开展中药炮制研究具有很强的指导意义。

(一)中药炮制研究应重视历史沿革的整理

中药炮制是我国历代医药学家在长期实践活动中逐渐发展起来的制药技术,但是由于历代的炮制方法在文献中记载较为分散,且缺乏系统的整理,使得在炮制整个发展过程中,炮制技术的变化较大。要真正地规范炮制方法,做到继承与发展,就需要了解前人的发展情况,把零散的炮制资料进行系统的整理和分析,搞清炮制的历史沿革,弄清楚炮制的原始意图,完整地认识炮制的全貌,去粗取精,去伪存真,为现代中药炮制的发展奠定坚实的基础。冯宝麟先生作为中药炮制研究的开拓者之一,在没有经验借鉴情况下,从实地走访、收集历史文献资料入手,理清沿革,正本清源,分析炮制的原始意图,探索炮制技术、品种、方法与理论产生、发展、演变规律,从多侧面对如何研究炮制这一传统学科提出了个人看法,提出开展中药炮制研究,应首先重视中药炮制历史沿革的整理,为炮制研究现代化起到了奠基和探路的作用,为后人提供了借鉴经验。

(二)中药炮制研究可按炮制的基本技术分类研究

中药的炮制品很多,其炮制方法不仅因药材不同而不同,同一种药材往往也有多种炮制方法,加上地区经验不同,使其炮制方法更是多而复杂,研究起来不易着手。面对原始、纷繁的历代炮制史料,冯老师将其分解为净制、水处理、加热处理、加辅料处理四种基本技术,冯老师提出按四种基本技术分类进行研究,把纷繁的炮制工艺分解成基本技术单元,探索其基本作用使复杂问题条理化,分别研究,有助于认识炮制作用,有助于搞清炮制原理,对指导中药炮制技术研究,促进中药科研水平的提高,进而推动中药饮片的行业发展,实现中药现代化具有重要意义。

(三)中药炮制可按炮制品类别进行研究

中药炮制品类别主要有蜜制、醋制、制炭、酒制、炒制、复制、煅制等。中药饮片各类炮制方法目的均不相同,经过某一类方法炮制后,却可以起到同样的炮制目的,如清炒可起到保持饮片质量,有利于药效成分的煎出及便于贮存等作用;麸炒可降低药物的燥性,以增强药物的健脾作用;土炒可起到协同作用,能增强药物的健脾安胃的作用;炒炭可增强药物的止血作用;蜜制可增强药物润肺止咳,补中益气的功效;盐制可引药入肾,增强药物补益肝肾利水的作用;醋制可引药入肝经,增强药物活血化瘀,理气止痛的作用;酒制可引药上行,增强药物温补肝肾,活血通络的作用。因此按照炮制的目的不同,可选择不同的炮制方法。冯宝麟先生认为每一类方法涉及的药材虽不同,但其炮制意图可能是一致的,如传统认为炒用性缓,炒焦健脾,炒炭止血,盐制入肾,都有一定的共性。为什么炒能性缓?焦能健脾?炭能止血?寻找其改变的共同点,将有助于搞清炮制原理。因此,可按炮制品类别开展研究,找出共同的规律和共性,对揭示炮制原理,搞清炮制实质具有重要意义。

(四)加强临床与炮制基础理论相结合的研究

目前开展的中药炮制研究多借助于现代化学和药理手段进行,而目前符合中医用途的成分和药理指标并不多,且缺乏符合中医药理论的药理学手段和方法,因此难以做出确切的符合炮制改变性、味、归经以及临床功效作用的药效学结果,冯宝鳞先生认为判断饮片炮制是否得当,应在化学和药理研究上得到一定的线索后,进行临床验证,以达到炮制的目的。目前临床上总结炮制作用的报道不多,且很多研究只是仅仅得出实验室结论,难以得到推广,服务于社会。另外,有些历史上有争议的炮制问题,在未进行临床验证明确其炮制作用之前,就盲目开展基础研究,既浪费了资源,又走了很多的弯路,因此,应注重中药炮制与临床应用相结合的研究,更好地服务于临床。提出中药炮制研究是不能脱离中医理论和实践体系的,不能孤立的去研究中药的成分、药理,而要根据中医的治疗和用药规律,接受中医的使用经验,分解化学、药理、临床来探索中药的治疗理论及作用机制。

(五)中药炮制应重点开展统一炮制工艺、质量标准研究

冯玉麟先生在多年的研究中发现中药炮制需研究的问题很多,其中文献研究、临床研究、炮制原理研究,虽是炮制研究的基础工作,但由于历史文献多而分散,中药炮制品的临床效果缺乏数据资料,中药药性亦缺乏科学阐明,加之现代

科学手段尚不能完全反映中医药特点,因此短期内难以彻底解决问题,只能将其列为长期工作目标,分阶段逐步来实现。当前,短时间内可能实现的是:结合生产和临床实际,在符合传统要求的前提下,先在统一工艺、制定质量标准等方面做工作,首先保证药材质量和用药安全有效。

(六) 创造新的炮制法和新型炮制品

中药炮制技术和方法由于受社会生产力水平和条件的限制,许多传统的中药炮制方法和炮制品已经不能适应中药现代化的要求。中药的成分组成很复杂,传统的炮制方法虽然能达到一定的炮制目的,但往往没有注重炮制过程对其中所含有效成分的影响。如传统的水浸泡,虽然能达到软化药材的目的,便于切制,但水浸也容易造成有效成分流失。加热制药材,加热温度和时间不一,对药材质量的影响也不一;加辅料制药材,辅料的品种、产地、用法、用量等对药材的质量都有一定的影响。因此,应以中医药理论为指导,在符合中医药理论和传统炮制意图的前提下,运用现代科学手段,密切结合生产和应用,开展对中药炮制的研究,创造新的炮制法和新型炮制品,在实现炮制目的的同时,更好地保证临床疗效。

(七) 中药炮制应重点开展炮制原理和理论研究

中药炮制原理研究一直是中药炮制研究的瓶颈,制约着中药炮制研究的深入发展,目前大多数中药的炮制原理仍不清楚,药效作用物质基础仍不明确,使得饮片的炮制工艺和质量标准缺乏有效的指标,无法真正做到中药饮片炮制工艺的规范化和质量的标准化,饮片质量难以得到保证,制约了中药炮制学科和中医中药的发展。当前虽开展了部分研究,搞清了部分药物的炮制原始意图,初步探讨了其炮制原理,但多数是验证性实验,无突破性进展,炮制原理研究任重而道远,仍是炮制研究工作的重中之重。

(八) 中药炮制理论研究

中药炮制理论是中药炮制的基本理论和实施依据,在明代以前,医药书籍中仅有分散的炮制作用的论述,明代开始有较系统的记载,具有代表性的是陈嘉谟的《本草蒙筌》,现代凡提到炮制理论多以此为据。但是冯宝麟先生认为陈氏理论只是概括的总结而已,尚不能包括全部的炮制理论。明代的《医学入门》、《本草粹言》、《本草通玄》,清代的《修事指南》等也均从不同角度对中药炮制理论进行了系统的论述,论点并不完全一致,互有补充,丰富了中药炮制理论的内容。陈嘉谟对中药炮制理论行了概况总结,形成初步理论,至今仍未有较大发展,未形成新的理论。此外,在古代科学水平落后,认识能力有限的情况下,所形成的炮制理论也具有很大的局限性,因此中药炮制理论仍有很多需要完善之处。

(九)中药炮制生产应发展机械化和现代化

中药炮制生产设备大多比较落后,自动化程度差,生产过程绝大多数是手工操纵,劳动强度大,工作效率低下,工作环境恶劣,炮制程度凭老药工的炮制经验进行控制和把握,不仅影响了饮片的质量,还严重制约了中药炮制的发展。因此,急需以中医药理论为指导,运用现代科学手段,密切结合生产和应用,进行机械化、现代化炮制生产设备的研究和开发,以更好的提高生产效率,保证饮片质量和临床疗效。

(十)中药炮制研究应全国统一规划,多学科配合,有计划、有步骤的研究

中药炮制研究涉及的学科较多,开展起来存在一定的难度。冯宝麟先生在20世纪80年代就认识到当时的炮制研究工作多是单学科的、零星的、分散的,且品种不多,应用到生产上的更少,缺乏统筹的组织安排,因此他提出中药炮制研究应全国统一规划,进行有组织、有计划、有步骤的研究,只有这样才能加快炮制研究的进展,收到较好的效果。

四、成才经验

冯宝麟先生之所以能够从外行到内行,从内行到专家,继而对中药炮制研究做出卓越的贡献,不仅与其对科研事业的热爱和坚持有关,而且与其个人素养和魅力也是分不开的,我们应积极学习他的成才经验,全面提升业务水平和个人素养,以期早日成才。

(一)勤奋学习,不断总结

冯宝麟先生从事中药炮制研究既无祖传,也无师授,加之他大学里所学专业是西药药剂学,所以当他来到山东省中医药研究所时,对中药还是一窍不通的,就是这样一个对中药是什么都不清楚的人成了我国开创中药炮制研究的领军人物,成了中药炮制研究领域的名家。究其原因,可以说,最大的原因是冯宝麟先生对中医药事业的喜欢和热情,他平时比较喜欢看一些古文方面的书,实际上中医药学是中国传统文化的产物,是在中国传统文化土壤中发生、发展起来的,它的形成与发展,自始至终受到中国传统文化尤其是哲学思想发展状况的影响和制约。古代医籍文献记录、保留了先民们与疾病做斗争的丰富经验与智慧,它成为学习中医药学、获取间接经验的重要资料。也就是在钻研古代本草时,冯老师发现了中药炮制研究领域的空白、残缺和落后,可当时的研究条件和环境是相当的落后,中药炮制研究根本无从借鉴,他就从收集整理散在民间的中药炮制经验开始,再到查阅相关古代中药炮制书籍,到梳理总结再到研究,并且不断地学习,不断地钻研,不断地积累经验,最终形成了自己独特的中药炮制研究的观点。

(二)坚定不移,持之以恒

中药炮制虽然很重要,但客观的讲从事中药炮制研究比较枯燥无味,且无先例或其他学科先进的研究思路可借鉴,困难较大,创造的经济效益也较少,所以中药炮制研究队伍很不稳定,从事这一行业的人本身就较少,能坚持下来的更是寥寥无几。在中药炮制学科研究人员中一直流传着一个自遣的戏谑之言,说中药炮制研究队伍是"熊猫队伍"。而在炮制研究之初,研究所仅冯老师一人从事中药炮制研究,炮制研究不受重视,社会上对这门传统中药制药技术科学内涵的认识滞后,这些都给冯老师进行中药炮制研究带来了很大的压力,但这一切却并没有阻挡住冯老师前进的步伐,他顶着压力,通过坚持不懈的努力和研究探索,为我所的中药炮制研究打开了局面。1963年王琦老师从河南中医学院毕业分配至我所,同冯老师一起坚持中药炮制研究事业,在中药炮制研究方面也取得了不俗的成绩,随着人们对中药炮制认识的提高,冯宝麟先生身边逐渐汇聚了一帮喜欢从事中药炮制研究的年轻人,如孙立立等,他们在冯老师的带领下一直工作在中药炮制研究的第一线,为山东省中医药研究所乃至山东省的中药炮制研究奠定了良好的基础。

(三)博学多才,不拘一格

从事中医药行业的人大都被认为"死板",但冯宝麟先生不仅具备自然科学学习和研究的严密逻辑思维及谨慎的科学态度,还具备学习和研究人文科学的思维和能力,平时闲暇时间冯老师比较喜欢看古文书籍,床头上时常摆着《庄子》《孟子》《古文观止》《红楼梦》,唐诗宋词等文言书籍。而现代书籍中冯老师尤其喜欢鲁迅先生和毛主席的著作,他十分欣赏毛主席务实的办事作风和说话作风,并以此作为自己的行事准则。除了爱好看书,冯宝麟先生是个多才多艺、大胆尝试创新的人,大学时代就经常组织和参加文艺节目,曾自编自导自演过话剧节目,受到同学和老师的一致好评。冯老师还擅长吹箫、笛子、口琴、拉手风琴、弹吉他等,对围棋、象棋和书法也颇有研究。冯老师特别喜欢户外活动,注重体育锻炼,天天坚持早起爬山,打太极拳,练太极剑,几十年风雨不误。此外,冯老师还非常有爱心,他收养过一只名字叫"大黄"的流浪猫,并照料了许多年。正是由于冯老师有如此的雅兴和胸怀,他才能无视困难,在中药炮制研究道路上走的从容坚定,取得如此大的成绩。

(四)为人正直,善良,本分,淡泊名利

冯宝麟先生为人正直善良,和蔼可亲,日常生活中经常关心和照顾周围同事的工作和生活,人缘极好。单位里的一位独身生药学专家,曾因脑血栓摔倒住院,冯宝麟先生和家人天天给她做可口的饭菜,开始是自己去送,后来由于他们年事已高,行动不便,就托人给她送过去,一天两顿,连续四十多天,直到其病情好转。冯宝麟先生待人和蔼可亲,对年轻同事和学生总是耐心指导,有问必答,从学习、工作、生活、家庭等各方面都关怀备至,是一位非常值得尊敬的师长。

冯宝麟先生从不争名逐利,在单位威信极高。在平时工作中始终秉承着"塌塌实实做工作,认认真真搞科研"的行为准则,兢兢业业,精益求精,一丝不苟。起初中药炮制研究工作条件十分艰苦,需要经常外出考察,加班加点更是家常便饭,有时白天跑了一天,晚上也不能休息,要把收集的资料及时整理出来,但他毫无怨言,总是认认真真的把手头上的每一项工作做好,几十年如一日,在平凡的工作岗位上默默耕耘。退休以后,有不少大企业药厂慕名而来,想聘请他作顾问,并表示其什么都不用做,仅挂名就能有一笔相当高的收入,虽然当时冯宝麟先生家中经济不宽裕,但都被他婉言谢绝了。冯宝麟先生认为做人应当本本分分,不劳而获的事情决不能做。

五、结语

可以说,冯宝麟先生如果没有对中医药事业的高度热情,没有坚定的信念,没有吃苦耐劳的精神,没有刻苦钻研和持之以恒的毅力,没有高度的责任感,是无法成为中药炮制研究领域的名家、大家的。冯宝麟先生如果没有博学多才和较强的人格魅力,他在中药炮制研究的道路上不会走的那么深远。冯宝麟先生不慕虚名,不迷信传统,不畏困难、尊重科学,一切为认识和解决炮制学科存在问题探路的治学精神,把自己的一生都奉献给了中药炮制事业,是我们从事中药炮制研究后来人学习的榜样,工作的楷模。

参考文献

[1] 冯宝麟,王琦.中药炮制研究应重视历史沿革的整理.中成药研究,1982,(7):18~20

[2] 冯宝麟,王琦,李秀稳.川乌炮制工艺改革的研究.中成药研究,1980,(2):32~33

[3] 冯宝麟,王琦.马钱子炮制工艺改进.中草药通讯,1973,(2):42~43

[4] 冯宝麟,王琦.马钱子散生产工艺改进的实验研究.中草药通讯,1974,(6):35~37

[5] 冯宝麟,庄立品.巴豆霜炮制方法的初步探讨.中医药研究参考(内部资料),1978,(11):32~33

[6] 冯宝麟,王琦.关于麦冬去心问题的探讨.中医药研究参考(内部资料),1978,(11):70~74

[7] 冯宝麟,赵小桐.地黄炭的研究.中成药研究,1984,(1):14~15

[8] 冯宝麟,王琦.中药酒炒类炮制的研究.山东医药,1978,(4):41~43

[9] 冯宝麟,王琦,张兆旺,等.关于中药酒制问题改革的商榷.中成药研究,1981,(7):14~17

[10] 冯宝麟,王琦.中药炭药探讨.中成药研究,1982,(8):16~18

[11] 娄松年,冯宝麟.生、炒酸枣仁水煎剂镇静、安眠作用比较.中成药研究,1987,(2):18~19

[12] 冯宝麟,赵小桐,任遵华等.陈嘉谟炮制原则(辅料制)适用范围的讨论.中成药研究,1985,(6):13~14

[13] 冯宝麟,王琦.对中药炮制研究的几点看法.中成药研究,1980,(5):33~35

[14] 冯宝麟.中药炮制研究规划设想.中成药研究,1984,(6):46~47

[15] 冯宝麟,王琦.关于中草药炮制原理和改革途径的探讨.中级医刊,1979,(2):37~41

[16] 吕文海.冯宝麟中药炮制研究思想三——对炮制研究方法途径的探讨.山东中医药大学学报.1999,23(3):218~219

第三章　重点科研

一、搜毒丸中巴豆霜的制造研究(1958 年)

我院为配合梅毒防治制造了一批清血搜毒丸,在临床应用后发现服药患者呕、泻很重,甚至部分患者出现虚脱。检查药物的配制,认为与原制造处(隆化)不同点为巴豆霜的制造。根据文献记载,巴豆为峻泻药,其致泻的原因由于其中含巴豆油的作用,其含油量的多寡会造成不同的泻效,且处理不当能引起中毒,因之对巴豆霜进行研究。

(一)巴豆油的文献记载

巴豆中主要含有 53% ~57% 的巴豆油及毒蛋白质(加热可以破坏)。

其泻效由于巴豆油在肠内因碱性分解出巴豆油酸,巴豆油酸刺激肠蠕动而造成峻泻,另外,巴豆口服时,可能也有部分巴豆油酸刺激咽喉,并有局部的致呕作用。

巴豆中的毒蛋白质能溶解红血球,但本成分遇热即破坏。

巴豆油致死量:人为 20 滴;马为 20 滴;牛为 40 滴。

普通剂量:1/10 滴。

(二)我院巴豆霜制法与隆化不同点

隆化:拣取种子,去皮,上锅蒸透,压去油,再蒸,再压一次,掺入 30% 山芋粉。

我院:种子去皮,粉碎,包于毛头纸中,用热不等夹起,在温热处放置,换毛头纸至不再出油。

二种处理方法的巴豆霜含油量测定

	含油量	文献剂量	处方用霜量	折合油量
巴豆	58.81%			
隆化巴豆霜	34.22%	0.01 ~0.05 g	0.328 g	0.08315 g
我院巴豆霜	52.57%	0.01 ~0.05 g	0.328 g	0.1725 g

（三）小结

1. 我院所制巴豆霜,其含油量很高,且未加入山芋粉,使用剂量比隆化大 1 倍,比文献记载大 3 倍,因之其增效过巨。

2. 我院的巴豆霜未经蒸过,只低温度处理,其中有毒的毒蛋白不一定完全破坏。

（四）今后制造意见

1. 巴豆霜,必须采用蒸 2 次,压 2 次的方法,出油够多,也可破坏毒性蛋白。
2. 制出巴豆霜必须掺入山芋粉。
3. 制出巴豆霜,需要经过化验其含油量再配料。
4. 配料时需配合均匀。
5. 今后可以试用纯巴豆油,这样便于控制剂量,也免浪费药品。

二、西瓜膏制法研究（1958 年）

我院制造的西瓜膏,发现产品色泽黑褐,有苦味,可能浓缩物在蒸发锅内时间较长,接触温度较高的锅壁,而致部分炭化,故提出试验准备改进。

（一）试验结果

共作试验 3 次,主要利用较低温度浓缩,产品皆味甜,无苦味,色红棕,透明程度较好。其结果与步骤如下：

西瓜膏制造试验

	重量	出汁量	浓缩后重	百分率	温度	色	味
第一次	瓢 2.425 kg	2 200 ml	0.163 kg	6.21%	80℃	橙棕	甜
	皮 1.625 kg	1 100 ml	0.0345 kg	2.21%	80℃	深棕	甜,咸
第二次	瓢 2.58 kg	2200ml	0.181 kg	8.22%	80℃	红棕	甜
	皮 1.245 kg	850ml	0.043 kg	5.05%	80℃	褐棕	甜、咸
第三次	瓢 2.62 kg	2 500 ml	0.182 kg	6.1%	先直火加热再80℃	红棕	甜
	皮 1.53kg	850 ml	放置过夜,败坏,弃去				

（二）操作

第一次:在水浴上浓缩至膏状物拉丝。

第二次:水浴上浓缩,不同处是将产的凝聚物滤出,滤出的成分主要为色素,浓缩物比较稀薄。

第三次:先在电炉上直接加热,滤过色素等凝聚后再在水浴上浓缩。

（三）结论

如温度不超过 100℃（在水浴上）,产品在色味上皆较理想。

原汁在稀薄的情况下,用电炉直接加热也无变化。

滤出色素等物质浓缩,透明度,色泽较好,但不歇着。

(四)对生产的建议

1. 西瓜膏浓缩,以在水浴上进行为佳。

2. 如欲缩短蒸发时间,可将原汁在蒸发锅内蒸至 1/2~1/3 量,再移至水浴上浓缩。

3. 压出原汁需及时浓缩,免致败坏。

(五)西瓜膏处方中药物资料收集

根据现在查到的文献资料记载,综合本处方的作用及含有的成分,为今后研究提供线索。

作用方面:本方 7 种药物为降压作用,7 种为利尿,本方主要作用可能即在这二方面。

西瓜膏中的药物资料

品名	降压	利尿	镇静	子宫	呼吸	肠
西瓜	+	+				
桑椹						
杜仲	+					
桑寄生	+	+				
槐米	+					
益母草	+	+		+		
夏枯草	+	+			增强 +	
海藻		+				
干漆	+	+		+		+
酸枣仁			+			

(六)西瓜中含总转化糖量的分析

西瓜中含大量糖分,如能进行测定,对今后的产品检查有所帮助,初步找出一试验方法,所测得结果与文献记载的含量大致相同,方法如下:

1. 取定量的西瓜汁,加热除去可凝物如蛋白、色素等。

2. 加乙醇于其水溶液中,以除去可治淀的淀粉,胶质等。

3. 加碱式醋酸铅除去其中色素,粘质等。

4. 用 NH_4SO_4 除去过多的铅后,加硫酸转化其中糖。

5. 用班 B 定定量试剂测其转化糖量。

结果与文献记载的比较:文献记载为 4.27%;试验平均值为 4.518%。

三、山东地区中药炮制及加工方法备集(1959 年)

这里收集了 501 种中药,其中需要加工或炮制的 365 种,不需加工炮制的的 136 种。收集的内容为:

(1)炮制及加工的方法:以山东地区中药行业人员的经验为主,及书籍杂志上其他地区的介绍,及实际观察到的材料汇集而成。

(2)过去的研究资料的提取部分化学及药理方面资料(以能帮助解释炮制的理论问题的资料为主)。

(3)炮制加工能够以现代科学知识解释的,及认为可能的原理,及需进一步探讨的问题,提出一部分。

炮制的方法,分为两部分:

一是根据收集的体会,将炮制及加工的精神大体上作一系统的介绍。二是药物的各论包括药物的炮制加工方法,及操作的原理和目的,一些化学上和药理上的资料。

由于收集的材料少,理解的不够,这些仅是工作开始的初步汇报。

(一)炮制及加工的一般介绍

中药的炮制是药物经产地加工后,到病人服用前,进一步处理使药物能去粗取精,便于拿取、煎煮、服用,减少毒性或提高疗效的加工步骤。

中药的炮制方法是比较散乱的,古代医学书籍上叙述的比较简略,专述的书籍只有炮制大法,也只是略述其过程。有的也缺乏详细的说明作法,目的,要求。现代从事中药炮制加工的人员所作的皆是口传身授流传下来的往往个人的体会不同,条件不同,各个地区,各个药店,又各有各的制法,极不统一,但从总的精神看来还是一个。

炮制及加工,古代总为雷公炮制十七法,现代发展起来常用的有以下几种:①不水火制②火制③水制④水火制⑤其他类。方法看起来比较多,但总的来说,不外乎便于服药,去副作用,充分发挥疗效等,根据半年来的收集体会,大体介绍如下:

中药大多是植物,动物,矿物的原体或部分,虽在产地曾经有过加工,但这些药物或是枝条,或是块根,成块的矿石,而且可能夹杂有泥沙等的杂物。往往先需经过以下步骤:

1. 取药用部分,除去不入药的部分。这一步骤一般利用药物的轻重大小,形态等性质将药物及非药用部分分开。

2. 药物的粉碎。药物经过除去杂质,但仍是大块或长条,不便于拿取、煎煮出成分,或服用,还需进一步粉碎才能充分发挥药效。

3. 充分发挥药效,除去副作用及毒性。使药物符合用药的目地。

4. 增加疗效。药物的另一种处理方法,增加一些物质起辅助治疗作用,或促使本身治疗作用的发挥。

以上是炮制的简单综述,不完全,下面再将每一种炮制进一步介绍:挑、切、碾、捣、研、簸、颠、筛、罗、刷、刮、劈、镑、炮、煨、烘、燎、煅、闷煅、炼、烫、炒(微炒、炒焦、炒炭、土炒、麸炒、醋炒、酒炒、米泔水炒、盐水炒、姜汁炒、鳖血炒、羊脂油炒)、洗、泡、浸、闷、飞、蒸(罐蒸、笼蒸)、煮、淬、炙、燀、法制、霜、露、酥、曲、朱衣。

(二)各论中包括以下药物

一枝蒿,人参,人指甲,大蓟,小蓟,大腹皮,大戟(红芽大戟),大黄,山豆根,半夏,山药,土茯苓,山楂,山萸肉,续断,川楝子,川乌,川芎,三棱,小茴香,山甲,干漆,千金子(续随子),千年见,川槿皮,干姜,赤杨柳,王不留行,五灵脂,五味子,五加皮,木瓜,木香,木贼,木通,天花粉,天门冬,天麻,天南星,元胡(延胡索),元明粉,巴戟天,巴豆,牛膝,牛蒡子,升麻,女贞实,丹参,硼砂,六神曲,五谷虫(蛆),五倍子,天仙藤,玄参,瓦楞子,白前,白薇,白头翁,白芷,白芍,白术,白僵蚕,白芥子,白及,水银,水蛭,石楠,石膏,石决明,玉竹,甘草,甘遂,仙鹤草,代赭石,白蔹,白茅根,仙茅,白花蛇,石楠叶,石韦,白石英,冬葵子,瓦松,白藓皮,冬瓜仁,水红花子,石莲子,甘松,半边莲,白果,石榴皮,百部,百合,地丁,地黄,地榆,地骨皮,肉豆蔻(肉果),肉苁蓉,刘寄奴,老鹳草,血余(头发),艾叶,自然铜,灯心,米壳,竹茹,决明子,合欢皮,地龙,朴硝,地肤子,皂角,何首乌,杜仲,杏仁,防己,防风,赤石脂,牡蛎,没药,乳香,吴茱萸,贝母,车前子,谷精草,良姜,谷芽,牡丹皮,沙参,伸筋草,赤芍,沙苑子,赤小豆,安息香,沉香,旱莲草,知母,阿胶,青风藤,青蒿,青皮,刺蒺藜,芫花,金银花,金银藤,金石斛,佩兰,芥穗,枇杷叶,松香,羌活,芡实,花蕊石,虎骨,豹骨,狗脊,刺猬皮,金钱草,金樱子,苎麻根,板蓝根,于术,青木香,松节,使君子,青椒,青葙子,卷柏,附子(里附子),香附,香薷,胆草,前胡,芙蓉叶,威灵仙,砂仁,枯矾,白扁豆,真珠,厚朴,郁金,枳实,白附子,柏子仁,红花,禹粮石,枳壳,香橼,柿蒂,胡麻子,珍珠,党参,马勃,马钱子,胡桃,马兜铃,草乌,草决明,桑螵蛸,桑白皮,桑枝,桑寄生,桑椹,乌梢蛇,乌药,乌梅,海浮石,海风藤,海桐皮,秦艽,桂枝,射干,益母草,栝楼仁,柴胡,狼毒,茜草,益智仁,桔梗,茯苓,骨碎补,破故纸,昆布,马鞭草,马齿苋,马蔺子,草豆蔻,草果,海藻,草河车,海螵蛸,高良姜,茵陈,鬼箭羽,桃仁,麻黄,麦芽,麦冬,陈皮,通草,蛇蜕,蛇含石,商陆,旋复花,羚羊角,朱砂,常山,荷叶,侧柏,鱼漂,鹿茸,莪术,淡豆豉,栀子,淫羊藿,蛤壳,紫苏,紫菀,紫石英,紫河车,淡竹叶,降香,败酱草,萱草根,连翘,紫荆皮,夏枯草,黄芪,黄精,黄柏,黄豆卷,黄芩,黄连,蛤蚧,象皮,棕边,寒水石,酸枣仁,莱菔子,款冬花,黑白丑,诃子,菊花,楮实子,黄蜡,黑芝麻,菖蒲,黄蒿,菟丝子,鸡内金,鸡血藤,菱根,葛根,贯众,细辛,蜂房,当归,蒲黄,远志,萹蓄,透骨草,硫磺,雷丸,雄黄,鸡冠花,犀角,蜂蜜,漏芦,蕤仁,槐花,槐实,绵帛,苍耳子,苍术,络石藤,滑石粉,蒲公英,蜈蚣,蒿本,鹿角,鹿角胶,莲房,春根皮,稻芽,蔓荆子,萆薢,豨莶草,熊胆,鹿衔草,猪苓,硇砂,泽泻,泽兰,橘核,丝瓜络,独活,生姜,龙齿,薏苡仁,薄荷,龙骨,薤白,姜黄,轻粉,锁阳,槟榔,檀香,鹅积石,翻白草,瞿麦,磁石,蟾酥,藕节,礞石,炉甘石,藿香,藜芦,苏木,芦根,麝香,龟板,鳖甲。

(三)无需炮制加工的药物

伏龙肝,玄晶石,葫芦巴,樟脑,青黛,鹤虱,败酱草,零陵香,十大功劳,葛花,玫瑰花,月季花,土元,云母石,橘红,儿茶,土贝母,紫草根,黄药子,虻虫,胆矾,松花粉,大青盐,薄荷冰,百草霜,白花菜子,金果樱,青果,枳椇子,急性子,银杏叶,皂刺,水獭肝,凤凰衣,铜绿,紫草茸,山慈菇,光磁鼓,大茴香,光小豆,梭罗子,荔枝核,龙眼肉,苦竹叶,洋金花,厚朴花,凌霄花,大青叶,海金砂,白药子,荜撒,冬瓜皮,浮萍草,鱼腥草,鹅不食草,白梅花,玳蚧花,石菖蒲,天仙子,枸杞子,闹羊花,海马,海龙,望月砂,苏合香,冬虫夏草,路路通,蓖麻子,榧子,紫苏叶,番泻叶,丁香,辛夷,蝉蜕,阿魏,天竺黄,太子参,大枣,木鳖子,佛手,韭菜子,甜瓜子,毕澄茄,梧桐子,葱子,葶苈子,鸦胆子,樱桃核,天葵子,水三七,猫爪草,苦楝子,苦丁香,浮小麦,锦灯笼,芸苔子,藏青菜,莲花,九香虫,蛤蟆油,琥珀,紫梢花,白降丹,红粉,钟乳石,鹅管石,郁李仁,胖大海,胡黄连,火麻仁,白胡椒,山奈,汉三七,刀豆,大枫子,木蝴蝶,勾藤,茺蔚子,蛇床子,紫贝齿,马宝,狗宝,猴枣,夜明砂,芫荑,干蟾,全蝎,肉桂,冰片,红娘子,玳瑁,阳起石,莲子心,斑蝥,覆盆子,橘络。

(四)小结与讨论

1.寻找炮制加工的理论依据,统一炮制方法。

各个药物虽具体成分不一,炮制后变化各个不同,但炮制有他的中心目的,炮制方法也可分成几大类。如醋处理,酒处理,炒,煅。现在有可以解释,有的部分或全部不能解释,能将这些道理找出,然后再研究药物的具体变化。那么炮制的方法则可逐步统一了,同时也可在这一基础上提高。

如药物的切片问题,浸泡多久合理,如能够充分科学证实,现代纷杂的方法即可统一。另外如水泡即是软化便于切片,那么产地趁鲜切片,岂不减少了干燥后再浸润的手续。同时既然切后是为了便于煎煮拿取。是否一定要用切片,捣或碎颗粒是否可以呢?

2.改进剂型,提高疗效。

古代炮制和加工已积累了丰富的经验。这是古人利用已掌握的知识用于药物上,使药物更能发挥他的作用,近代科学发展很大,为什么不能吸收进新的知识而使它更为丰富呢?

如巴豆,古代认为去油后作用较缓和,而用压去大部油之渣。现代则更清楚的了解泻的作用完全是油的作用,那么为什么不充分利用油而将大部油弃去呢?

如炭药是止血药,古代制成炭的药物亦不多,许多药物的止血作用是籍其中某种成分而致,是否将有止血成分的药物烧成炭,只利用炭的局部止血作用呢?如需某药的少许保留之作用(存性)又需止血,那么是否可以用无医疗价值之物质烧成炭,再加少量药物,在药物上也是一种节约。

3. 药物的治疗原理及有效成分的深一步研究。

翻阅过去中药的研究资料,只有少数几种能够确切说明起作用的是什么物质,起什么作用。大部分只做了一些成分研究,但治疗价值则不明。炮制及加工的整理及改进剂型提高疗效的工作,欲想达到最完善的阶段,必得对药物的本身彻底了解。

但解决了中药炮制问题只不过是中药中一小部分问题,主要还是治疗问题,治什么?什么成分什么作用?还有否新的有医疗价值的物质?

人体的病变是有一定规律的,药物的治疗也有一定的途径。如能将中医的治疗原理配合上现代科学知识整理出治疗的原理,药也可在这基础上深一步研究其有效物质。同时由药的有效物质也可深一步找出医疗的原理。

如散表解热药,多是要散汗的,这类药物中多含有挥发油,挥发油多能刺激汗腺,及促使血液循环的兴奋,那么散表药是否即是挥发油的作用呢?如能深一步研究,我们便能更确切的使用中药,发挥他最大作用。也可在这基础上找出新的药物来。

四、保健丹剂型改进研究(1959年)

对保健丹剂型进行改进,对方中的各药提取方法进行研究确定。

1. 何首乌　何首乌用黑豆汁泡透,蒸熟,晒干,压成粉,用70%乙醇回流煮沸3次,最后压榨残渣与乙醇液合并,减压浓缩,低温烘干。

2. 菟丝子　菟丝子洗净,压成细粉,用50%醇渗漉,取漉出液及残渣液合并,减压浓缩,低温烘干。

3. 豨莶草　豨莶草压成细粉,用30%乙醇渗漉,合并残渣压出液后,减压浓缩,低温烘干。

4. 桑叶　桑叶压成细粉后,用30%乙醇渗漉。

5. 女贞子　女贞子,蒸熟,晒干,压碎,用50%乙醇渗漉,合并残渣压榨液,减压浓缩。

6. 金银花　金银花,压碎后,用热水渗漉,减压浓缩,低温烘干。

7. 杜仲　杜仲粉碎后,用30%醇渗漉,减压浓缩,低温烘干。

8. 牛膝　牛膝压碎后,用水渗漉,其他同。

9. 地黄　地黄研碎后用50%乙醇渗漉。

10. 黄芪　黄芪研碎后,用50%乙醇渗漉。

11. 天麻　研碎用30%乙醇渗漉。

12. 当归　当归压粉后用50%醇渗漉。用95%及75%乙醇先后渗漉,减压50℃浓缩。

13. 菊花　菊花压成粉后,用30%乙醇渗漉。

14. 枸杞　压成粉后,用50%乙醇渗漉。

15. 桑葚　桑葚压出汁后,过滤,浓缩。

五、超声波对煎药的影响研究(1960年)

(一)普通煎药法与超声波法对槟榔煎出的重量比较

为了观察超声波与普通方法煎药效果的比较,我们采用质地较坚实的槟榔,粉碎至一定程度,加定量水,在同一条件下,处理不同时间后,进行普通煎煮的煎出物与超声波处理的煎出物进行比较(我们使用的是 CFX-80 超声波发生器,及一可加热的震荡部分频率可达 20 500 Hz 以上)初步观察,普遍煎 30 min 煎出的物质,利用超声波在 1~5 min 即可煎出。

现在所做试验只是煎出物重量比较,其有效成分的测定尚待进一步研究。结果如下表。

	普通煎煮	超声波处理
1 min	5.153%	6.115%
2 min	5.574%	6.157%
5 min	5.547%	6.087%
10min		6.35%
20min		6.66%
30min	6.464%	6.28%

由上表说明:

1. 超声波处理 1~5 min,其煎出物皆可达到6%以上,与普通煎 30 min 效果接近(由于中药的含量在单一样品中并不划一,煎出物不可能精确)。

2. 超声波处理 1、3、5、10、20、30 min,效果接近,故超声波的处理时间 1~5 min 即可,增长处理时间,实际意义不大。

具体步骤:

1. 样品选择。

取市售槟榔,压榨,过筛,选取直径约 0.5 cm 的碎块,每一试验同做三份。

2. 试验方法。

(1)普通煎煮:精密称取槟榔碎块 10 g,置于烧杯中,加水 100 ml,浸泡五分钟,置于超声波震荡部分的加热器上,加热至沸,开始计算时间,至需要时间,取下,稍放冷,过滤,残渣用蒸馏水洗涤 2 次,过滤液合并,置于已知重量的坩埚中,水浴上蒸干,干后,110℃烘 4 小时,称重,计算其煎出物重。

(2)超声波处理:精密称取槟榔碎块 10 g 加热至沸与普通煎同,沸后,通过超声波(频率 20 500 Hz)一定时间,取下,稍放冷,过滤,其他步骤与普通煎相同,计算煎出物重。

(二)药典法与超声波法对十种生药醇浸出物的比较

1. 各十种通过 20 号筛的生药细粉,按药典附录醇浸出物项进行(60% 乙醇)。

2. 各取上列相同样品,加同样溶媒,浸 10 min,用超声波震荡 30 min,浸取 20 min,震荡 30 min,再浸 30 min,过滤,吸取 25 ml,蒸干,称重。

3. 各取上列同样样品,按药典法操作,但浸取时间改为 2 h,并不用超声波震荡,以使与超声波 2 h 作对照。

编号	药名	药典法(24 h)%	超声波法(浸 1 h,振 1 h)%	对照(2 h 浸取)%
1	郁李仁	20.35	22.80	17.88
2	大麻仁	14.53	15.05	13.12
3	百部	65.25	65.63	65.18
4	茵陈	22.19	22.22	20.21
5	白首乌	31.37	31.74	31.13
6	远志	40.47	40.47	39.19
7	红花	36.62	37.17	34.10
8	半夏	7.43	7.17	6.60
9	麻黄	17.75	17.32	15.72
10	白头翁	31.17	30.85	28.48

以上为药典外法定生药,下面我们又选择了几种药典法定生药进行试验。

药典法与超声波法对规定生药大黄、牵牛子的醇浸出物,姜含量测定中水溶性物的比较。

方法 1:①按药典法作姜含量测定项内的水溶性物测定(吸取 50 ml 改为吸

取 25 ml)。②超声波法:按药典称取 4 g 样品,于 200ml 容量瓶中,加水至刻度,摇匀,浸 10 min,震荡 30 min,浸 20 min,震荡 30 min,浸 30 min 后过滤,吸滤液 25 ml,蒸干,称重。

实验结果:

	药典法(%)	超声波法(%)
水浸出物	5.03	5.05

方法 2:①按药典法作大黄、牵牛子醇浸出物项内操作。②大黄,牵牛子醇浸出物按上述超声波法进行。

	药典法(%)	超声波法(%)
大黄	28.00	29.84
牵牛子	12.95	13.01

超声波法事能加速药物提取速度,因为从 13 个结果中超声波法有 9 个高于药典,1 个相等,3 个略低,但最低也只低 0.43%(麻黄),因此可考虑超声波共 2 h 的浸出法是否能代替药典 24 h 的浸出法,这样每种生药每一项浸出物测定就可节省 22 h,如果我所能用此法作近一百种生药的三项浸出物,则节省的时间就很可观,随着我国的科学技术的发展,先进仪器与方法不断地被采用在各项科学事业中,药典方法是否可考虑采用新的设备与方法来改变旧的操作。

以上少数生药(半夏,麻黄,白头翁)结果略低,可考虑稍延长超声波震荡时间。

根据超声波震荡原理与上述结果来看,超声波法推广应用于提取生药有效成分将是一条很好的途径。

以上实验仅找出了超声波法科加快提取速度,但至于哪一类生药需要震荡多少时间还有待于进一步研究。

(三)超声波对煎药质量影响的探讨

首先,我们对单味药物进行了普通煎煮与超声波处理的比较,初步观察使用超声波处理能提高煎药效率 3.8 倍。如能广泛推广应用,对提高工作效率,满足病员的需要,是很有价值的。

1. 实验情况。

方法:将定量药物置烧杯中,加定量水浸一定时间,于振荡器上加热至沸,开始计算时间,(此时单纯加热,或超声波处理)一定时间后,不断加水调至一定溶积,过滤置已知重量的坩埚内蒸干后(110℃烘 4 h)称重比较结果。

(1)单味药试验

1)药物煮沸后,超声处理 10 min,即可达到单纯煎煮 30 min 的效果。

药名	方法	操作时间(min)与药液浓度(%)					
		1	3	5	10	20	30
槟榔	单煎	5.153	5.534	5.543			6.453
	超声波处理	6.12	6.157	6.08	6.35	6.35	6.28
柴胡	单煎			6.201			7.44
	超声波处理			6.298	7.259	8.108	7.597
麻黄	单煎			5.193		6.277	6.247
	超声波处理			5.33	6.723		6.387
大黄	单煎			5.820			6.325
	超声波处理			7.101	8.704	11.626	10.32
桑葚	单煎			2.714			3.285
	超声波处理			2.472	3.101	3.120	3.504

2) 药物不经加热单独超声波处理,不能完全代替煎药。

	时间(min)	3	5	10	30
黄柏	单煎	2.313%	2.575%	2.938%	4.584%
	超声波处理不加热	1.9%	2.669%	2.81%	3.144%
甘草	单煎	2.486%	8.77%	9.967%	10.43%
	超声波处理不加热		3.575%	6.187%	15.44%

黄柏、柴胡大都超声波处理低于单独加热,唯甘草 30 min 反高,可能与长时间处理产生热有关。

	时间(min)	3	5	10	30
柴胡	单煎	6.375%	5.55%	6.490%	6.822%
	超声波处理不加热	6.350%	6.073%	7.50%	6.879%

3) 操作注意:在这些试验时,必须控制试验条件,否则,结果往往不能正确。①样品必需均匀,否则结果变化很大。②处理时必需经常补足水份,尤其超声波处理时,其质量影响很大,溶媒的减少,煎出物也会减少。③药物在处理前先用溶媒浸泡一段时间,可以帮助煎出物的煎出。

(2) 单味药试验结语:①煎药时通过超声波处理可以缩短时间,可能由于超声波的机械作用,而增加水分的渗入药物组织而溶出成分。②单纯超声处理,则不能完全代替煎药,某些物质的溶出与温度有关。③药物粉碎愈细,煎前浸泡时间愈长,其煎药效率愈高。④可以试用于实际煎药,观察效果。

(3)实际煎药的应用:单味药试验之后,又进行了几种合剂的试验,初步效果可提高工作效力 3.8 倍。(与该院煎药时间比较)。第一仪器如何适合于实际应用,第二是如何快速测定其效果。

2. 小结与讨论。

(1)初步认为煎药时通过超声波 1~5 min 处理的煎液,即可达到普通方法煎煮 30 min 的效果,如能广泛应用于中药的煎煮,可以提高效率 6~10 倍,可以缩短煎药的时间,可以减轻煎药供不应求的现象,节约燃料是很有实际价值的。从超声波处理结果观察,一般煎药只需超声波 1~5 min 即能完全,增加处理时间并不能增加煎出物。

(2)超声波共 2 h 的浸出法是否能代替药典 24 h 的浸出法,这样每种生药每一项浸出物测定就可节省 22 h,如果我所能用此法作近一百种生药的三项浸出物,则节省的时间就很可观,随着我国的科学技术的发展,先进仪器与方法不断地被采用在各项科学事业中,药典方法是否可考虑采用新的设备与方法来改变旧的操作。

六、麦芽、谷芽、稻芽的炮制研究(1961 年)

(一)谷芽提高药效研究

谷芽中医用于健脾消食,是一种帮助消化的药物。为了提高药效及节约粮食,进行了如何充分发挥其疗效的研究,这里是合宜剂型部分。

谷芽所以能够帮助消化,根据现代文献研究,谷芽中含有醣酶(主要为淀粉酶,麦芽糖酶)能够将 15 种淀粉等多糖物质分解成单糖(葡萄糖)而被人体吸收。

谷芽现代中医的常用服法,多为水煎服,根据酶的性质,酶是一种含有蛋白质的物质,如温度超过 100℃即丧失活力,煎服方法一般要煎煮 30 min 左右,可能破坏酶的活性而丧失活力。

根据这一推想,我们取了煎剂与粉末作了对淀粉分解的比较试验,初步证实煎剂效力损失很大,活力小于粉剂 16 倍。

1. 实验部分。

实验原理:利用淀粉能与碘产生蓝色,而淀粉分解后即不生蓝色的反应原理。分别用一定量的粉末及一定量的煎剂,分别加入地定量的淀粉液,放置一定时间后,加于碘液中,观察淀粉的分解情况,以有蓝色反应为未分解完全,不产生蓝色认为淀粉已经分解完全。

试验材料及试剂制备:①谷芽粉:自药库领取的炒谷芽,研成通过 60 目筛的细粉,不能研细的谷壳,充分研碎后均匀混入。②谷芽煎:取炒谷芽加水煮沸 30

min,过滤,残渣再加水煮沸 30 min,过滤,滤液合并,加水至一定量。③淀粉液:取可溶性淀粉,加少量水混合均匀后,加入沸水充分搅拌后加热至沸,待溶液澄清后,放冷加水至一定量。④N/10 碘 - 碘化钾溶液

试验步骤:称取一定量谷芽粉,加水少许混匀,在 40℃水浴上放置 1 h(促使谷芽粉本身具有的淀粉分解,以免影响试验),加入一定量的淀粉液,加水至 80 ml,在 40℃水浴上 1 h,过滤后,吸取 0.1 ml,加于含有 N/10 碘 - 碘化钾溶液的 60 ml 水中,与一定量煎液加入一定量淀粉液加水至 80 ml,置于 40℃水浴上 1 h,吸取 0.1 ml 加于含有 N/10 碘 - 碘化钾溶液的 60 ml 水中,进行颜色反应观察。

试验结果:

实验材料	淀粉液相当淀粉克数	颜色	结果
谷芽粉 1 g	2.5 g	深紫蓝	未分解完全
谷芽粉 1 g	2 g	紫蓝	未分解完全
谷芽粉 1 g	1.5 g	淡紫	未分解完全
谷芽粉 1 g	1 g	黄稍红	分解
谷芽粉 2 g	1 g	黄稍红	分解
谷芽粉 3 g	1 g	黄稍红	分解
谷芽粉 4 g	1 g	黄稍红	分解

实验材料	淀粉液相当淀粉克数	颜色	结果
谷芽煎相当生药 1 g	1 g	蓝	未分解完全
谷芽煎相当生药 2 g	1 g	蓝	未分解完全
谷芽煎相当生药 3 g	1 g	蓝	未分解完全
谷芽煎相当生药 4 g	1 g	蓝	未分解完全
谷芽煎相当生药 4 g	0.75 g	蓝绿	未分解完全
谷芽煎相当生药 4 g	0.5 g	绿	未分解完全
谷芽煎相当生药 4 g	0.25 g	黄绿	分解

2. 结论。

(1)谷芽经煎煮后,酶受热损失很大,对淀粉的分解力降低。

(2)谷芽粉每 1 g 可分解 1 g 淀粉,谷芽煎剂每 4 g 始能分解淀粉 0.25 g,谷芽粉的效力大于煎剂 16 倍。

3. 讨论。

(1)谷芽粉试验终点稍有红色,可能为淀粉酶中 β - 淀粉酶(40℃活力最

高)将淀粉分解为葡萄糖及糊精,其中部分大分子糊精与碘作用产生红色,需α-淀粉酶继续将大分子糊精分解成分子量较小的糊精即不与碘生成蓝色,但α-淀粉酶需要60℃时活力最高,我们的试验是在40℃进行,分解糊精不足,故略显红色。

(2)谷芽帮助消化的作用是酶的作用,而酶在100℃破坏,所以现在中医使用煎剂,对谷芽的疗效上是有损失的,可以以粉末临床试用。

(二)谷芽、麦芽、稻芽对淀粉分解力研究

谷芽、麦芽、稻芽中医皆用为消化药,临床上一般认为麦芽力量较大,不宜用于虚弱病人,虚弱者多用谷芽,谷芽在南方一般皆指稻芽(大米),北方用谷芽(小米),方中开稻芽时始付于稻芽。

我们认为三者所以帮助消化,皆由于发芽种子中含有醣酶(主要为淀粉酶)能促使食品中淀粉分解成单糖而为人体吸收利用。经过试验也证实三者对淀粉皆有分解力,其分解力又以麦芽最高,谷芽次之,稻芽最低,与临床意见是一致的。同时,三种芽的煎剂对淀粉的分解力皆有不同程度的损失,不如粉剂。

1. 实验原理。

利用淀粉与碘可产生蓝色,而分解后即无蓝色,无蓝色我们即认为已经分解完全。

2. 实验结果。

麦芽对淀粉分解情况表

	麦芽	淀粉	作用时间	颜色	结果
1	粉 1 g	0.5 g		黄	分解
2	粉 1 g	1.0 g		黄微红	分解
3	粉 1 g	1.5 g		黄红	分解
4	粉 1 g	2.0 g	1 h	红色	分解不完全
5	煎相当粉 1 g	0.25 g		黄	分解
6	煎相当粉 1 g	0.5 g		黄绿	分解不完全
7	煎相当粉 1 g	1.0 g		绿	未分解
8	煎相当粉 1 g	1.5 g		蓝	未分解

稻芽对淀粉分解情况表

	麦芽	淀粉	作用时间	颜色	结果
1	粉 1 g	0.5 g		黄微红	分解
2	粉 1 g	1.0 g	1 h	黄紫	未分解
3	粉 1 g	1.5 g		蓝紫	未分解
4	粉 1 g	2.0 g		蓝	未分解

(续表)

	麦芽	淀粉	作用时间	颜色	结果
5	煎相当粉 1 g	0.25 g	1 h	黄	分解
6	煎相当粉 1 g	0.5 g		黄绿	未分解
7	煎相当粉 1 g	1.0 g		绿	未分解
8	煎相当粉 1 g	1.5 g		蓝	未分解

麦芽、稻芽、谷芽分解力比较表

品种	每 1 g 粉能分解淀粉数	煎剂(相当粉 1 g)能分解淀粉数
麦芽	1.5 g	0.25 g
谷芽	1.0 g	0.05 g
稻芽	0.5 g	0.25 g

3. 结论。

(1)麦芽、谷芽、稻芽皆对淀粉有分解力,分解淀粉是帮助消化原因之一。

(2)对淀粉的分解力,以麦芽最高,谷芽次之,稻芽最小。

(3)粉剂对淀粉的分解力,皆较煎剂强,煎剂对淀粉的分解力有损失。

(三)麦芽、谷芽、稻芽炮制研究

麦芽、谷芽、稻芽为什么能起治疗作用?有效物质是什么?如何炮制?如何服用能完全发挥它的作用?这几种药都是粮食作物,提高疗效,节约用药更有中药意义。因此我们对它的治疗机制,有效物质,炮制方法,服用方法进行了一部分研究。

1. 麦芽、谷芽、稻芽的治疗作用及机制。

麦芽等药物中医临床及历代本草记载认为是补脾、开胃药,可以消化米,面等食积。如对麦芽的记载"破冷气,去心腹胀满"药性本草论(唐)"温中下气,开胃心霍乱,除烦闷"诸家本草(宋)"补脾胃虚,宽肠下气,腹鸣者用之"珍珠囊(金)"消化一切米面诸果食积"本草纲目(明)"开胃、补脾、消化水积及一切结积,冷气胀满"本草经疏论(明)"消麦面食积"辨药指南(清)稻芽的记载"快脾,开胃,下气,和中,消食,化积"谷芽古代即指稻芽,南方仍沿用,在北方则用"谷子"生芽,综合起来。它的治疗作用是健脾,开胃,消化米面食积。

脾胃在中医认为脾是主消化的,胃是主容纳的,补脾也即是帮助消化,因此可以说这几种药物的作用即是帮助消化米、面及治疗这一类是食物的食积。

米、面在人体的消化过程,由于米、面主要的物质是淀粉等多糖物质,这类物质在人体的消化是籍了唾液及肠液中的醣酶(淀粉酶等)将多糖分解成单糖(葡萄糖),始为人体吸收利用。不经分解。人体是不能利用的。

麦芽等药物是发芽后的大麦,稻子,谷子。这类种子发芽时皆含有大量的醣酶,主要是淀粉酶能分解淀粉为单糖。

所以,麦芽等能帮助消化的作用,主要是淀粉酶的作用。

2. 麦芽、谷芽、稻芽对炮制方法与服用方法对疗效的影响。

现代这几种药的使用习惯有生用,炒用,炒焦用三种,服法多用于煎剂。

但淀粉酶本身是一种含蛋白质的物质,具有蛋白质的特性,不能耐受较高温度100℃即丧失活力,经过炒,炒焦,沸水(100℃)煎煮,考虑会有损失,因此作了一些试验。

(1)实验原理:米、面等食物的主要物质是淀粉(60%~70%以上),淀粉具有一种与碘溶液生成蓝色的特性,但在淀粉分解成单糖后即失去变蓝色的特点。我们取了不同方法处理后药物液,与一定的淀粉液作用一定时间后,由产生颜色的变化,即可说明药物的作用力。

(2)具体方法:取药物的煎出液或药物粉末一定量(需先加少许水在40℃水浴上1 h,防止药物本身的淀粉影响试验)加入一定量的淀粉液加水至80 ml,在40℃水浴上1 h取下过滤,吸取滤液0.1 ml滴于含有N/10碘-碘化钾液0.2 ml的60 ml水中,以无蓝色为分解完全。蓝色为未分解。

(3)试验材料

生麦芽:自中医院领取的生麦芽,研磨过80目筛,麸皮再充分研磨后均匀混入。

炒麦芽:自中医院领取,其制造方法为:将自然干燥的麦芽,置锅内炒至有爆炸声皆取出。

焦麦芽:将麦芽在锅内翻炒至外部内部皆呈均匀的黄色即可。

生谷芽,炒谷芽,焦谷芽,生稻芽,炒稻芽,焦稻芽情况皆与麦芽同。

淀粉液:取可溶性淀粉,加入少许水均匀混合,缓缓倒入沸蒸馏水,随倒随搅拌,加热至沸,至溶液完全澄清后,放冷,加足量水稀释至含量为5%。

N/10碘-碘化钾液:按药典方法制造。

(4)试验结果

麦芽等药物煎剂与粉剂效力比较

品名	每1g生药可分解淀粉克数	
	粉剂	煎剂
麦芽	1.5 g	0.5 g
谷芽	1.0 g	0.05 g
稻芽	0.5 g	0.25 g

注:煎剂制法:取本药加水煮沸30 min,过滤,滤渣再加水煮沸30 min,过滤,二次滤液合并,放冷后,加水至含量为10%。

麦芽等药物不同方法炮制后效力比较

品名	每1g生药可分解淀粉克数		
	生	炒	煎剂
麦芽	1.5 g	1.5 g	0.25 g 以下
谷芽	1.0 g	1.0 g	0.25 g 以下
稻芽	0.5 g	0.5 g	0.25 g 以下

3. 小结。

(1)淀粉酶是其主要有效物质之一。

(2)麦芽、谷芽、稻芽的作用是帮助淀粉等食物的消化,治疗这类食物的食积,三种作用相同,只是效力不一,以麦芽最高,谷芽次之,稻芽力量最低。

(3)炮制时,炒后效力无大改变,但不可炒焦,炒焦酶的作用损失很大。

(4)煎剂药效损失一般以上,直接用粉剂,效力更高。

4. 讨论。

麦芽等药物帮助消化的作用是酶的作用,在药物的使用上应保持酶的活力,始能发挥药物应有效能。因之我们认为,现代的炮制,微炒不影响疗效,只起干燥和停止芽再生的作用,但炒焦则会影响疗效,不宜使用。如单纯为缓和药性可酌量少用,在服用方法上,不宜煎煮,以研碎成粉直接服用最为妥当。

可以临床试行,以不浪费药品与粮食。

七、神曲的炮制研究(1961年)

(一)研究过程

神曲中医用作消化药,从它的制造方法考虑,是一种霉菌的培养,曲霉本身含有淀粉酶,用于促消,目的使淀粉水解糖化,考虑其帮助消化作用即是淀粉酶的水解淀粉的作用。经过实验确有此作用,同时实验由于淀粉酶100℃破坏,水煎剂效力损失很大。

神曲用于消食,文献记载"消食下气""调中、温胃""凡曲,蘖皆主消化食积"。

神曲的制法是:将面粉100斤豆2斤(作成泥),杏仁2斤,与青蒿6两。辣蓼10两,苍耳草2两的浸煮液混合成团块,用蓖麻叶包起,一定温度下至生出绿色菌丝,切成方块,干后,炒或麸炒入药用。其制法除加有少量药物外,与普通的酒曲制法相同。其用途作用应相同。

酒曲所以能制酒,由于曲霉含有淀粉酶与淀粉作用能水解淀粉为糖,与淀粉在人体的消化过程相同。神曲的帮助消化作用亦是淀粉酶的作用。经过试验,神曲确有水解淀粉的作用。每1 g神曲能水解淀粉0.5 g。

由于作用物质为淀粉酶,考虑用于煎液效力有损失,经过实验效力较粉剂损失至少4倍。

品名	每1 g神曲能分解淀粉克数	
	粉	煎液
炒神曲	0.5 g	0.125以下

(二)小结

1. 神曲帮助消化的作用物质是淀粉酶。
2. 每1 g神曲可水解淀粉0.5 g。
3. 煎剂效力有损失,较粉剂最少降低4倍。

(三)尚待研究问题

1. 神曲的菌种鉴别。
2. 神曲有否对蛋白质的消化力。
3. 制造条件对作用的影响。
(1)黄豆、杏仁、青蒿、辣蓼、苍耳草、蓖麻叶的作用。
(2)操作条件。
(3)适宜剂型。

八、中药研究资料收集总结(1961年)

为了在中药研究上总结和吸收以前人的经验,在研究上少走弯路,收集过去的研究资料是很需要的。解放以来,中药研究方面的收获很多,我们初步进行了收集,共查阅了杂志十余种,收集了文献214篇,因手头杂志不全。材料很难全面,有待进一步收集,今将已查到的分述于下。

(一)有关制剂和炮制方面的研究

1. 古代利用有机和无机方法制造的药品。
①红升丹(HgO),②坎离砂(氯化铁加醋酸,生热作热敷),③乌头碱的提取,④鞣酸提取方法。

2. 炮制理论方面。
(1)延胡索:醋炙后止疼的效力增大。
(2)附子:炮制后,乌头碱含量降低,毒性也降低。
(3)苍术:苍术的发霉,不是霉而是析出结晶,经炒后效力减小。
(4)杏仁:杏仁压油后不影响疗效,杏仁炒是破坏苦杏仁酶,减少煎煮时苦杏仁甙损失。
(5)甘遂:醋炙之后,泻效及毒性皆降低。

3. 中药的新用途新制剂。
(1)白芨:提出的白及胶可作悬剂用,代替阿拉伯胶。

(2)黄连:制成注射液。

(3)黑豆:干馏液治疗湿疹,皮炎。

(4)柴胡:馏出液制成注射液,退热作用很强。

(二)中药复方、单味药、有效成分用于临床方面

1. 对痢疾的有效药物　汉防己甲素,黄连,大蒜,鸦胆子,黄柏,芍药,辣蓼,白头翁,芍药合剂等九种。

(1)对阿米巴痢疾有效的:汉防己甲素,鸦胆子(粉),鸦胆子甲素,白头翁(煎剂)。

(2)对杆菌性痢疾有效的:黄连(45%醇浸膏),小檗碱,大蒜,黄柏,芍药合剂,辣蓼。

2. 对寄生虫有效的。

(1)绦虫:槟榔,南瓜子,雷丸(粉),雷丸丙酮提取物。

(2)蛔虫:槟榔(煎剂),使君子(水浸液),苦楝皮(煎液)。

(3)蛲虫:花椒(煎剂)。

(4)阴道滴虫:蛇床子(酒浸液),蛇床子素。

3. 对肺部疾病有效的。

(1)支气管炎:车前(煎剂)。

(2)肺脓肿:鱼腥草,桔梗(水煎合剂)。

(3)肺结核:大蒜汁。

4. 对胃肠溃疡有效的　乌贼骨合剂,生姜,甘草,甘草酸。

5. 治乳头炎、猴子、鸡眼有效的　鸦胆子(油)。

6. 对皮肤病有效的。

(1)癣:椿桃叶(鲜汁),黄精。

(2)湿疹:黄连(粉)。

7. 有镇呕作用的　伏龙肝(水制)。

8. 对高血压有效的　马兜铃(60%醇浸出物),杜仲(酊)。

9. 对流感有效的　槟榔,黄芩,常山合剂。

10. 对外伤火伤有效的。

(1)火烫伤药:桉叶(煎液),大黄石灰水。

(2)外伤:三七(粉),仙鹤草(仙鹤草素)。

11. 对瘟疫有效的　常山(醇浸出物)。

12. 对肾脏炎有效的　商陆,泽泻,杜仲(煎液)。

13. 强壮剂　车前(煎剂),蜂蜜。

14. 对白喉有效的　土牛膝(煎剂)。

15. 对脱肛有效的　蜗牛(水煎出液)。

16. 对子宫下垂有效的　枳实(煎液),枳壳(煎剂)。

(三)抑菌或杀菌作用方面

1. 有杀菌作用的　大蒜(原汁)。

2. 有抑菌作用的　黄精(2%浓度有效),丁香(醇,醚浸出物有效,水浸出液效力差),桂皮(水浸液有效,煎剂效力差),藿香,大黄,金银花(煎剂有效,有机溶媒弱或无),连翘,小檗碱,黄连(煎剂),百部,艾叶,黄芩,黄柏,厚朴(煎剂),苦参(煎剂),板蓝根(浸膏。有效物质可用丙酮提出),白鲜皮(水浸液),菖蒲(水浸液),姜黄(水浸液),吴茱萸(水浸液),冬虫夏草(冬虫夏草素有效),地钱(粗提取液),茶叶(100%浸出液)。

(四)有关药理方面

1. 对子宫有作用的　当归(水溶性兴奋,挥发性物抑心),汉防己甲素(兴奋),益母草(煎剂兴奋,叶有效),枳实,枳壳(兴奋,煎剂),红花(煎剂,兴奋),辛夷(煎剂,70%醇浸膏有效,兴奋),冬虫夏草(抑制),姜黄(兴奋),北五味子(70%醇浸膏,兴奋),石蒜(兴奋),水仙(粗浸剂,兴奋)。

2. 对血压有作用　槐花(降压),桑寄生(70%醇浸出物),山楂(液体膏),大玉兰花,秦艽生物碱甲,黄连碱,藜芦,常山,黄精,玉竹,黄芪,黄花苜蓿,毛辣豆,水苏,柴胡,猪毛菜,翻白草,青木香,卷柏,川芎,当归,汉防己甲素,半边莲。

3. 镇咳、祛痰作用　前胡,皂荚,车前草,款冬花,紫菀(煎剂),桔梗(煎剂),天南星(煎剂),沙参(煎剂),马兜铃(煎剂),以上皆有祛痰作用,贝母(镇咳)。

4. 有解热作用　紫苏(煎剂),常山(煎剂),防己(煎剂),苏木(煎剂),牛黄,葛根,茵陈,柴胡,汉防己甲素,黄芩。

5. 有心疼作用　延胡索,延胡索碱甲,延胡索碱乙,延胡索碱丑,乌头碱,闹羊花毒素,秦艽碱甲,胖大海,牛黄。

6. 驱虫作用　甜瓜子(水、醇、醚提取物),丁香(蛔虫,挥发油较煎剂好),槟榔(蛲虫,煎剂),鹤虱(蛲虫,煎液)。

7. 利尿作用　木通,五苓散,胃苓散,八正散,茯苓,胖大海,三七。

8. 泻下作用　胖大海,槐花,甘遂(乙醇浸膏)。

9. 对心、血管,血液系统有作用的　三七(能使血管收缩),苏木(水液能蛙心跳动,能使血管收缩),仙鹤草素(使血凝时间加速),芍药(有抗贫血的作用),牛黄(能进行血球新生),大蒜(破坏红血球),人参(使血球增加,强心,血糖降低)鹿茸(强心),杠柳皮(强心,水溶液),川芎(有抗贫血作用,水液),当归(有抗贫血的作用)。

10. 有镇静、镇痉,或安眠作用的　全蝎(镇痉),蜈蚣(镇痉),人参(镇静),

秦艽碱甲(镇静,催眠),藜芦碱甲(镇静),冬虫夏草(镇静、催眠)。

11. 其他　人参:中枢神经兴奋;鹿茸精:全身强壮剂;甘草:有解毒作用及去氧皮质酮的作用。半夏:镇吐作用,天麻:促进胆汁分泌,金钱草:促进胆汁分泌,黄豆卷:有水解植酸及磷酸脂的作用。

(五)化学成分方面

1. 天麻　香荚兰醇(有促进胆汁分泌的作用)。

2. 仙鹤草　鞣质,维生素 A,仙鹤草素甲、乙、丙,酚性松脂酸。(即市售仙鹤草素),除鞣质,维生素 A,均无凝血作用。

3. 西河柳　柳甙(解热)。

4. 木通　木通素(利尿)。

5. 白芍,赤芍　两者成分相同,均含有挥发油,鞣质,糖,蛋白质,苯甲酸等。

6. 鹤虱　正已酸(对水蛭有毒),内酯。

7. 金钱草　氯化钾,醣类。

8. 黄豆卷　植物酶。

9. 甘草　甘草酸。

10. 鸦胆子　鸦胆子油。

11. 人参　人参甙(人参圭能甙,人参辛甙,皂甙,皂毒)。

12. 桑寄生　广寄生甙,槲皮素(广寄生),土当归酸,香树脂醇,中肌醇(北寄生)。

13. 土青木香　土青木香甲素,尿囊素,土青木香丙素,土青木香丁素,生物碱,精油。

14. 马兜铃　马兜铃酸。

15. 蛇床子　蛇床子素(酒提出,治阴道滴虫)。

16. 贝母　贝母碱甲素(有镇咳祛痰作用),贝母碱乙素。

17. 槐花　槐花米素甲、乙,醣,油脂,挥发油。

18. 延胡索　延胡索碱(镇疼)。

19. 炉甘石　$ZnCO_3$。

20. 丹砂、朱砂:HgS。

21. 粉霜　$HgCl$。

22. 铝霜　$PbAc$。

23. 玄明粉　Na_2SO_4。

24. 朴硝　$Na_2SO_4 \cdot 10H_2O$。

25. 密陀僧　PbO。

26. 代赭石　Fe_2O_3。

27. 磁石　Fe_2O_3。
28. 绿矾　$FeSO_4$。
29. 硝石　KNO_3。
30. 硇砂　NH_4Cl。
31. 石膏　$CaSO_4$。
32. 玄晶石　$CaSO_4$。
33. 雄黄　As_2S_3。
34. 雌黄　AsS_2。
35. 矾石　$FeAsS$

(六)有关如何研究中药论文方面

关于这方面的论文不多,只收集到八篇,同时实际问题很少,只涉及研究途径和方法的探讨。

总的意思综合起来是不能孤立的去研究中药的成分,药理,而要根据中医的治疗和用药规律,接受中医的使用经验,分解化学,药理,临床来探索中药的治疗理论及作用机制。在这一基础上用不同方法改进剂型及可能提出新的用途和新制剂。

(七)讨论

这些资料,从中药复方研究的观点上分析,过去的成分,药理,临床的结果,使我们了解一些药物的性能,对复方研究,可以直接有作用也可间接寻出些线索。

但收到的资料比较全面的不多,多仅就成分或药理中某一问题单方面的研究。且往往有些试验不是从中医用药的基础上探索的,这些参考价值即比较小了,或只能提供点线索。

全面的材料对我们作用较大。从过去延胡索的研究,中医用来作镇疼用(还有其他作用),现代研究知道其中有延胡索碱(成分)而这种成分确有镇疼作用(药理),再结合中药炮制的研究,醋制元胡确能增强镇疼作用,更可说明延胡索碱可以与醋结合成盐,易于渗出,这样如一个复方使用元胡并是应用于心疼,我们可以说明元胡在方中的作用,机制。但这类材料不多。

单就某一方面的研究结果,虽不能完善的说明问题,往往也能帮助我们找一些线索。如这一次白喉方的研究,方中有大黄,大黄在过去研究的资料中记载有抑白喉杆菌的作用,这即可帮助我们考虑是否此方面有抑白喉杆菌的作用,进一步也考虑在抑菌作用上,是否以大黄为主。

如过去研究中,仅知西河柳(赤柽柳)成分有水杨甙,其他则无什么试验。但我们现代了解,水杨甙可以水解成水杨酸,水杨酸在西药中是一种有解热止疼的药物,而中医使用西河柳也是发散风热,可以考虑中医使用西河柳的作用即是水杨甙的作用。

如现代研究,认为黄豆发芽期产生植物酶,这种植物酶有水解植物和普通磷酸酯作用,中药中使用黄豆卷来治胃中积热,黄豆卷即发芽的黄豆,很可能即是利用酶帮助消化。可以从这一点线索找出一味药在方中的作用来。

其他的泛泛一般研究,在成分上像桑寄生,知道其中有广桑寄生甙等,但这种甙有什么作用则不了解,在人参中提许多甙,但不能说明人参的作用,这些资料对我们复方的研究作用不大。

总之,结合中西医理论,成分,药理,临床各个方面结合的研究资料,在复方研究上参考价值比较大。而泛泛的研究,可能有作用,有参考价值,但要靠机遇了。复方如何研究,现在我们还提不出一套妥当的方法,但摸清复方中每一单味的作用,对一复方再进一步研究是比较可靠的。成分,药理,临床是需要的。只是这些实验如能环绕着我们要摸索的作用(结合中医及现代医学的理论和实践,找出可能的作用)来进行试验,比较快和有把握。

九、单味药制造研究(1961 年)

为了寻求节约药材,提高疗效,提高配方效率,服药方便的方法。根据中医用药习惯与经验,结合现代的研究资料,选出了用不同溶媒(如水及各种浓度乙醇)不同方法(如煎煮,渗漉)制成单位药制剂 203 种,初步应用于临床,病例不多,从此部分病例效果上分析,一般可节约药材 2~3 倍,且服后效果良好。

(一)一般制造方法

1. 渗漉法 生药磨成粗粉,用规定溶媒,浸润 2 h,装入渗漉筒中,加溶媒浸泡 24 小时,开始渗漉,至滤出液颜色极淡为止。水浴上浓缩至一定量。

注:含有挥发油的药物,保留初渗出液一部分,不浓缩,制剂最后的含醇量不超过 20% 为度。

2. 煎煮法 取生药粗粉,装于布袋中,加规定溶媒,煮沸,更换溶媒反复煎煮至溶媒颜色极淡为止,浓缩至一定量。

(二)用水煎煮

1 龟板	2 鳖甲	3 使君子	4 白及	5 鸡内金	6 天虫
7 苏叶	8 芒硝	9 石膏	10 桃仁	11 胖大海	

(三)用水渗漉

12 三棱	13 川乌	14 六路通	15 大青叶	16 木通	17 仙鹤草
18 甘草	19 山豆根	20 覆盆子	21 地骨皮	22 金樱子	23 板蓝根
24 豆豉	25 草乌	26 桑葚	27 常山	28 霜桑叶	29 皂刺
30 麦芽	31 益母草	32 槐花	33 葛根	34 附子	35 猪苓
36 瞿麦	37 夏枯草				

(四)30%乙醇渗漉

38 山药	39 山楂	40 天麻	41 天门冬	42 木鳖子	43 升麻
44 天仙藤	45 大枣	46 牛膝	47 女贞子	48 玉竹	49 白薇
50 白芍	51 防风	52 知母	53 天花粉	54 地肤子	55 生地
56 地榆	57 钩藤	58 地丁	59 玄参	60 赤芍	61 枇杷叶
62 荷叶	63 忍冬藤	64 白蔹	65 苓皮	66 红花	67 芡实
68 狗脊	69 神曲	70 乌梅	71 郁李仁	72 佩兰	73 柿蒂
74 草决明	75 扁豆	76 枳椇子	77 双花	78 莱菔子	79 桑枝
80 黄芩	81 威灵仙	82 菊花	83 柴胡	84 番泻叶	85 贯众
86 射干	87 薤白	88 漏芦	89 龙胆草	90 蒲公英	91 薏仁
92 槐实	93 橘核	94 橘核仁	95 锁阳	96 菱蕤仁	97 栀子
98 商陆	99 连翘	100 蒌仁	101 泽兰	102 萹蓄	103 肉苁蓉

(五)50%乙醇渗漉

104 桑皮	105 白前	106 紫苏	107 前胡	108 川芎	109 山茱萸
110 山奈	111 郁金	112 丹参	113 王不留行	114 牛蒡子	115 丹皮
116 生姜	117 白术	118 白芷	119 甘松	120 白茅	121 百合
122 茯苓	123 香薷	124 细辛	125 荆芥	126 五加皮	127 桂枝
128 刘寄奴	129 昆布	130 莪术	131 香附	132 柏子仁	133 栝楼
134 车前子	135 青箱子	136 刺蒺藜	137 葫芦巴	138 杜仲	139 党参
140 黄芪	141 槟榔	142 枸杞	143 秦艽	144 苏子	145 苍术
146 藿香	147 藁本	148 旋复花	149 菟丝子	150 海金沙	151 枳壳
152 蒲黄	153 厚朴	154 黄连	155 海藻	156 益智仁	157 枳实
158 钻地风	159 麻黄根	160 川续断	161 鸡内金	162 蔓荆子	163 薄荷
164 茵陈	165 紫草	166 黑豆	167 马兜铃	168 泽泻	169 苍耳
170 黄柏	171 苏叶				

(六)60%乙醇渗漉

172 酸枣仁	173 大黄	174 防己	175 白头翁	176 广木香	177 桔梗
178 川贝	179 麻黄	180 远志	181 葶苈子	182 紫菀	183 五味子
184 冬花					

(七)70%乙醇渗漉

185 千年健	186 小茴香	187 大枫子	188 木瓜	189 五灵脂	190 何首乌
191 肉桂	192 辛夷	193 片姜黄	194 熟地	195 蛇床子	196 独活
197 当归	198 百部	199 陈皮			

（八）90％酒煮

200 乳香	201 没药

（九）蒸汽蒸馏

202 杏仁	203 麦冬

（十）小结

从初步的临床效果观察，单味制剂可能是提高疗效节约药材，服用方便的有希望的途径之一。

当然不同药的制法不应完全相同，应根据药效逐步改进，很需普遍的临床观察，因此，有计划，有步骤的进行逐步实现预期目的还是很必要的。

十、磁石、山甲、硇砂的炮制研究（1961年）

（一）研究概述

醋处理应用于动物植物矿物各类皆有，以植物药居多，这些药物多是入肝、脾。其治疗则多以理气血，散瘀，止疼，消积，泻水等。这类药的行为则以苦寒，辛，有毒的居多。

收集了需要醋处理的药物27种，对其及炮制方法分别进行了介绍，其中包括大戟、芫花、狼毒、商陆、甘遂、三棱、五灵脂、五味子、元胡、白芍、青皮、香附、郁金、柴胡、莪术、春根皮、代赭石、磁石、自然铜、赤石脂、乳香、没药、鸡内金、龟板、鳖甲、山甲、硇砂。希望找出中药炮制用醋处理的理论依据，找出合理的炮制方法，进一步提高药物的治疗作用。

27种药物分类表

	植物药	动物药	矿物药
数量	17	5	5
百分率	64%	18%	18%

上表可以看出，植物药、动物药和矿物药皆有醋制，以植物药居多。

27种药物治疗作用统计

作用	理血	理气	止疼	散瘀	消咳	泻水	发散	消化	镇静
品种数	9	6	10	7	5	1	1	1	1
百分率	33	20	30	26	18	15	4	4	4

从上表观察，需要醋处理的药物主要为，理血，消积，理气，散瘀止疼，泻水的药物。

27 种药物的归经统计

归经	肝	肾	肺	脾	胃	大肠	胆
品种数	18	5	5	7	2	2	2
百分率	67	18	18	25	7	7	7

需要醋处理的主要为入肝、脾经的药物,而以入肝经的药物最多。

27 种药物性味的统计

性味	苦	寒	有毒	甘	酸	辛	温
品种数	16	12	7	4	2	9	5
百分率	59	49	26	15	7	33	18

需要醋处理的主要为苦寒辛温有毒之类的药物,而以苦寒辛的药物居多。

(二)小结

从现代炮制方法上统计大致可分为 4 类。

醋煮:一般讲药物加一定量醋,煮至干,也有煮至无心捞出者,从做法上观察其目的是将醋吃入药内增加醋的作用。

醋炒:其方法有一半可以互相通用。①药用一定量的醋拌匀,闷透后炒至干 ②药随炒随喷以定量的醋,炒至干,但鸡内金,乳香,没药不采用①法。

醋炒的目的从做法上观察,也是将醋吸入药内,增加醋的作用,但用量较煮者为少。在鸡内金等有易粉碎,去腥的作用。

醋淬法:其方法在矿物药一般经高温煅后,动物药砂烫后,趁热投入醋中,其作用主要是为了药物易于粉碎,动物药又有去腥的作用,现代亦有人认为可以帮助药物溶解。

醋蒸:只有五味子一味,其目的是增加醋的作用。

从以上作法观察,醋处理的药物多是将醋吸入药内,或药物加热后在醋中淬之,帮助粉碎,或起去腥的作用,个别是精制。

从醋的本身观察,醋本身有理血,理气,消痈,除癥,止疼,去坚积,消食,杀毒,收敛的作用。古代记载"醋注肝而止疼""消痈肿,散水气,杀邪毒""治产后血浑除癥块,坚积,消食,,杀恶毒,破结气"。

综合以上材料,药物用醋处理的目的大致有下列几点:①辅助药物的作用:将醋吸入药内,辅助药物的治疗。②降低药物的寒性、毒性及急剧的作用。③使药物易于粉碎。④去掉药物异味。⑤精制。

(三)硇砂醋炙理论及成分分析

硇砂产于西藏等地,价格较昂贵,每斤约需十余元,硇砂在应用时一般又不生用,既然醋制后是普通的食盐,如能广泛的代用,则很有节约价值。

硇砂炮制方法讨论:

硇砂一般不生用,炮制的目的根据古代记载是去毒,其方法为(1)"生用须水飞过去沉积,入瓷器中重汤煮干则杀其毒"(水飞在此有溶解于水,再经过沉淀之意,所谓重汤煮干即是隔水加热,也即是在水浴上加热之意)(2)"今人多用水飞,净醋煮干如霜刮下用,即最后的白色物质。"现代制法与古代大体相同,其方法为"取硇砂加二倍水及二分之一量醋,在水浴上隔水蒸八小时,去火放一夜,取上层清液,再在水浴上蒸,捞取表面白色析出物"。

我们按照现代的方法,取市售硇砂(赤褐色的大块结晶称赤硇砂)溶解后加醋蒸时,有大量暗绿色沉淀物沉出,且时时嗅到氨味,蒸后取上层清夜仍有少量黄绿色,随蒸随析出白色结晶,将结晶捞出,自然干燥后为略带黄绿色的白色结晶粒。从炮制的过程中观察,及最后除去沉淀,溢出氨味,而得到较白的纯物质观察,硇砂的醋炙是一种重结晶的精制作用,古人所谓去毒可能是出去杂质之意。

(四)醋炙硇砂成分讨论

硇砂的成分有人认为是氯化铵,也有人认为醋炙后主要是氯化钠,我们取醋炙后的硇砂进行定性试验,并无 NH_4^+ 的反应,而仅呈现氯化钠的反应,同时由炮制时有氨味溢出的现象观察,认为硇砂是含有部分氯化铵,但醋炙硇砂则不含氯化铵。

进一步我们又按照定性系统分析,在醋制硇砂中未发现其他各族阳离子。

又将制出的硇砂,充分干燥后,按氯化钠的方法定量,得氯化钠含量在98%以上。所以我们认为醋炙硇砂实际上是较纯的氯化钠。

中医用硇砂一般不生用,皆醋炙后用,醋炙即是精制,精制后为氯化钠,如能直接采用价廉的氯化钠代替硇砂用,可较自远地运入,再经加工之后使用,节约很大,有推广的价值。

(五)醋煅磁石的初步分析

磁石的炮制一般是醋煅法,古代记载与现代习惯方法没有什么变化,皆是将磁石锤成小块后,在炉火内煅至赤热,趁热投入醋中,古代记载中也有不醋煅的,仅单纯的碾成细粉,水飞过用。磁石的炮制目的,是易于粉碎,现代亦有人认为磁石的成分是氧化铁,高温煅赤时投入醋中,可先成醋酸铁帮助溶解。

1. 物理性质比较(样品皆取自省中医院药库)。

(1)生磁石:赤褐色,块状,坚硬,研磨时,不不易粉碎。

(2)煅磁石:黑灰色,块状,用手易掰分更小碎块,易于研碎。

(3)从屋里性质上观察,煅磁石性质已变疏松易碎。

2. 炮制条件观察。

我们将磁石置高温炉中,视其达到赤热的温度为800℃左右,据药工经验,只可煅至赤热,不可煅至白热,白热则更不易碎,这条经验是很有道理的,达到白热温度超过 1 600℃,可能有部分还原铁生成,则更不易粉碎。将煅赤的磁石倒入醋中,颜色变成黑褐色,但内部尚未变色,还坚硬,需反复 3~4 次,方可完全变成黑褐色,坚硬度始改变。

3. 煎出液含铁量比较。

取生磁石与煅磁石细粉(皆过同号筛),加水煮沸半小时后,过滤,滤液加入 HCL 及 $HClO_3$ 置沸水浴上 30 分钟,后稀释至一定量,加入 NH_4CNS 溶液使生成红色,根据颜色情况及用光电比色计测其透光度。

	透光度	颜色
生磁石	89%	略浅
煅磁石	72%	略深

由颜色及透光度比较,煅磁石溶解度略大。

4. 醋酸根检查。

按药典方法,未发现有醋酸根的特征。

(1)取煅磁石加稀硫酸一起加热无醋味(正反应有醋味)。

(2)煅磁石加稀硫酸加醇加热无乙酸乙酯味(正反应有乙酸乙酯味)。

(3)煅磁石加 $FeCl_3$ 溶液,不呈红色(正反应深红色)煮沸后无沉淀(应有棕红色沉淀)。

磁石的醋煅,主要利用磁石在高热情况下,骤然冷却而凝集快慢不同形成蜂窝,改变了其坚硬性,而疏松易于粉碎,从古代不醋煅只单纯碾成细粉末看,醋煅法是帮助磁石研细的方法改进。煎煮时虽溶解略多。但并未发现有醋酸铁生成,溶解略多的作用可能与粉末较细有关,与醋酸铁无关。煅磁石的温度所谓赤热约在 800℃ 左右。一般煅 3~4 次始能完全煅透。

(六)山甲炮制法初步分析

山甲的炮制方法,古代采用或炮或酥炙、土炒、蛤蚧炒……,皆不生用。现代习用砂烫醋淬,即将细沙土在锅内炒热,将山甲倒入,迅速翻动,至颜色变黄,胀起,取出,筛去砂,趁热倒于醋中,冷后捞出,晾干。砂烫现代改用砂烫醋淬是否合理。

1. 炮制方法观察。

取细砂置锅中炒热(至成自由流动状)测其温度,在 300℃ 左右,此时放入山甲片,拌炒,则山甲迅速膨胀,表面亦变成黄色,迅速取出,过筛,倒入醋中,在醋中无变化。

2. 生山甲片与烫山甲片的比较。

取生甲片测其长度与宽度,厚度与烫后比较,一般长与宽皆膨胀 1.5 倍,厚度增加4～5倍,烫后失去韧性,而变松脆易碎。

3. 生甲片,烫甲片,醋淬甲片煎出物比较。

用定量的甲片,煎煮30分钟(沸后)过滤,滤出液调解至一定量,吸取一定量,110℃烘干后,称其重量。

	煎出物平均值
生山甲	0.003%
烫山甲	0.0139%
醋淬烫山甲	0.0132%

山甲砂烫的目的,主要利用热砂能得高温(300℃)并能均匀加热,使山甲体积膨胀,形成多孔的疏松体,易于粉碎,煎煮时。煎出物质较多。用醋淬不生成醋酸钙而不生成醋酸钙而助溶(有人认为山甲的主要成分为Ca^{2+},加醋生成醋酸钙)。因醋淬与否煎出物相近。醋的作用是去山甲的腥味。

十一、杏仁的炮制研究(1961年)

在山东地区,杏仁的炮制方法有两种:①杏仁用沸水烫至外皮胀起,搓去皮,晒干,簸去皮尖,炒至表面有黄色的斑点或全部黄透,即得。②杏仁用水浸泡5～7日(夏季5日,冬季7日)搓去皮,晾干,簸去皮尖,炒至黄色。中医认为杏仁有毒,经炮制可去毒,但在炮制方法上各执一说,故为了更好的发挥药物的治疗作用,对为什么要炮制及如何炮制合理,进行了整理及试验。

(一)杏仁的功用性能及炮制的作用

杏仁的主要作用是止咳,定喘。历代记载有"治咳逆上气……",本草经"咳逆上气喘促",甄权"利胸膈气逆……"元素。

杏仁本草上认为有毒,特别指出双仁者杀人。炮制后传说是可以去毒。

现代对杏仁及其炮制后的作用认为可以止咳,止喘。所以起作用是由于行人中含有的苦杏仁甙经水解后产生氢氰酸,小量氢氰酸可以抑制呼吸中枢,而起镇咳作用。大量氢氰酸则抑制呼吸中枢,呼吸停止而致死亡。所以杏仁有效物及毒皆是一种物质引起。

苦杏仁中又具有一种苦杏仁酶能使苦杏仁甙水解,如将苦杏仁酶破坏,则苦杏仁甙不分解。

杏仁炮制后的作用,据朱颜等及黑龙江祖国医药研究所的资料认为,杏仁经炒后,杏仁酶因热破坏,杏仁甙不致大量水解,而服后在消化道中缓缓分解小量的氢氰酸而起到止咳止喘的作用,不致引起中毒。杏仁皮中不含苦杏仁甙。可以除去,与行人含量大体相同,去否无意义。

(二)杏仁去皮尖问题

杏仁的炮制:古代及现代皆去皮尖用,但有人实验去皮尖与否其有效成分含量改变不大。

	生杏仁去皮尖	生杏仁去尖	生杏仁
氢氰酸含量	0.261%	0.294%	0.28%

我们曾做过其分解试验,发现带皮尖的行人,其苦杏仁甙的分解较缓慢。

	生杏仁去皮	生杏仁带皮	生杏仁带皮尖
分解时间 (苦味酸钠试纸 开始变色)	平均 12 min 最快 10 min, 最慢 15 min	平均 30 min 最快 18 min, 最慢 50 min	平均 40 min 最快 30 min, 最慢 70 min

可能皮尖有抑制苦杏仁甙的分解作用。中药人员亦有带皮杏仁储存不易变质的经验。可能皮抑制苦杏仁甙正常分解,中药炮制时去之,使之能在体内正常水解。

(三)杏仁的水浸泡

我们取浸泡七日(冬季)的杏仁,取出嗜之,苦味已极少,杏仁的苦味是苦杏仁甙所致,苦味消失,苦杏仁甙含量亦减少,并曾试验其水解时间也有改变。从含量上看,损失颇大,毒性是降低但疗效也降低。

杏仁水泡与不泡氢氰酸含量比较

	生杏仁	泡杏仁
氢氰酸含量	0.226 7%	0.03%
水解时间	平均 12 min	平均 60 min

由氢氰酸含量降低约 7 倍,说明杏仁中苦杏仁甙大部分溶于浸液中。杏仁中含量降低,毒性小,疗效也会因之减少。

(四)炒

杏仁经炒后,因为没的作用消失,苦杏仁甙的分解不进行,或能力降低,但其有效成分含量并不改变。

	生杏仁(去皮)	炒杏仁	
		炒黄点	炒黄
氢氰酸含量	0.226 7%	0.225 2%	0.231 8%
水解时间	平均 12 min	一组平均 30 min, 其他无明显反应	全部无水解

由此可以说明,炒可以去毒并不是将成分破坏,而是将酶的作用破坏,而不

使苦杏仁甙迅速水解,在体内缓缓分解后吸收不至中毒,而且杏仁酶被破坏后,在煎药时,也不致使部分苦杏仁甙分解而随蒸汽馏出,而减低疗效。

过去有人试验其煎出液及馏出液内含量比较,说明苦杏仁酶未破坏时,有效成分可随蒸汽馏出,损失很大。

	馏出液氢氰酸含量	煎液氢氰酸含量
生杏仁冷水煎 15 min	0.219 2%	0.006 3%
生杏仁冷水煎 30 min	0.226 0%	0.000 1%

说明生杏仁冷水煮 30 分钟,煎液中含有效成分已降低。但经炒后,或加热之后,酶被固定,苦杏仁甙不水解则完全可保留于煎液中。

	馏出液氢氰酸含量(%)
炒黄者煮沸 30 min	0.003 2
炒黄透者煮沸 30 min	0.000 6

说明炒过苦杏仁,炒黄者酶已完全破坏、煎药时有效成分损失很少。

(五)杏仁油压的新剂型

杏仁中含有杏仁油约 30%,并非止咳的成分,但油都为有价值的滑润剂。可以利用。有人试验证明,压榨杏仁可得油 20% 左右,同时其中有效成分并不改变。

	未压油	压油后
氢氰酸含量	平均 0.224 1%	平均 0.226 7%

故杏仁压去油后,其成分无大变化,疗效不失,又可得到有用的油料。但压油后可能剂量的变化,医生与调剂者换算较为不便,我们试验将压油后苦杏仁制成块状,每块相当一钱,即减少换算,又可免去称取手续,其方法如下:

取炒苦杏仁(按一法操作所得者)压榨去油,将压油后的残渣研碎,过 32 目筛,加 40% 生粉将制成软块,摊于手盘上,切成适宜块状,每块相当于生药一钱,50℃烘干后备用。

(六)小结

1. 杏仁皮尖有抑制苦杏仁甙分解的作用,其有效含量相差则不大。不去皮尖可防止药物变质,应用时去皮尖,去其防苦杏仁甙分解因素。

2. 杏仁炮制时,水泡则有效成分损失过大,毒性减少,药效亦失,所以以不泡为佳。

3. 杏仁所以炒,是为了使煎药成分不至分解而损失,而将酶的作用破坏。炒的程度炒至有黄点及全黄皆可用,以全黄为最妥。

4. 杏仁压去油后,其成分无大变化,疗效不失,又可得到有用的油料。但压油后可能剂量的变化,医生与调剂者换算较为不便,我们试验将压油后苦杏仁制成块状,每块相当一钱,即减少换算,又可免去称取手续。

十二、酸枣仁的炮制研究(1961年)

酸枣仁使用时,分生用和熟用,熟用,一般炮制法是"炒",即单独的加热在锅内炒至微有香味。炒的方法古代与现代习惯用法无区别。但生用与熟用的作用意见有分歧。文献记载,熟用治不得睡,生用醒睡(治睡多),现代一般医生及制药人员皆这样认为。但古代文献中也有不同的记载,认为"酸枣肉味酸,吃后不思睡,酸枣仁可治失眠。不是生用与熟用的关系"。

酸枣仁是酸枣核内的种仁,植物上为鼠李科植物。山东省产量很多,其仁亦为常用中药,据近代处方和理论,生熟枣仁皆可治不眠症,在药理学方面已证明其水溶液具有镇静催眠作用。在化学成分研究方面,已分离出未鉴定的甾醇物质3种,以及白桦脂和白桦脂酸,经预试有皂苷,生物碱和黄碱体等。但对其有效仍未能分离出。

(一)实验过程

1. 取生熟枣仁(自省中医院药房)皆煎成1:1煎剂,取小白鼠(19~20 g),每四只一组,分为5组。

(1)口服生枣仁煎 1 ml。

(2)口服炒枣仁煎 1 ml。

(3)腹腔注射生枣仁煎 0.5 ml。

(4)腹腔注射熟枣仁煎 0.5 ml。

(5)空白对照。

2. 结果 不论口服或注射,生熟酸枣仁煎剂皆有使小白鼠睡眠的作用,对照组睡醒如常。但不同点为:

(1)口服组,服熟枣仁煎的睡的比较完全,从煎液颜色看,熟枣仁煎较浓。

(2)腹腔注射,生枣仁煎,睡眠作用较口服组快。

(3)腹腔注射者有死亡,死亡的症状,先是呼吸急促,痉挛,眼球突出,最后死亡,可能是呼吸抑制,窒息而致死亡。

(二)临床观察

几年来,我们进行了很多次对酸枣仁的临床试验,对用炒酸枣仁治疗失眠,大部分是有效的,但还存在以下问题:

1. 初服有效,连续服用,有时又无效,甚至更剧,但停药一二日续服由有效,有的不停药续服亦有效。

2. 虽然服用有效,但有些病例,服用半年以上,甚至一二年长期服用,仍不能根治。有些病例在服药后减轻,停药后仍如前。

3. 有些病例,服小剂量三至五钱无效,加至一二两以上方有效,但有些病例虽加至二两半或三两,仍然效果不明显,但亦无中毒情形。

4. 有些病例,在服药时,连续失眠,但停药后,又多睡,服生枣仁无效,但服炒枣仁后,则效果很显著,可以得到正常的睡眠。

5. 有些病例,用炒枣仁或生枣仁的汤剂,治疗失眠,均有效,但有些汤剂,又均无效,但用炒枣仁末冲服,一般较炒枣仁汤剂为优,一般汤剂用一两的,用炒枣仁末三钱即可。生枣仁作汤剂和熟枣仁作汤剂,效果大致相同,这可能因为生枣仁作汤剂后,也是煮熟了,所以效果差不多,如果单用生枣仁粉剂,效果如何,过去没有试过,最近我们用生枣仁粉试验了十余个病例,在疗效方面已经调查确实的有以下十例:

(1) 十例中有八例效果很好,但其中有两例初服效果很好,续服又无效。

(2) 试验有效的八例中,有七例以前服汤剂用量在一量以上的。现在改为生枣仁散剂,每次三分,每日两次,效果与汤剂一两同,有两例较汤剂效果大。

(3) 有一例失眠病人,初服酸枣仁汤剂,用量至一两,效果不明显,改为炒酸枣仁散剂,每日用三钱,分两次服,效果很好,现改用生枣仁散剂,每日三分,每日服两次,效果更好。

(4) 有一例病人,服生枣仁粉,睡眠较好,服三日后,她发现枣仁粉是生的,她过去就知道熟枣仁是治失眠的,她自己炒了,吃后也还有效力,但不如生的大。

(5) 有一个病例,初服生枣仁散剂,每次三分,效果很好,续服效果不如初服的大,将剂量加大一倍,每次六分,效果更不好。

(6) 有一个慢性肾炎病人,服治疗慢性肾炎药无效,后来又兼失眠,服生枣仁粉剂后,不但失眠好了,尿中蛋白由(++)改变为阴性。另一个高血压病人,服降压药无效,自服生枣仁粉后,不但睡眠很好,血压也降至正常。

(三) 酸枣仁有效成分分离

研究分为两条路线,第一条是采用甲醇提取,浸出液挥去甲醇后,通过氧化铝柱,以药用乙醇为冲洗剂,收集液去乙醇,残膏溶于水中。此又可通过药理证明有镇静安眠的作用。在化学研究上,主要进行黄体碱的分离,通过尼龙柱和硅藻土柱等,即可获得淡黄色具有黄体碱反应的粉末。但没有获得纯品,亦没有进行药理浅析。

第二条路线是采用水温浸枣仁,所得水溶液,通过 H 型 Zeolite225 交换树脂柱,其流出液则进行有机酸的分离,已分离出一种有机酸的铵盐(熔点 188～190℃),此外,交换柱用氨水冲洗,则获得游离氨基酸甲等,通过纤维素柱层析,能分离出四种氨基酸结晶,其熔点分别为 187～190℃,190℃,214～220℃ 和

250℃,药理浅析证明氨基酸等没有镇静安眠作用。

(四)结论

生枣仁与炒枣仁(熟)皆有使小鼠入睡的作用,故生用与熟用作用相同,习惯用法,生用醒睡,可能是果肉醒睡之误。

十三、巴豆霜的炮制研究(1962 年)

我所曾遇到使用巴豆霜制剂,病人产生强烈呕吐和泻下以致虚脱的例子,经分析其原因是巴豆霜质量的问题,引起我们对巴豆霜炮制的注意。近代各地巴豆霜炮制方法并不尽相同,质量不一,我们所解决的问题,或能对巴豆霜的炮制原理和正确的炮制有所帮助。

巴豆是一种泻药,中医认为大寒有毒,习惯上需要压去油后应用,称之为巴豆霜,为什么要压油?经查历代有关巴豆的记载,处理方法最初是生用,以后始注意到熬或煮,最后才发展到压去油制成霜。

巴豆的有效泻下物质是巴豆油,含量 30%~45%(带种皮),巴豆油分解后产生巴豆油酸及巴豆油中含有少量的巴豆树脂能刺激肠蠕动而致泻。但大量的巴豆油引起激烈泻下而致死亡,致死量油 20 滴。这是有毒的一个原因,另外巴豆含有一种有毒的巴豆毒蛋白,但它经加热处理之后可以破坏。

由此可见,巴豆的有效物质是巴豆油,量过大则有毒,另外一种有毒物质是加热可以破坏的毒蛋白。所以要控制巴豆的毒性,必须控制巴豆油量及毒蛋白。

古代虽未能分离出有效和有毒物质,但从经验已能用不破坏膜减少油外出的办法,及用加热的办法以控制毒性,和压出部分油以减少剂量来缓和其泻下作用,这些都是古人在巴豆应用上的宝贵贡献。

近代巴豆霜的炮制方法,各地有所不同,其含油量情况。毒性情况不一。其方法不同点有三:

1. 种仁压碎后(已去外壳及种皮)用草纸包起,用砖压于炉台上,不断换纸,至纸上不再有油痕为止。

2. 种仁压碎后直接用压榨机压油。

3. 种仁先经蒸 30 分钟后,用纸包或压榨机压去油。

几种处理法压出油量相差很大,我们曾按一般脂肪油提取方法,对不同方法制的巴豆霜含油量进行分析。

品名	含油量
巴豆(去种皮)	58.8%
巴豆霜(纸包法自制)	54.24%
巴豆霜(纸包法药库制)	52.57%

(续表)

品名	含油量
巴豆霜(蒸后机压)	36.22%
巴豆霜(北京规定)	10%以下

由这几个结果可以看出,纸包砖压的办法能压出油量很少,蒸后压榨机也是压出一小半油,如按北京市中药饮片切制经验的规定10%为准,则含油量的相差约为5:3:1,最高相差5倍。

巴豆油是起作用和可能引起毒性的物质,方法不同引起的含油量不同与治疗和中毒有很大的关系。

另外,近代制巴豆霜多不经煮,熬等方法处理,但这些加热方法也是古人找到的去除毒性的办法,压油前如能蒸还是比较妥当的。

北京地区虽有控制含油量在10%,但巴豆中含有的有效物质,油有六分之五废弃不用,也可惜。

我们采用的方法是,将去种皮的巴豆蒸30分钟后研碎,测定含油量,用神曲粉稀释至10%含油量,应用于临床上,避免了强烈的呕吐和泻下的现象。

古人从经验中认识到巴豆油的激烈作用与巴豆的毒性,采用了压去油及加热等方法以控制毒性,现代研究也证实这一点,这些炮制方法是古代用巴豆的宝贵贡献。

但现代巴豆炮制方法各地有所不同,因无测定方法,其含油量很不一致,剂量不易掌握,且压油时多不注意加热处理,会影响疗效,易于中毒。巴豆霜的制法,我们的体会应以加热之后,并控制其含量为10%为要。

但单纯压出油,控制含油量在10%,有六分之五的有效物质废弃也属浪费,经试验以神曲粉稀释临床应用可得同样效果,可供参考。

十四、几个有关中药问题的讨论(1963年)

(一)中药发展情况

1. 中药起源　传说是神农氏尝百草而后有中药,但有文字记载最早时期应是公元前221年,周代的山海经,它里面记载着药物与治疗的病症。如"草藗食之止心疼""条食之止疥""萱蓉,食之使人无子"也有人认为更早的诗经上也记有药用植物;但上面并无治疗作用。但至少山海经时代已有药物和应用的经验记载是肯定的。

2. 中药的本草　专门记载药物的书叫本草,有"以草为本的意义"因中药中植物药较多。基本有划时代,有代表性的本草是:①神农本草经,公元200~400年,是最早的一本。②本草经集注,公元452~533年。③唐,新修本草,公元659

年,是世界上第一步由政府发行的药典性质的书籍。④宋,政和经史证类本草,公元1116年。⑤明,本草纲目,公元1552~1597年,是集前几代大成的著作,是现代世界上研究中药的主要依据。⑥本草纲目拾遗,公元1765年,内容补纲目的未收载者。

3. 中药品种的增加 历代由于民间有效药物的收入和少量外国药物的增入使中药历代有所增加。本经载365种,集注载730种,唐,新修844种,宋,政和载1 746种,纲目1 892种,拾遗补921种,至今约有2 800种之多。

民间药收入如陶弘景提到"藕皮散血始自庖人","牵牛逐水近出野老","饼店蒜齑乃下蛇之药"皆说药物的发现始自民间。外来药物也很多,如汉由西域引种的葡萄,胡麻,苏合香,胡桃,安石榴;唐代由外国进入的阿魏,郁金,没食子,豆蔻,红花;宋代由国外进入的人参,白附子,犀角,象牙,玳瑁,槟榔;清代:烟草,鸦片,东洋参,西洋参,金鸡纳。

4. 应用技术的发展。

(1)一般情况与初步加工:由于中药使用的多是原生物,因之药物质量受自然条件影响很大。本草时已积累了许多经验,如提到"根、茎、花、实……阴干,曝干,采造时月,生熟,土地所出,真伪新陈,并各有法"。说明使用这些实能达到医疗目的。如麻黄,用茎四月及立秋后采集,常山二、八月用根,五月桑叶(蜀漆),天门冬用根二、八月采,曝干,地黄用根二、八月采,阴干,参用上党参,贝母用川贝,白芍用杭芍,麻黄,桔皮,半夏,枳实,吴茱萸,需用陈货,人参肉桂用新货。

(2)炮制的发展:由于中药成分复杂,有的有副作用或不便使用,因之产生了炮制。炮制是用火烧或烤的意思。药物加工方法虽不只此两种,但以此为代表,现代也有人称泡制或炮制。

最早专记炮制方法的书为雷公炮制论,原书已失,散见于各本草中,炮制的目的不外乎:便与加工,保存或服用;控制医疗作用之外的毒剧作用;增加疗效;赋色矫味。其方法,雷公炮制论论传有17法,今多沿用,经过历代丰富,近代又可分为:

一般:拣,筛,簸,揉,拌,刷,括,碾,串,捣,去心。

水制:洗,淘,漂,泡,飞。火制:烘,焙,炒(炒,炒焦,炒炭,麸炒,土炒,米炒,醋炒,酒炒,姜汁炒,盐炒,龟血拌炒,油脂拌炒);炙(蜜炙);烫(蛤蚧烫,蒲黄烫,砂烫,滑石粉烫);煅(闷煅,直火煅);炼,煨。水火制:蒸(罐蒸,笼蒸),煮(豆腐,酒,醋)。其他:制(姜制,胆汁制,甘草制),曲,霜等30余种。

如一般方法多是粉碎性质的,如三七压面,香附串末,花类挑拣去杂质。去毒,如乌头附子用水泡去毒,用甘草或黑豆等同煮以制毒。苍术,荆芥炒去燥性,黄芪,杷叶蜜炙以增疗效,白僵蚕麸炒以矫。赤小豆沸水烫过,不生虫,易于保存。炮制也有医药分家,制药者编出商品外观的要求,槟榔切180刀,薄。三棱泡至发霉后切片,取其手。石斛热砂烫胀要求美观。

(3)制剂学发展:中药已有完善的合理用药的剂型经验。早在公元前403~222年内经已见到汤、丸、散、酒、丹、膏、几种制剂。汉代伤寒论出现醋剂,栓剂,灌肠剂至现代。内服的有汤,酒,露,醋,糖浆,散,丸,煎,茶,曲,锭。外用的有洗,擦,灌肠,喷露,熏蒸,滴眼,滴耳,含漱,擦牙,膏药,等。与现代制剂比较除无注射剂外,都具有。例如汤剂,不仅只使用,而且规定了先煎,后入,文火,武火,长时煎,慢时煎,冷服,热服,食前食后服用。在栓剂里已知用蜜,羊脂,柏脂为基质。在膏药之中已知油久炼使双键饱和并加氧化铝之类催化剂固化。

(4)方剂学的发展:中药由单味逐渐发展到复方的应。山海经时期只一药治一病,内经时期已有方剂,以二三味者居多。如秫米半夏汤,鸡天醴。张仲景被称为诸方之祖,有方剂所有药味多为5~8种。后世方剂药味渐增多。至今某些成分如国公酒之类药物多至100味以上。然常用者仍为10~20味左右者。在方剂中,根据治疗性质,曾有大方、小方、奇方、偶方等或宣剂,通剂,泻剂性质的分类。但是方剂组成的主要原则还是以君臣佐使。君为主药,在方中起主导作用,臣佐使皆为辅助的药味。如小承气汤和厚朴三物汤同样用大黄,厚朴,枳实组成,小承气汤以大黄为君、厚朴为佐,厚朴用量比大黄减余,适用于泻热通大便。在三物汤里以厚朴为主,厚朴用量大于大黄一倍,适用于行气出满。

(5)分类学的发展:本草中记载为了便于查阅及作用分类。在历代本草中,本经以上、中、下三品分类,上药如人参、天冬、可久服。中药当归,麻黄,通草,根据病情使用。下药乌头,半夏,大黄之类,有毒,需注意使用。但这样使用,作用,类别,查起来很不方便。在集注,即改为以病名为准,如:治风用防风,防己,秦艽,独活。腹泻下痢:赤石脂,龙骨,牡蛎,干姜,黄连。但这种分类法药物重复,也易遗漏,如中恚、咳嗽,胀满,久下皆有干姜。自唐代之后,皆按金、石、草、木之类分。本草纲目时期,分类更细,如草(山草,芳草,毒草,隰草,蔓草等)同时附有按症分类,互相参阅。

另外,又依据作用,用药部位气味等分类。可以说医疗性质的分类,也可以说是医疗假说,由于他是综合了除归经、四气之外医疗效果归纳的,但有几种又不能完全概括。

1)象形:根:上升:如葛根,升麻;花宣散,如菊花;茎:调气;枝行四肢,桑枝。实、仁下降润下,枳实,柏子仁。但这仅为一部作用的归纳并不能完全概括。

2)色:红主血:丹参,红花;黄主脾;黑主肾;青主肝:青皮,茴香;白主肺:杏仁。

3)味:酸主收敛:如石榴皮,五味子;苦泻火:黄柏,黄连;泻热通便:大黄,芦荟;甘补虚:甘草,红枣。补气:黄芪,辛散表:紫苏,麻黄;行气:香附,肉蔻以上三类只是大部分规律的归纳,有例外,种仁下降,但蔓荆子无下降作用。象形最不全面。但归经和四气是由临床效果的归纳。

4)四气:寒、热、温、凉,治热病的属于寒药,如:石膏,知母;治寒病的为热药:附子,肉桂。

5)归经:是根据用药的效能,适于那一经的病而归纳的。

如头疼,疼在前额,属阳明经,田葛根,疼在后项,属太阳经,麻黄;两例少阳经,柴胡。

(二)中药发展情况对研究的意义

中药是中医理论治疗的物质基础,中医不仅在我国而且在世界医学界中皆是独具风格的。虽不能说世界第一,但有独到之处。这些独到之处的"阐明"会促进医学的发展。中药的研究是阐明中医理论的有力途径之一。大有研究价值。

中药两千多年的应用,在成分复杂的情况之下,经过品种,产地加工,炮制剂型,方剂运用得体。说明已摸到中药很多规律,这是经验,必要吸收。他的原理的阐明也需从古人经验之中找出线索进行探索。因之下面就可能讨论的经验和线索加以介绍。

1. 应用技术方面　产地:治血丝虫病的萱草根,有毒,有材料在江浙一带产品进行毒性调查,其毒性不一。澳大利亚产的 D ulaisia mgopocaideo 产于南部的,主要含莨菪碱,而产于北部的主要是东莨菪碱。地区是影响质量的,中药的川乌、党参、怀牛膝、淮山药是有参考价值的品种,日本及我国许多人曾进行防己成分研究,但应用品种不同,结果非常混乱,至近年方弄清,日本人用的是 Sinomenium acutum R et W,中药使用的是汉防己(倒地拱) Stephania tetrandra S. Moore 。常山治疟研究。最后才证实黄常山(鸡骨常山)效力最高,成分已出。这在本草上早有记载,但日本人也曾研究,所用植物不是鸡骨常山。

采集时间:麻黄,古代提出立秋后采。现代证明以其中个麻黄碱计算,春季最低,仲夏较高,而以8~9月间含量最高。萱草根的毒性,春＞冬＞夏秋。因之古人采集经验亦需重视。

陈新:本草记载人参、肉桂陈货无效。现代鸦胆子治疟,有人试验有效,有人试验无效。最后查明,鸦胆子储存过久,陈货无效。古人所提狼毒,麻黄,陈皮等无陈值得考虑,参考。研究时不能不参考古代已有经验。

2. 炮制方面　炮制是复杂成分的运用条件。如乌头,附子,古人已知其中有毒成分,运用水泡去毒,甘草,黑豆解毒的方法,保留强心成分。近代未考虑古代用药条件,仅提出乌头碱。知道它的毒性,但作不出它的医疗作用。一直不了解中药如何用毒药,单一时期禁用。但现代已阐明炮制后的药品毒性物质降低至1/6,强心成分保留。

如元胡,古代已知加醋炙增加止疼之作用。现代研究之后,始知元胡索碱的渗解度加大,疗效增加。雷丸的驱虫成分为蛋白质分解酶,不耐热,柴胡的解热物质易于挥散,可随蒸汽蒸馏而出,故古人所以雷丸不可煮,柴胡不可近火的经验。是极有价值的。

如巴豆的制霜用,经现代分析,巴豆油为峻下的成分但作用较为激烈,古用压出大量油使用,渣中含有少量油脂,达到缓和作用的目的。

其他可以提供研究的,苍术,荆芥之流,炒可去燥性,是否炒去燥性为除去部分易挥发的物质,而减少刺激性呢。炒炭药,虽现代已有部分实验证实炭的止血是物力性质的。作煎剂止血作用必需药物含有止血物质,且烧成炭后效力有所降低,但炒炭程度与效力关系,仍值得进一步阐明。

如鸡内金的应用,本草记载不可水洗。从现代研究看起来,它的消食作用,如为消食液的话。鸡内金是否利用其腺胃分泌粘着消化液的作用。因之不可水洗。

3. 剂型方面　如在汤剂的先煎后入问题。后入药如豆蔻,肉桂,木香,金银花,这些药多是芳香的,含有挥发性物质的,其有效物质可以从易挥发物质考虑。

贯众,皂角,蛇床子,菟丝子,本草记载不适用于入汤剂而适宜用于酒剂。这些药物的有效物质可以考虑不是水溶性的,这一点近代自蛇床子中提出蛇床子素,可以证实古代的经验。狼毒,枳实,古代认为不可入汤剂。可能水不能煎出有效物质。也或者是水煎剂无效。因之在研究之中,剂型也值得考虑。如不按过去经验剂型,恐不易找出正确结果。

4. 方剂方面　复方虽然复杂,但每一方都由君臣佐使的组成。君药多为主导作用。其他各药也各有所主。如过去我们在白喉含化丸的分析中,在组方的七种药中,其中有抑制白喉杆菌的药物主要是槐米,大黄。可以找出一些线索。同时也可从复方的临床加减中找出线索。如小柴胡汤,由柴胡,黄芩,人参,半夏,甘草,生姜,大枣组成。这个方剂主治往来寒热,胸胁部满闷,不想吃东西,想呕。但可从其临床变化中找出研究线索。如在胸中烦而不呕,去半夏,人参,加栝楼实,则可见半夏,人参与呕有关。而栝楼与烦有关。又若腹中疼,去黄芩加芍药,茯苓与通小便有关。便于我们了解药物的作用。

另外,从方剂的组成也可以推及剂型与有效物质的关系。如白虎汤,石膏,知母,粳米,甘草,石膏是一种清热药,现代知道石膏是 $CaSO_4 \cdot 2H_2O$,是极难溶于水的。效力很难想像,但在煎剂之中,知母与粳米的煎出液都是很粘稠的,可以考虑石膏在汤剂中所以能发挥作用,不一定只靠溶解度问题,是否为混悬后而服入人体。

虽然色、味,象形不是完全的归纳,但对一部分药物的作用加以综合。可以从特效上寻出线索。如酸性药如石榴皮,五倍子,这些药里都含有鞣质。部分药物的收敛作用可以从鞣质考虑。

5. 医疗假说方面　虽然色、味,象形不是完全的归纳,但对一部分药物的作用加以综合。可以从特性上寻出线索。如酸性药如石榴皮,五倍子。这些药里都含有鞣质。部分药物的收敛作用可以从鞣质考虑。如在色里,如止血的药物多为红色,如红花,丹参之流。活血药的有效物,有色物质的可能性比较大。如种仁多有润下作用,种仁中又多含有脂肪油,脂肪油为种仁的泻下成分可能性也是大的。花类多芳香宣散,其有效物质也多可从挥发类物质考虑。

特别是归经及寒热,这是根据临床实践,随病的特征而将有效药物归纳的规律。一些药物的作用可以从这里找到成分和药理实验线索。如寒病中的伤寒,它的症状是恶汗、发热,头项强疼,体疼无汗,治疗的药物是辛温的,有麻黄,桂枝,干姜,羌活,独活,细辛,以求发散（有发散的因素）,这即便于药理模型的设计,而药物本身也可从与有刺激,循环。发汗的物质考虑。

在归经里,正如从所举的例子,如头疼,前额,后项,两侧疼,归经不同,治头疼的药也需适合于那一经。这样前额的头疼多是那一类型的,机制如何,可以进行药理实验设计。那一类药物可以治疗,也可进行分析。更易找出有效物质,不要只指头疼,即否定某一药物无效。

另外,在临床上也曾发现许多线索,可供研究参考。如张之南,温肾药可使某些席汉氏病,阿狄森病,月经发生变化,闭经的可以变为正常。陈克礼发现补肾药对摘除睾丸的动物骨折有帮助愈合的作用。正如秦伯来所说"肾对人体精力充沛有关""肾为男女先天,指生殖功能而言,入肾的药可以从性腺素"统考虑其作用。又傅斗永在高血压病研究中发现平肝熄经,滋阴降火药中有降血压的作用。则中医平肝、熄经,滋阴降火也具有一种降压的作用。在药理模型设计中,对这类药物可以增加这项指标。但朱颜又曾指出某些顽固性高血压例有便秘时,通便药也可降压。所以降压的指标,又不可以完全按药物的直接降压来设计。

6. 结语　总之,从中医理论及实践中,可以吸收很多经验和线索,研究中药是不能脱离中医理论和实践体系的。从线索看来,中药研究是药化药理临床各方面的综合研究方能出结果。过去日本人单纯的从化学上作了许多工作,但不能解决中药问题。药理上多用的是煎剂和浸膏,而又多不结合中医规律。药理、化学、临床互相脱节,因之,到现在重要问题的解决仍是空白。因之要研究必须是综合性研究。

同时由于中医理论体系的不同。中西医之间无共同语言。现代科学与中药之间无共同语言,研究中还不能是非常顺利的,药注意各种影响因素,大量的工作,始能解决部分问题。

(三)中药的展望

1. 中医理论基础资料的提供　中药是中医理论和实践的物质基础,通过中药治疗机制以说明中医理论是有力的途径之一。如现代研究的元胡,中医的活血止疼,其中有延胡索碱的镇疼,镇静作用。而炮制中的醋注肝而止疼,实质上是醋帮助有效物质的溶解。乌头之所以治疗亡阳厥逆,是由于其强心作用。所谓有毒是乌头碱的作用,而炮制的去毒是排除乌头碱而保留强心成分。其他杏仁的润肺止咳,实质上是苦杏仁甙在体内缓缓分解,抑制呼吸中枢兴奋而止咳,炮制则是破坏苦杏仁酶以防止苦杏仁甙的快速分解而使呼吸抑制死亡的中毒。所以通过药物作用机制的研究,可提供中医理论和实践的现代科学资料,中医理论的阐明自然会使祖国医学提高一步。

2. 中药应用技术的提高　由于中药现代仍沿用成分较为复杂的原生药。必然形成复杂的加工、炮制、服用、方法,在人力上消耗是很大的。规格上不易统一,服用亦不方便。

在中医用药的规律基础进行研究对治疗机制阐明后,有效物质的分出,如元胡(止疼,延胡索碱),乌头(强心成分),杏仁(止咳,苦杏仁甙),防己(关节疼,汉防己甲素),常山(止疼,常山碱甲、乙、丙),在全部中药有效物质弄清之后,可以想象中药房将不再是现在的样子。药材的加工,炮制也将改变为其他的方法制造,服用上也会方便,而效力仍会保持现代的单味制剂的制造。虽有它的缺点(药物的有效物质不清楚),但不失为有希望的途径之一。

3. 中药新品种的增加　从古代药品历代增加可以看出民间有效药物看来,有效药物逐渐为中医所掌握,按中医的理论体系使用。丰富了祖国的药物宝库。在现代民间有效药物不断发现,如治疗胆结石的金钱草,治疗淋巴结核的猫爪草,治淋病的半边莲,这些都是有一定的疗效。同时,现代药物中如抗生素,青霉素之流。及降压药利血平等,有很多有效药,现在已有中医在使用,并也有青霉素性寒的分析。也有人将利血平配合中药复方使用,这虽然是很小的开端。但吸收各方面的有效药物更丰富中药的品种是可望的。

4. 发现新药　中药的使用限于历史条件,科学水平,在只用酒,醋,三种溶媒的情况之下,找出2000多种药物,可以说它还有许多作用未完全发现。现代的研究如最早的当归制剂(地美露)德国出品,形成世界上用的妇科药。日本已制成的木通素(利尿剂),苏联制成的五味子酊(治神经衰弱),我国的杜仲酊(治疗高血压),这些虽不是纯品。同时其用途也未完全超出中医的用途。但也有一些药物,如麻黄碱(止喘),及麻黄中最近发现的挥发性成分萜松醇,对流感病毒有抑制作用。自南瓜子提出的南瓜子氨酸可以治疗血丝虫病,自汉防己提出汉防己甲素能治疗关节炎,柴胡的挥发油是非常好的解热剂。槐米中的芦丁可以治疗高血压,这些比较纯的成分都有一定的治疗作用。这些药物不仅中医可以使用,西医也可以使用。现代发现新药多是由已知药物的结构上考虑。合成或改造,效果较少,但中药这一宝库,会出现更多的有效新药的。

十五、有关炮制的历代文献简介(1964 年)

中药炮制是将中药材按医疗上或成药配制上的不同要求而制造成一定规格的"饮片"或"药料"的一种传统技术。记述炮制的专书,最早是《雷公炮制论》,原书早已失传,现有为后人复辑本。明清以来,虽继有《炮制大法》,《修事指南》,但所录的内容远不是反应炮制技术的全貌,而主要的炮制记述资料多散在历代医药古籍中。

为此,我们初步对现有 106 部历代主要医药文献中有关炮制的资料,作一简介,以供系统整理和研究工作中参考和补充。

唐代以前			
1 黄帝内经	2 伤寒论	3 金匮要略	4 金匮玉函经	5 神农本草经
6 肘后备急方	7 本草经集注	8 刘涓子鬼遗方	9 备急千金要方	10 千金翼方
11 新修本草	12 食疗本草	13 外台秘要	14 经效产宝	15 食医心鉴
16 仙授理伤续断秘方	17 银海精微	18 中藏经	19 颅囟经	

宋代			
20 雷公炮制论	21 博济方	22 太平圣惠方	23 苏沈良方
24 旅舍备要方	25 本草衍义	26 太平惠民和剂局方	27 伤寒总病论
28 小儿证治直诀	29 重修政和经史证类	30 史载之方	31 圣济总录纂要
32 全生指迷方	33 普济本事方	34 妇人良方	35 济生方
36 洪氏集验方	37 三因极-病症方论	38 传信适用方	39 卫生家宝产科备要
40 易简方			

元代			
41 素问病机气宜保命集	42 宣明方论	43 儒门事观	44 内外伤辨
45 脾胃论	46 兰室秘藏	47 珍珠囊补遗药性赋	48 原机启微
49 汤液本草	50 饮膳正要	51 疮伤经验全书	

	明代		
52 普济方	53 救荒本草	54 奇效良方	55 滇南本草
56 证治要诀及类方	57 本草品汇精要	58 薛氏医案	59 名医类案
60 证治准绳	61 景岳全书	62 本草纲目	63 医学入门
64 审视瑶函	65 本草蒙荃	66 仁术便览	67 本草原始
68 鲁府禁方	69 寿世保元	70 外科正宗	71 本草汇言
72 炮制大法	73 瘟疫论	74 本草通玄	75 医宗必读

	清代		
76 医门法律	77 本草崇原	78 本草汇	79 医方集解
80 本草备要	81 本草述	82 修事指南	83 本草经解
84 神农本草经百种录	85 兰台规范	86 医宗金鉴	87 长沙药解
88 本草从新	89 成方切用	90 本草纲目拾遗	91 得配本草
92 本草求真	93 要药分剂	94 温病条辨	95 本草三家合注
96 时方妙用,时方歌括	97 敷清方女科	98 傅青主女科	99 本草续疏
100 本草序疏要	101 植物各实图考	102 植物各实图考长编	103 医醇賸义
101 理论骈文	105 本草问答	106 本草便谈	

十六、马钱子炮制方法改革研究(1970年)

是否在不影响疗效的基础上取消复杂的去毛工序,而要解决去毛与否的关键问题在于,什么是有毒成分,他主要存在于皮毛上呢？还是仁中？或者二者均有呢？

马钱子的传统炮制方法较复杂,需经水泡、刮毛、砂烫、或刮毛后切片、油炸、去油等工序。去皮毛最费工,有关生产单位曾提出是否在不影响疗效的基础上取消复杂的去毛工序。我们本着"任何地方必须十分爱惜人力物力"的原则,对马钱子带毛去皮毛问题进行了初步研究。

马钱子是马钱科植物马钱 Strychos nux – vomica L. 的成熟种子,为较常用中药,原名番木鳖,始载于《本草纲目》。马钱子有剧毒,中医习用制马钱子(即炮制过的)散血热,消肿毒。主治伤寒热病,咽喉肿痛,痞块,痈疽,恶疮等症。

据老药工说,去毛主要是为了(1)毛不易粉碎,煎剂冲服时易刺激咽喉；(2)毛的毒性大,需去毒。查考历代本草关于去皮毛与否的记载很少,仅《本草纲目》有"仁无毒"；清申雅有"泉水浸胀,刮去皮毛……"的记载。因此要解决去毛与否的关键问题在于,什么是有毒成分,他主要存在于皮毛上呢？还是仁中？或者二者均有呢？跟据前人大量研究工作证实,马钱子含的番木鳖碱(又称士的宁),不仅有毒,又是有效成分。

一般记载马钱子含总生物碱2%~5%,番木鳖碱占总生物碱的二分之一至三分之二。为了进一步搞清番木鳖碱在种子的哪一部分含量最高,我们分析测定了去皮毛和带皮毛的马钱子以及马钱子皮毛的番木鳖碱及总生物碱含量,结果前二者相近似,而皮毛部分的番木鳖碱含量最少,据此,我们制剂室将马钱子的炮制方法改为砂烫,研粉用。经过近一年的临床使用未发现中毒或刺激咽喉等现象。

(一)番木鳖碱含量测定

1. 样品来源及名称　我单位药库(从省药材公司进货)。马钱子 Strychos nux‑vomica L. —马钱科。

2. 样品制备。

(1)马钱子皮毛:取马钱子加热水(约60℃)浸泡2天(每天换水2次),刮下皮毛,阴干,85℃烘1小时,灰褐色碎片,备用。

(2)去皮毛马钱子:取马钱子加热水(约60℃)浸泡二天(每天换水二次),刮去皮毛,晾干,240~250℃砂烫1分45秒,压成粉,过100号筛,90℃烘1小时,淡黄棕色,备用。

(3)带毛马钱子:取马钱子,230~240℃砂烫2分40秒,压成粉,过100号筛,90℃烘1小时,棕褐色,备用。

(4)去皮毛马钱子:取马钱子加热水(约60℃)浸泡三天(每天换水二次),刮去皮毛,晾干,与3号样品同一锅内,230~240℃砂烫2分40秒,挑出,压成粉,过80号筛,90℃烘1小时,棕褐色(较3号样品略深),备用。

(5)带毛马钱子:取带毛马钱子,275~300℃砂烫2分45秒,压成粉,过100号筛,90℃烘1小时,深棕褐色,备用。

3. 测定方法与结果。

(1)总生物碱:1号马钱子皮毛按中国药典(53年版)含量测定方法,减去加硝酸破坏番木鳖碱一步骤;2~5号按中央药检所(67)卫检中字0280号附件改进马钱子含量测定方法,减去加硝酸一步骤。结果见附表。

(2)番木鳖碱:1号样品按中国药典1953年版马钱子番木鳖碱含量测定方法,2~5号样品按中央药检所改进马钱子含量测定方法。结果见下表。

马钱子不同方法炮制后生物碱含量比较表

编号及样品	砂烫温度、时间	色泽	番木鳖碱含量(%)	总生物碱含量(%)
1号马钱子皮毛		灰褐色碎片	0.793	1.097
2号去皮毛马钱子	240~250℃砂烫1分40秒	淡黄棕色粉末	1.853	2.782

（续表）

编号及样品	砂烫温度、时间	色泽	番木鳖碱含量(%)	总生物碱含量(%)
3号带皮毛马钱子	230~240℃砂烫2分40秒	棕褐色粉末	1.573	2.199
4号去毛马钱子	230~240℃砂烫2分40秒	棕褐色粉末（比3号略深）	1.517	2.180
5号带毛马钱子	275~300℃砂烫2分45秒	深棕褐色粉末	1.483	

（二）小结

1. 根据皮毛含番木鳖碱0.793%，仁含番木鳖碱1.853%的结果，认为皮毛毒性大是不成立的。带毛马钱子砂烫后毛已脆，压成粉，冲服时亦无刺激咽喉的反应。

2. 本实验可以看出　马钱子的毒性大小（指番木鳖碱含量多少）不在于带毛或去毛，关键在于掌握砂烫的温度和时间。首先，从附表看出，带毛马钱子与去皮毛马钱子在同锅内经230~240℃砂烫2分40秒，分别测其番木鳖碱含量极接近。其次可看出，虽然刮去皮毛，如果砂烫温度较低，时间较短，它的毒性仍大于未去皮毛者。

3. 马钱子的色泽直接受砂烫温度与时间的影响，色泽的深浅又标志番木鳖碱含量的高低。因此马钱子粉的颜色又可作为毒性大小的经验鉴别。老药工常用"老""嫩"来表示，太嫩，色浅者表示毒性大；过老，色深则影响疗效。一般以棕褐色至神棕褐色为宜，此颜色范围番木鳖碱含量约为1.11%~1.57%，马钱子粉常配舒筋片，接骨丹等中成药，此外，马钱子粉冲服量为1份，按中成药服用剂量及冲服量折算，既能达到疗效，又不至中毒。

4. 近年来根据我们使用带毛马钱子的初步临床观察，以及马钱子总生物碱、番木鳖碱含量的测定结果，我们认为去掉马钱子去皮毛的工序是可以的。

十七、地黄炭的研究(1981年)

地黄是常用中药，根据其医疗作用的不同又有生地及其炮制品熟地之分。生地滋阴清热凉血止血用于热病烦躁、阴虚低热，消渴，吐血，衄血等症；熟地滋阴补血，用于阴虚血少，目混耳鸣，腰膝酸软等症。另外，还有把生地，熟地制成炭应用的，虽然应用的地区，用药量比生熟地为少，但很多地区都把地黄炭作为地黄不可缺少的一种炮制品，临床上时有应用。

现地黄炭的制法有炒，有煅，成炭后的程度也有很大的差别，直接影响到用药的质量，现临床上大都将地黄炭用于治疗各种出血证，这种用法是否合理？

（一）地黄炭现在应用情况

地黄炭南方北方均有应用,据《中药炮制经验集成》收集,全国应用炒生地炭,煅生地炭的共 18 个地区,炒熟地炭、煅熟地炭的共 11 个地区,77 版药典载有炒生地炭。部分地区对地黄炭应用情况如下表。

地区	品种	炮制方法	炮制目的
福建	生地炭、熟地炭	煅炭	止血
上海	生地炭、熟地炭	炒炭	
山东	生地炭、熟地炭	炒或煅炭	
北京	生地炭、熟地炭	煅炭	灸炭取其止血能力强
浙江	生地炭、熟地炭	炒炭	
昆明	生地炭(熟地炭罕用)	煅炭	
重庆	生地炭、熟地炭	炒炭	炒炭止血
77 版药典	生地炭	炒	

从上表可以看出,大部分地区生、熟地黄炭都用,加工方法有炒,有煅。济南地区所用炭药中,地黄炭用量最大,是最常用的炭药之一。一些地区炮制规范载有地黄炭止血能力强,而另一些则没有载明。生熟地制成炭药后还用于干其他什么方面,在各省市的药材志、中药炮制规范、中药学等其他一些中药文献中均未见收载。

（二）本草考证

地黄炭的本草考证是以《历代中药炮制辑要》为基础,有关地黄炭的记载我们核对了原书,找出了其应用范围,另外,我们还查对了其他一些历史中药文献。

（三）实验部分

炭药的制法,自古至今都遵循"炒炭、煅炭存性"的原则。曾有"若如烧燃柴薪,煅成死灰,性也不存,而无效"之说。存性,即存原药之性,性和本身的成分是密切的。据资料报道,地黄主要 β-谷甾醇,少量豆甾醇,微量的菜油甾醇,还含有地黄素,生物碱,脂肪酸,梓醇,葡萄糖,水苏糖,氨基酸等。当然很难确切的说明那些成分能起到地黄的滋阴清热,凉血止血,治疗消渴,吐血,衄血等症的作用。但是我们可把生品和不同炮制程度的炭制品进行一下成分对照,看其炭药的存性程度如何,从中应可看出一些问题。

炒炭,煅炭存性有着不同的标准,煅炭时间远比炒炭时间长。有的地区习用炒炭,有的地区习用煅炭,各地均凭药工自身经验掌握,存性程度是不统一的。我们所用样品由济南药材站饮片加工厂提供。在老药工提议指导下,把地黄炭分四个等级:炒炭程度轻的,适中的,过量的及闷煅炭的,以这些样品与生品进行对比实验。

	程度	时间	生品重	成品重	收得率
炒炭	轻	5分半	10斤	5斤	50%
	适中	7分	10斤	2.5斤	25%
	过	11分	10斤	2.2斤	22%
煅炭		5小时	84.5斤	22斤	26%

炒炭药物外部炭化,内部仍为原生药,炭化程度随炒炭时间不同而不同。炒炭过的地黄内部呈焦褐色。煅炭药物全部炭化,内外一样表面有光泽,互相敲击有金属声,内部有小孔。

从收得率看,炒炭时间越长,损耗越大,收得率越低。但煅炭收得率略高于炒炭过的,这可能是由于炒炭是直接猛烈的氧化,而煅炭是干馏的缘故。

1. 水溶性浸出物的测定(按77版药典水溶性浸出物测定法中的热浸法作)。

样品	水浸出物量(%)
生品	77.2
炒炭(轻)	48.3
炒炭(适中)	24.9
炒炭(过)	12.3
煅炭	4.8

水浸出物差别很大,随着炭化程度的增强,水溶性成分逐渐减少。煅炭的水浸出量虽很少,但仍为4.8%,还可煎出一些东西。

2. 成分预试　地黄含有多种成分,我们对各种样品作了成分预试,以进行比较。

成分	反应	现象	生地	炒炭轻	炒炭适中	炒炭过	煅炭
Pr多肽	加热沉淀		—	—	—	—	—
	+H_2SO_4		—	—	—	—	—
	双缩尿		—	—	—	—	—
糖,多糖	茚三酮反应		—	—	—	—	—
	Felling	砖红色↓单-多式	+++	+++	++	++	—
	α-萘酚	紫色环	++	++	+	+	—
酚,鞣质	$FeCl_3$-EtOH		黄棕+	棕绿++	—	—	—
	香草醛 HCL	微红色	+	±	—	—	—
	NaCl-明胶		—	—	—	—	—

（续表）

成分	反应	现象	生地	炒炭轻	炒炭适中	炒炭过	煅炭
有机酸	$FeCl_3 - K_3Fe(CN)_6$	蓝色斑点	++	++	++	++	—
	pH 试纸	pH 值	4	5	7	8	9
	溴酚蓝	蓝色背景斑点	++	++	++	++	—
生物碱	碘化汞钾		—	—	—	—	—
	碘化铋钾		—	—	—	—	—
	硅钨酸		—	—	—	—	—
黄酮	氨熏试验						
	HCl – Mg		++	+	+	+	—
蒽醌	碱液试验						
	1% MgAc 甲醇						
香豆精	偶合试验	棕红色	+	+	棕黄色	—	—
	异羟钨酸铁						
强心苷	3,5 – 二硝基甲酸		—	—	—	—	—
	碱性苦味酸	橙色++	橙色+	橙色+	横黄++	—	
	亚硝酰铁氢化钠试验		—	—	—	—	—
植物甾醇	$FeCl_3$ 冰醋酸	棕色环	+++	++	+	+	—
	醋酐 – H_2SO_4	墨绿	++	+	±	—	—
	$CHCl_3 - H_2SO_4$	墨绿色环	+++	棕色++	棕色++	棕色+	—
	挥发油	挥发性	+++	+	—	—	—
皂甙	油脂($+ Na_2SO_4$)		—	—	—	—	—
	泡沫试验						
	醋酐 – H_2SO_4		++	+	—	—	—

从成分预试可以看出,所有具有阳性反应的成分含量都是生>炒炭(轻)>炒炭(适中)>炒炭(过),而煅炭则看不出有什么成分存在。

生品 pH 值为 4,炒炭品种根据程度轻重的不同,pH 值依次为 5,7,8,而煅炭的 pH 值为 9。生品含有有机成分最高,而各种炭的碱性逐渐增强,可能是和有机成分结合的碱金属离子,由于有机成分的破坏而离解出来的缘故。

3. 含糖量的测定 地黄味甘,据资料报道,地黄水溶液成分主要是各种多糖,其中水苏糖含量占 5% 左右,糖类可以说是地黄的主要成分之一。我们作了各种样品总糖的定量。

(1) 原理:多糖在稀酸作用下能水解转化成单糖。然后利用肖氏法测出溶液中单糖含量,还原糖被菲林试剂氧化后,溶液中多余的 $CuSO_4$ 用 KI 还原,然后用标准硫代硫酸钠滴定产生的碘,用去硫代硫酸钠的毫克当量数与硫酸铜的毫克当量数是相当的,从滴定时和对照试验中用去的毫克当量数,即可求出氧化还原糖时用去的铜的毫克当量数,然后算出还原糖的毫克数。

(2)方法:水解:准确称 1 g 样品[W]于有塞三角瓶中,加入 50 ml 1% HCl 溶液,摇匀后,放入沸水浴中加热使多糖转化,并不断振摇瓶中内容物。1 小时后取出,冷却至室温,用 1% NaOH 中和至微酸性,再加入 2 ml 醋酸铅以沉淀蛋白质,并逐渐滴加硫酸钠溶液,使溶液澄清,然后把溶液连同沉淀倒入 100 ml 容量瓶中,稀释至刻度,摇匀而后过滤于干净三角瓶中。用此溶液滴定其中还原糖。

(3)还原糖的测定:用移液管吸取 10 ml 滤液于三角瓶中,准确加入 10 ml 菲林氏甲液及 10 ml 菲林氏乙液,在电炉上加热煮沸 3 分钟,迅速冷却后,加入 5N H_2SO_4 10 ml 及 KI 5 ml,立即用标准硫代硫酸钠滴定至淡黄色,再加入 1 ml 淀粉溶液继续滴定至蓝色消失。记下用去硫代硫酸钠的毫升数 V_1。

(4)对照试验:用 10 ml 蒸馏水代替滤液,同上试验,记下最后用去的硫代硫酸钠的毫升数 V_2。

(5)计算:氧化 10 ml 滤液中的还原糖所需的铜的毫升数:$M = [V_2 - V_1] * N_{Na_2S_2O_3} * 63.57$,然后从表中查出水解后与铜的毫克数相当的葡萄糖量 G。

样品	平均糖含量
生品	62.2%
炒炭(轻)	33.2%
炒炭(适中)	13%
炒炭(过)	4.8%
煅炭	0

此方法测定是利用单糖的还原性,但一些甙类也会水解出单糖,另外可能会有其他一些还原性物质。所以所测数据并不准确代表糖含量,但可以作为生品和各类炭制品的对照比较数据。据此实验证明,生品与各种炭药含糖量差别很大,而程度不同的炭药差别也很大,煅炭则测不出糖的成分,全部在高温下破坏了。

4. 薄层对比 薄层试验结果显示,颜色深浅程度均为,煅炭无。

用糖显色剂显色,似乎炒炭(轻)和炒炭(适中)的提取液中有生品没有的成分。但随着炭化程度的增加,这些成分也逐渐消失。

根据地黄及其各种炭制品的水浸出物测定成分预试,糖定量,薄层对比可以看出,它们的有机成分含量是生>轻>中>过,而煅炭则测不出什么成分。

(四)炭药的药理实验总结

1. 药理试验指标的设计　据中医对止血作用机制的论述和血液流变学的理论以及对有关止血试验指标预试观察后设计了下面"四个指标":

①毛细管法,②试管法,③纤维蛋白原含量测定,④全血粘度时间测定。

2. 实验材料。

(1)药物:棕边和地黄的十个样品分别水煎多次后,浓缩成1:1浓度的水煎剂,放置冰箱中备用。

(2)动物:①体重在2.5 kg/只以上的健康家兔雌雄各半。②体重在18~20 g/只的健康小白鼠雌雄各半。

(3)仪器:72型分光光度计;恒温水浴箱;恒温水浴槽;控温仪;搅拌器;秒表;家兔开口器;玻璃毛细管;粘度管;导尿管;刻度离心管;针管(玻璃毛细管长约10 cm,内径约0.6 mm)。

(4)试剂:0.85%生理盐水;草酸盐混合抗凝剂。

3. 实验操作步骤。

(1)毛细管法

1)动物:20 g/只的健康小白鼠若干只,雌雄各半,随机分组,每组10只,自养一周后使用。

2)操作步骤:取毛细玻璃管一根直插入小白鼠眼内眥吸取血液,当血自流毛细管8 cm处时,取出并开始记录时间,每隔10秒钟拧断毛细管一次,如果拧断的毛细管连有纤维蛋白丝时,停止计时,此时间为凝血时间。隔日后,给予取血小白鼠以1 mg/20 g的样品灌胃,隔30分钟后,从对侧眼内眥取血用同样的方法观察凝血时间最后用药前后做统计处理。

4. 试管法。

1)动物:2 kg/只以上的健康家兔若干只,雌雄各半,自养一周后随机分组,每组5只备用。

2)操作步骤:每只家兔的一侧耳中A抽取血液2.4 ml(同时记录时间),分别注入盛有0.2 ml的生理盐水试管中(0.8 ml/支)混匀后立即放入37℃恒温水浴中观察,等血液凝集成块时,停止时间,此时间为药前凝血时间,隔日后,给抽血的家兔以每只每公斤6.3 ml的样品灌胃,隔1小时15分钟后,从对侧的耳中A取血,用同样的方法观察凝血时间,最后药前药后时间做统计学处理。

5. 纤维蛋白原含测法。

1)动物:2 kg/只以上的健康家兔若干只,雌雄各半,随机分组,每组5只,自养1周后使用。

2)操作步骤:①离心管洗净烤干后加入0.2 ml的草酸盐混合抗凝剂后再放

入60度以下的水浴锅上蒸干备用。②用分组的家兔每只从一侧耳中A取血2 ml放入抗凝的试管中,慢慢摇匀后放入离心机中以3 000转/分的速度离心5分钟即得血浆。③每支10 ml的刻度管中加入6 ml的0.85%的NaCl溶液,再加入0.6 ml的血浆后放置56℃的水浴箱中,15分钟取出,等冷却后以生理盐水为对照组在65 ml的分光光度计上比浊,查标准曲线计算纤维蛋白原含量。④隔日后,抽血家兔以6.3 ml/kg/只的样品剂量灌胃,1小时15分钟后,从对侧的耳中A取血2 ml,然后用上述方法得出纤维蛋白原含量,最后做统计处理。

6. 全血粘度的测定。

1)动物:2 kg/只以上的健康家兔若干只,雌雄各半,随机分组,每组5只,自养1周后使用。

2)操作方法:①每只家兔从一侧耳中A抽血1 ml(抽血时记录时间),立即注入在25℃恒温水槽的玻璃粘度管中,观察血液流动时间,当最后一滴血流到粘度管下口刻度时,记录时间停止,所用时间为血液流动时的时间,从而观察血液粘度。②隔日后给抽血家兔以6.3 ml/kg/只的样品灌胃,相隔1小时15分钟后,从对侧耳中A取血1 ml,用上述方法观察血液粘度。③用药前后血流时间做统计学处理。

7. 实验结果　我们据"八个指标"的要求,分别用了小白鼠和家兔两种动物,其中家兔不是循环"八次"使用。十个样品全部做完后应用了同体比较(自身对照比较)的t检验的计算公式做了统计学处理。从结果观察到:①除炒轻棕边对"八个指标"均有不同程度的影响外,其中生地黄、炒过地黄、生棕边、炒过棕边、炒适中棕边对"试管法",炒轻地黄、炒过地黄、煅棕边、炒适中棕边对"纤维蛋白原含测法",生地黄对"粘度法",煅地黄、生棕边对"毛细管法"分别都有不同程度的影响。②地黄药物的五个样品中,大部分样品不但对八个指标没有凝血影响,而且起到负的作用或者无意义。

8. 小结　通过以上试验P值和t值结果分析炒轻棕边对"四个指标"均比其他九个样品影响明显,特别是对纤维蛋白原含测指标更加作用显著,从而可以推测炒轻棕边在止血凝血方面能起到一定作用,但是还有待于临床和多方面的验证才行。

9. 讨论。

(1)通过两种药物十个样品对"八个指标"的实验观察,试管法对6个样品、纤维蛋白原含测法对4个样品、粘度法对2个样品、毛细管法对3个样品是较敏感的,因此对于一个样品来说,要根据它对各个指标的结果做全面衡量和分析才能对这个样品的性能做出正确的答案。如炒轻棕边对纤维蛋白原含测指标来说作用不如炒适中棕边那么显著,但它对其他三个指标都比炒适中棕边影响明显,所以它在止血凝血作用上也可能比炒适中棕边效果明显,另一方面也要考虑到其他因素的影响。

(2)通过上述试验,使我们体会到"炒炭"炮制药物适用于"止血凝血"虽然是一种非常重要的炮制方法,但不能一概而论,最主要的是根据药的性味和功能加以炮制使用,否则就会起到相反的作用。

(3)由于条件限制:①动物不太符合药理实验要求;②实验设备因陋就简而且有些指标虽然可靠,如体外血栓(11)、B因子的测定(12)不能应用,可能会影响实验结果。因此,对于以上结果一方面要通过临床验证,另一方面还要根据中医引起出血和止血的机理设计实验,进一步对炭药的止血作用机制加以讨论。

(五)结语

1.历代至今,生地黄的主要作用之一就是用于治疗各种出血症。唐千金翼方记有"生地黄大寒,主妇人崩中血不止及产后血上薄心、闷绝伤身,胎动下血、衄鼻吐血、皆授饮之……"。其后历代本草所记载的生地黄止血作用基本如此。地黄就是利用本身的寒凉之性,凉血止血的药物。一些古人对地黄炭用法持意义态度的原因就在于制炭违背了地黄的药性。"是甘润养阴之品,变为苦燥伤阴之物"。

明清前,偶有地黄炭的应用,也不是为增强止血作用。明清两代炒炭、煅炭止血或增强其原有止血作用的药物炭药大增,但是制炭止血并未延伸到地黄。清叶天士用地黄炭治疗多种病症,并不是为了增强地黄的止血作用,而是为了降低寒凉之性。可见现代很多地区用地黄炭增强止血作用是不符合历史用药的。这种用法是在"红见黑止、炭药止血"理论影响下,近代人的发展。也可能是人们对叶天士一派用地黄炭药的误传。

2.从我们所做实验可以看出,生地黄炒炭时间越长,成分损失越大,煅炭几乎测不到什么成分。生品与各种炭制品的pH值差别也很大。从存原药之性上来说,炭化程度轻,存性就较好,反之就差。

以我们所做的四个药理实验指标看,地黄生品制炭后并未见到增强止血的作用。

根据本草考证和实验,我们认为生地黄没有必要制成炭药。

历史上熟地炭除偶在几个偏方中出现外,就是清《得配本草》中有"補脾胃炒炭存性"之说,而现在临床并没有这种用法。熟地黄制炭后,成分也将大量损失。熟地黄制炭也不符原药之性,我们认为,熟地黄也没有必要制成炭药。

3.我们认为作为药典收载的正式炮制品种生地炭及某些地区应用的熟地炭应逐步取消。可根据少数医生的特殊需要,由医院药房和药店小量加工。

第四章 著作拮萃

一、山东中药炮制经验汇编(节选)*

中药炮制是祖国医药遗产的组成部分。

中药在长期应用中,为使药物直营医疗的要求,逐渐形成这一传统的制药技术。炮制是否合理,对疗效极有影响。

炮制,自有记载的《内经》其,2000多年来,一方面,历代积累的经验非常丰富;一方面,由于长时期分散制造、各地发展不一致,又是以师徒相传的方式传流,缺乏全面的整理,故现代各地炮制方法不是统一的。

山东省的经验,继承了古人的传统,也有新的创造,南北各省对我省也有影响,同样具有内容丰富和不统一的特点。

目前,在继承的基础上,研究提高,和统一炮制规程,以保证医疗质量的工作迫切需要进行,这即首先要求掌握现有经验情况,作为基础。

山东中医药研究所几年来,陆续作了一些整理工作,为研究和生产的需要汇编了这一材料。

我们先汇集了我省各地经验和资料,印发各专区、市,征求了补充意见,并实地调查了四个市,九个专区。进行了汇集、核对、修订而成。

整理期间,药工同志普遍希望将不同方法,分别优劣,以便制造商有所遵循,但当前这方面的研究资料不多,远不能阐明问题。为给研究和生产提供一些线索,收集了部分古代医药文献中的有关资料,便于了解炮制的历史沿革。并根据有关文献记载,和我们临床管见,初步作了讨论,仅供具体操作和临床使用时的参考。

我们期望,这一材料,能为研究和生产起一点作用,但我省的炮制经验很多,限于人力和水平,收集的还不够全面,历史资料只是一部分,意见也有局限性、内容上、编写上还是很不够的,还希望同志们提出宝贵指正意见,使这一材料逐步

---

* 冯宝麟,吕锦田,王琦:《山东中药炮制经验汇编》,山东省中医药研究所资料,1965年。

修改完善。

（一）本经验是为中药炮制研究和逐步统一炮制规程，提供基础资料而编写的。共收集了我省四个市九个专区的经验资料，及部分历代医药文献中有关炮制的记载，也提出初步中医讨论意见。

（二）收集中药509种，附14种共523种按药用部位分类编写，共分根及根茎类、种子果实、草、叶、花、皮、藤木、树脂、兰藻、动物、昆虫、矿物、制成品、其他等14类。

（三）中药名称，皆按中药材手册为准，中药材手册不载的，以当地习惯名编入。按比划顺序排列，以便查阅。

（四）各药分净制切制、炮制、文献记载、讨论或性味功能四部分介绍。

（五）编写原则

1.净制切制，炮制皆属经验部分。

（1）凡挑、拣、筛、簸等方法，去毛、去芦、去骨、去杂质，等除去非药用的"净治"及目的为了"粉碎"的研、捣、切等皆列入"净制切制"。

（2）凡加辅料或用蒸、煮、炒、爆等方法处理，药材有性质上的变化的皆列于"炮制"项内。但虽经蒸、煮等法但目的主要用净治及粉碎的仍列于"净治切制"项内。

（3）经验，按操作特点分成单项，如净治、泡切、炒、煨，并说明其操作过程。有此方法的地区于后面注明。

（4）地区名称，按从东至西、从南至北排列，其次序为青（青岛）烟（烟台）昌（昌潍）淄（淄博）济（济南）聊（聊城）临（临沂）枣（枣庄）宁（济宁）菏（菏泽）太（太安）惠（惠民）德（德州）以前一字为代表。

（5）各单项以应用地区较多的列于前面。

（6）各单项，具体操作不同的又分条叙述并注明地区出处。

2.文献记载，收集了本经（《神农本草经》，后汉·吴普）、伤寒（《伤寒论》，后汉·张仲景，219年）、集注（《本草经集注》，梁·陶弘景，536年）、千金（《备急千金要方》，唐·孙思邈，652年）、新修（《新修本草》唐·苏敬，公元659年）、衍义（《本草衍义》，宋·冦宗奭，1116年）、局方（《太平惠民和剂局方》，宋，1151年）、证类（《重修政和经史证类备用本草》，宋·唐慎微，1249年）、汤液（《汤液本草》元·王好古，1298年）、品汇（《本草品汇精要》，明·刘文泰，1505年）、入门（《医学入门》明·李梴，1575年）、纲目（《本草纲目》明·李时珍，1578年）、便览（《仁术便览》，明·张浩，1585年）、大法（《炮制大法》明·缪希雍，1622年）、本草述（《本草述》清·刘若金，1666年）、备要（《本草备要》清·汪昂，1694年）、逢源（《本经逢源》，清·张璐，1695年）、从新（《本草从新》清·

吴洛仪,1757年)、得配(《得配本草》清·严西亭,1761年)、拾遗(《本草纲目拾遗》,清·赵学敏,1765年)、求真(《本草求真》清·黄宫繡,1773年)共21部。收集了有关山东炮制方法的记载,兼收了串雅补等书。

文献按年代排列。以两字代表全称。个别文献全名。

记载内容相同的,选较早一本为代表,其余不录。

文献内容如引用他书的均依原书注明。

3.讨论及性味归经　汇编中有炮制的中药,大部按中医理论及临床情况加以讨论,无讨论的附有性味功能。

(六)主要内容

1.根及根茎类　人参,九节菖蒲(附石菖蒲),三七,三棱,土贝母,土茯苓,大戟(附草大戟),大黄(附清宁片),山奈,山药,山豆根,山慈菇,川芎,千年健,马尾莲,牛膝,木香(附川木香),天麻,天冬,天葵子,天南星(附胆南星),天花粉,巴戟天,升麻,太子参,丹参,片姜黄,贝母(川贝、浙贝),乌药,玄参,白术,白芍,白芷,白及,白前,白薇,白茅根,白茄根,白附子,白头翁,甘草,甘松,甘遂,龙胆,北沙参,半夏,仙茅,玉竹,延胡索,地榆,地黄,当归,百部,百合,防己,防风,麦门冬,赤芍,何首乌,附子,远志,苍术,芦根,青木香,知母,羌活,板蓝根,狗脊,苎麻根,明党参,苦参,郁金,泽泻,威灵仙,前胡,胡黄连,独活,香附,草河车,草乌,南沙参,茜草,姜(生姜、干姜),柴胡,射干,高良姜,秦艽,党参,狼毒,骨碎补,桔梗,莪术,常山,商陆,萆薢,银柴胡,续断,紫苑,紫草,贯众,黄耆,黄芩,黄连,黄精,黄药子,草根,萱草根,漏芦,薤白,藁本,藕节,藜芦。

2.种子果实　刀豆,千金子,大枣,大风子,大腹皮,大茴香,小茴香,山楂,山茱萸,川楝子,女贞子,马兜铃,马钱子,马兰子,牛蒡子,五味子,王不留行,木瓜,木鳖子,木蝴蝶,水红花子,天仙子,巴豆,火麻仁,车前子,乌梅,白果,白胡椒,白蒺藜,白花菜子,白芥子,石莲子,石榴皮,冬葵子,冬瓜子(附冬瓜皮),龙眼肉,地肤子,肉豆蔻,决明子,红豆蔻,花椒,豆蔻,豆黄卷,谷芽,麦芽,赤小豆,陈皮,吴茱萸,沙苑子,佛手,皂荚,补骨脂,芡实,羌蒌子,芸苔子,连翘,诃子,苍耳子,杏仁,使君子,青果,青箱子,青皮,金樱子,苦丁香,郁李仁,扁豆,枳实,枳壳,枳椇子,柿蒂,柿霜,胡桃,胡麻子,葫芦巴,柏子仁,胖大海,砂仁,枸杞子,相思子,急性子,草果,草豆蔻,香橼,荔枝核,茺蔚子,牵牛子,毕澄茄,丝瓜络,韭菜子,鸦胆子,毕拨,覆盆子,栝楼(附栝楼子),浮小麦,桃仁,益智,桑葚,菟丝子,莲子(附莲子心),莲房,橘络,橘核,橘红,甜瓜子,蛇床子,淡豆豉,梭罗子,梧桐子,莱菔子,葱子,栀子,紫苏子,黑芝麻,楮实子,葶苈子,蓖麻子,路路通,锦灯笼,榧子,槐角,山枣仁,槟榔,蔓荆子,罂粟壳,稻芽,蕤仁,鹤虱,樱桃核,藏青果,薏苡仁。

3. 草类　大蓟,小蓟,马齿苋,马鞭草,瓦松,木贼,石斛,石苇,仙鹤草,地丁(附甜地丁),肉苁蓉,灯心草,刘寄奴,老鹳草,伸筋草,旱莲草,佩兰,青蒿,卷柏,细辛,败酱草,鱼腥草,泽兰,香薷,荆芥(附芥穗),茵陈,益母草,浮萍草,透骨草,麻黄(附麻黄根),鹿衔草,萹蓄,淡竹叶,锁阳,紫苏梗,鹅不食草,零陵香,蒲公英,豨莶草,猫眼草,薄荷,翻白草,瞿麦,藿香。

4. 叶类　十大功劳,大青叶,石楠叶,艾叶,芙蓉叶,枇杷叶,苦竹叶,侧柏叶,桑叶,荷叶,淫羊藿,银杏叶,紫苏叶,番泻叶,棕榈。

5. 花类　丁香(附母丁香),月季花,木槿花,白梅花,红花,辛夷,芫花,谷精草,鸡冠花,玫瑰花,松粉花,金银花,闹羊花,扁豆花,洋金花,厚朴花,玳玳花,凌霄花,莲花,莲须,夏枯草,旋复花,密蒙花,菊花,款冬花,番红花,葛花,蒲黄,槐米(附槐米)。

6. 皮类　川槿皮,白鲜皮,合欢皮,肉桂,地骨皮,牡丹皮,杜仲,苦楝皮,南五加皮,厚朴,桑皮,秦皮,海桐皮,黄柏,紫荆皮,椿皮。

7. 藤木类　山川柳,天仙藤,木通,石楠藤,竹茹,苏木,皂角刺,沉香,鸡血藤,油松节,降香,青风藤,金银藤,首乌藤,络石藤,钩藤,桂枝,桑枝,海风藤,鬼箭羽,通草,寄生,檀香。

8. 树脂类　安息香,血竭,苏合香,乳香,没药,阿魏,枫香脂,松香,琥珀,藤黄。

9. 菌藻类　马勃,冬虫夏草,昆布,茯苓,海藻,银耳,雷丸,猪苓。

10. 动物类　人指甲,马宝,干蟾,水蛭,牛黄,五灵脂,瓦楞子,乌梢蛇,凤凰衣,石决明,白花蛇,地龙,全蝎,血余,龟板,牡蛎,鸡内金,狗宝,夜明砂,虎骨,刺猬皮,鱼鳔,穿山甲,珍珠,珍珠母,玳瑁,豹骨,海龙,海马,海螵蛸,望月砂,羚羊角,鹿茸,蛇蜕,鹿角,蛤壳,蛤蚧,象皮,犀角,紫贝齿,紫河车,紫梢花,蜈蚣,猴枣,熊胆,蜗牛,鳖甲,麝香。

11. 昆虫类　九香虫,土鳖虫,五谷草,红娘子,虻虫,蚕砂,桑螵蛸,斑蝥,紫草茸,蜂房,蜂蜜,蝉蜕,僵蚕。

12. 矿物类　大青盐,水银,云母石,白矾,白石英,龙骨,龙齿,石膏,玄晶石,玄明粉,自然铜,阳起石,芒硝,花蕊石,赤石脂,炉甘石,胆矾,禹粮食,钟乳石,海浮石,朱砂,铜绿,蛇含石,鹅管石,紫石英,寒水石,硫磺,雄黄,硇砂,硼砂,滑石,磁石,磁石,赭石,礞石。

13. 制成品类　儿茶,干漆,六神曲,白降丹,冰片,竹沥,红粉,阿胶,芦荟,青黛,轻粉,鹿角胶,蜂蜡,樟脑,芫荽,薄荷冰,蟾酥。

14. 其他类　人中白,五倍子,天竺黄,伏龙肝,百草霜,没食子,海金砂,

二、中草药加工炮制手册(节选)*

(一)采收与加工

中草药的采收,由于药物分布地区不同、药用部分不同及每种药物生活史的差异等原因,其采收季节也不同。一般药用部分应以养分充足时采收为宜。现将各类药物的采收与加工方法概述如下。

1. 根与根茎类　多在秋末(秧苗未枯萎至冰冻之前)或春初(开冻至刚发芽)采挖,因此时植物属于休眠状态,根及根茎较坚实。如葛根,秋末冬初采时粉性足。但春夏季,葛的枝叶旺盛时期,根贮藏的养料正在供给植物生长,如此时采挖则几无粉性,影响质量。有的植物生长时间较短,如在秋末采,苗已枯萎,无法寻找,就应按其生长情况安排适宜的采挖时间,如土元胡在我省一般四月份开花,五月份结果,果成熟后不久苗即将枯萎,故以5~6月间苗未枯萎前采收为宜。

根与根茎的加工方法,一般采挖后先洗净泥土,去其毛须和残茎,迅速晒干、烘干或阴干。肉质块根、根茎及鳞茎,干燥前最好先用开水略烫,然后晒干,经这样处理后质量较好,如黄精、薤白、延胡索等。有的药材采后需立即去粗皮,如桔梗、白芍、知母等。对毒性较大的药材,如天南星、半夏等,去皮时应注意防止中毒。块根较肥大、不易干燥的,常趁鲜切成块、片或瓣后再干燥,如天花粉、葛根、白蔹等。

2. 全草类　一般在茎叶茂盛、花朵初开时采收,如益母草、荆芥、透骨草等。也有的在花未开前茎叶茂盛时采收,如青蒿。还有的宜在早春采其幼苗,如茵陈。

全草类的加工方法,由于此类药材含挥发油较多,采后多放于通风处阴干,可在未完全干燥前捆扎成捆,以免干燥后捆扎易碰碎。有些全草也可趁鲜切片或咀(段),既便于干燥,也可避免以后饮片加工时再进行水泡而损失有效成分。

3. 花类　一般是在即将开花或正当开花时采摘,如旋复花、鸡冠花等,在正当开花时采摘为宜;金银花在即将开放时采摘为宜。有的宜用花蕾,如槐米、辛夷等在开花前采摘。有的花如红花宜在开花后,花由橘黄色变成暗红色时采摘。采摘花类药时应选择晴天的早晨,以便当日干燥。

花类的加工方法,由于花类药质量柔软,并易变色及霉变变质,应避免挤压,宜摊开干燥,一般在通风处阴干或低温(35℃左右)烘干,最好当日干燥。

4. 果实、种子类　多在成熟时采。有些多汁的果实,如枸杞子,注意不要使

* 冯宝麟:《中草药加工炮制手册》,济南:山东人民出版社,1971年。

其过熟,过熟后果皮宜破裂或从果柄断痕处流出汁液,影响色泽与质量。有的宜在果实近成熟时采,如葶苈子的角果、凤仙花的蒴果,成熟后果皮即开裂散出种子,影响产量。

果实、种子类的采收加工方法,根据不同情况选择。如桑葚、枸杞子宜用手摘;白果可以打落拾取;车前子可抖取种子;小茴香割下全株,晒后轻轻打落果实,簸去杂质,晒干;蛇床子可割取全株或剪下果穗,晒干后搓下果实,簸去杂质。有的采后可直接晒干,如大枣、芜荑子、连翘、猪牙皂等。有的果实需切成瓣或片,再晒干或烘干,如木瓜、山楂等。有的果实,如栝楼、马兜铃,采时需带一段茎,将茎编成辫,挂在通风处阴干。

5.叶类　一般在花未开,植物生长旺盛时采收为宜,如艾叶。个别药,如桑叶在秋末经霜后收集落叶;枇杷叶也是收集落叶;有的是用基生叶,如大青叶应在春季采其基生叶。

叶类的采收加工方法,以摘下完整叶片为好,但费工较大,故一般将枝叶采下,晒干后再打落叶片,但需注意轻轻打落,不使叶片破碎。含挥发油的叶类药,宜在通风处阴干。

6.皮类　树皮类多在春夏之间采收,有的可在冬季剪枝或伐木时剥皮。根皮以春秋采剥为宜。果皮均在果熟后收集。皮类的加工方法,剥下树皮后一般切成适当大小,晒干;少数根皮采剥后先去其栓皮,晒干。凡含挥发油的皮类,如陈皮宜在通风处阴干。

7.茎枝及藤木类　一般在植物生长最旺盛的季节采收当年生枝条为宜,如桑枝、络石藤、金银藤等。

一般采后晒干。

8.动物及昆虫类　一般应在其生长活动期捕获,如蝉蜕、全蝎宜在春、夏、秋三季;如土鳖虫、地龙宜在夏季捕捉;桑螵蛸需在秋末至春初采收,否则易孵化成虫。

动物及昆虫类的加工,多为煮或烫死后干燥,如全蝎是用盐水煮后阴干;土鳖虫是用开水烫死后晒干或烘干。

伟大领袖毛主席教导我们:"任何地方必须十分爱惜人力物力,决不可只顾一时,滥用浪费。"在采收中草药时,必须有战备观念,从全局出发,要注意做到有计划的采收,保护药源,避免积压浪费,防止砍光挖尽,造成绝种。因此,根或根茎类多年生药物,应注意挖大留小,以便继续生长;全草类药物采时不要"一扫光",以利繁殖;有些树皮类药材既是药材,又是木材,应结合林业部门采伐时剥取;用种子繁殖的药材,应在种子成熟后采收,可随采随种,扩大繁殖。

(二) 炮制

1. 什么是炮制　炮制在古代也叫"炮制",或称"修治"。炮制是中药材在临床服用前,为了适用疗效和制剂的需要而进一步加工的一种传统炮制技术。伟大的领袖毛主席教导我们:"中国医药学是一个伟大的宝库,应当努力发掘,加以提高。"中药炮制技术,是我国劳动人民在同疾病作斗争的实践中,不断总结经验而形成的传统技术,是宝库的组成部分,炮制好坏,对疗效有很大影响。但有些药的炮制方法尚存在着片面追求形式、讲究美观、脱离实际、影响疗效、影响生产,增加病人负担的情况。本着"去粗取精、去伪存真"的精神,炮制方法应在实践的基础上不断加以提高。

2. 炮制的作用和目的　中药材多是天然产品,往往含有杂质;入药部位也需选择;药材或由于体积大或由于质地坚硬而不宜服用;中药材的成分复杂,往往有医疗作用也有其他区副作用,甚至毒性。因此,药材清洁,选取用药部位,粉碎,去偏性,去毒性,矫味,充分发挥药效等方面都需通过炮制加以解决。根据实用情况,炮制的作用和目的大体有五种:

(1) 清除杂质及不同的部位,使药材纯净、清洁,便于服用。如一般药材除去泥砂、霉坏物、夹杂物及作用不同或无作用的部分皆是。如远志"去心"(除去不作药用部位的木质部位);花椒"去目"(花椒散寒解郁,而目[种核]能利水,作用不同);人参"去芦"(去根与茎交结的部位,学名根茎。人参补益,芦头使人呕吐,作用不同);乌梢蛇去有毒的头及骨。

(2) 便于切制或粉碎,使易煎出有效物质,或便于保存。如山药、大黄为较大的条状或块状物,不能用,必须用水泡、闷润,使其软化,切成片,才能入煎剂服用;磁石等坚硬矿物,需用火煅,粉碎后,才能入煎剂或丸散;王不留行经过炒至爆花,才容易煎出有效物质;桑螵蛸内有螳螂卵,必须蒸死卵,在保存时不至生出螳螂;蜜炼后易于保存。

(3) 除去或降低药材的毒性或副作用。如川乌有毒,用黑豆、甘草等制过,可以降低毒性;半夏用生姜制,可以除去刺激咽喉的副作用。

(4) 增强药材的效能。如枇杷紫苑用蜜炙过,可增强润肺止咳的作用;延胡索醋制,可增强镇痛的作用。

(5) 改变或缓和药材的效能。如生地黄性寒凉血,而蒸过的熟地黄则性温能补;蒲黄生用有破血的作用,炒成炭后有止血的作用;枳实有破气消积的作用,用麸炒后可以缓和其强烈的作用;蛇蜕、僵蚕用麸炒后既能除去不适的气味,也有去毒的作用。

除此之外,明代陈嘉谟对炮制的作用和目的曾作了简要的介绍,他说:"酒制升提,姜制发散,入盐走肾而软坚,用醋注肝而止痛,童便制劣性而降下,米泔制去燥性而和中,乳制润枯而生血,蜜制甘缓益元,陈壁土制窃真气聚补中焦,麦麸皮制抑酷性勿伤上膈,乌豆甘草汤渍曝,并解毒致令平和,洋酥油猪脂涂烧,咸渗骨容易脆断,去瓤者免胀,抽心者除烦"。

陈的介绍比较系统,但有些作用只代表某一药材,并不能代表所有药材,如醋注肝而止痛,用于延胡索是合适的,但醋制芫花、醋制大戟则又是去毒的意思了。尽管如此,陈的说法对了解炮制的作用是由参考价值的。

3.炮制方法 炮制的方法很多,各种药材都有自己的要求,但按操作技术的特点,通常分为五类:不水火制(或叫净制切制);水制;火制法;水火共制法;其他制法。这五类方法,一种药材或只用其中一种方法,或几种方法合用,掌握这些原则,个别药材的炮制方法也就容易掌握了。

(1)不水火制法(或叫净制切制):此法是用于选取药用部分、去杂质、切片、粉碎的方法。有挑或拣、筛或箩、簸、刷、刮或挖、碾或串、劈、刨、切。

1)挑或拣:是利用手工将眼能看到的杂质或非药用部位除去的方法。如菊花挑去霉坏的花朵,残存的叶;茵陈挑去杂质及梗;钩藤去无钩的老茎等。

2)筛或箩:是利用筛或箩选取一定大小的或一定细度的药材,或除去泥土、砂石、细小的杂质或碎片的方法。一般较大的药材用筛,细小的药材如种子用箩。如连翘筛去心及小柄;菟丝子箩去土。

3)簸:是利用轻重不同的原理,用簸箕将药材与杂质或不同药用部位分开的方法,如扁豆、杏仁簸去外皮。

4)刷:用毛刷刷去药材外部的毛。如枇杷叶、石韦刷去附着的毛。

5)刮或挖:刮是用刀将药材外部的非药用部位刮除。挖是用刀挖去内部的种子或其他非药用部分。如肉桂、海桐皮刮去无用的外粗皮;金樱子挖去种及毛;黄芩挖去枯朽部分,即"去枯"。

6)碾或串:是利用碾将药材粉碎的方法。一般碾,药材铺的很薄,得较细粉。串,药材铺的很厚,串后得颗粒状。如三七、贝母碾成粉;香附串成颗粒状的香附米。

7)劈:将大块药材劈成小块或片。如苏木、油松节劈成小条块状。

8)刨:坚硬的药材不易切片,过去用特殊的工具"镑",镑成薄片。此法现在已不多用,现在多用木工的刨,刨成薄片。过去用镑的有犀角、羚羊角,现在用刨的有苏木、檀香、油松节。

9)切:用切药刀将药材切成咀(长段)或切成薄片。切还要根据软化药材的方法,分为干切、洗切、泡切、煮切、蒸切等。如大青叶易切,干切即可;大蓟、当归质软洗净后不闷或稍闷即能软化切片;三棱、大黄质硬或块大,需较长时间浸泡,闷透后,才能软化切片;川乌有毒,泡、煮后、晾,闷至适宜软硬度后切片;人参蒸后即软,切片或咀。

切法用处比较多,多数药材必须切碎后才能使用。切制的要点有二:一是适当的方法软化,以便切制。二是切成适当的厚度,以便煎出有效物质。软化的方法多是用水洗或浸泡。但水能溶出有效物质,因此洗与浸泡的实践必须适当掌握,既达到软化的目的,又不致溶出有效的物质。故一般采用少泡多闷的原则。如一般药材多是泡至七八成透,再闷透,使全部软化后切片。各种药材的浸泡、闷所需的时间和要求见各论。

切片的厚度以保持片形,不致破碎,又易于煎出有效物质为宜。一般质硬的、质地紧密的、难煎的切薄片;质地松软的、易于煎煮的切厚片。

(2)水制法:此法是用清水等液体辅料,以除去药材附着的不洁物,或使药材软化,以便切片,或降低药材毒性,或制取细粉的方法。有洗、浸泡、闷、漂、飞、提等。

1)洗:用清水洗净药材外部的泥砂等杂质,也有洗后软化切片的。洗时,药材在水中的时间不宜过长,以防降低药效。如地黄用水洗去外部泥土,闷透后切片。

另外,药材用酒拌后使用也称酒洗,目的是增强疗效。如酒洗当归,即当归用黄酒拌匀后,晾干用。

2)浸泡:将药材在水中较长时间浸泡,使其软化,便于切片,或不断换水浸泡,以除去药材的毒性。

浸泡时,应按药材的大小,粗细,质地软硬分别处理,以确定浸泡时间的长短。时间的长短应根据季节、温度掌握。一般药材粗大、质硬、冬季温度较低时,浸泡的时间要长。药材细小、质软、夏季温度较高时,浸泡的时间要短。一般浸泡不要泡至全透,根据情况泡至 7~8 成透即可。检查泡的程度可用锥子刺的方法。需换水的,夏季要多换几次,以防生霉。如山药粗的泡十二小时,细的泡 6~8 小时;槟榔质硬,夏季约泡 8~12 天,冬季加倍;川乌泡十余日,每天换水 2~3 次,才能麻辣味小,达到去毒的目的。

3)闷(润):将洗过或浸泡过的药材放于竹匾或盆或缸等合适的容器内,用麻袋等盖严,使水分不致蒸发而均匀深入药材全部,达到软化的目的。操作时,应勤检查,以免发霉变质。如大黄浸泡至 5~6 成透,闷透,切片;三棱夏季浸泡三天,闷约 6~7 天,至透,切片。

4)漂:是将药材在多量水中漂洗,以除去异臭、盐分等杂质的方法。如人中白用大量水洗去臭味;昆布、海藻洗去盐。

另外,大枣在大量水中搅拌,捞出浮在水面的碎的硬种皮也叫漂。提过的蜂蜡,在日光下反复晒后,颜色变白的方法也叫漂。

5)飞:是利用粗细不同的粉末,在水中下沉的速度不一致的原理,选取细粉的方法。如滑石、朱砂研细后,放入适量水内,搅拌,使粉末充分混悬于水中,停止搅拌,稍停,使粗颗粒下沉后,倒出上层悬有细粉的混悬液,静置后,使细粉完全下沉,倒去水、晒干,得极细粉。粗颗粒再研再飞,反复操作至全部研成细粉为止。

6)提:结晶药物,加水溶解后,除去杂质,再结晶的精制方法叫提。如芒硝加萝卜水煮,过滤,重结晶。

另外,松香、蜂蜡加热熔化,以除去不熔的杂质的精制方法也叫提。

(3)火制法　药材经干热处理的方法称为火制。有炒、炙、炮、煨、烫、煅、燎等七种。

1)炒:是将药材直接放于锅内,加热或加其他辅料共炒至一定火候的方法。通常分为清炒、麸炒、土炒等。

炒的目的:加热使药材体积膨胀,容易粉碎,易煎出有效物质,如种子药多炒用,有"逢子必炒"的说法;杀虫防蛀;缓和药性或改变药性;去毒;对某些药有赋色、矫味的作用。

清炒:炒时不加任何辅料,但根据炒的程度可分为炒黄、炒爆、炒焦、炒炭等。

炒黄:即微炒,炒至药材表面微带黄色,能看出炒的痕迹,俗称有"火色"或炒至药材原有的气味放出即可。如炒杏仁,炒后去毒性;炒麦芽,炒后性缓。

炒爆:将药材炒至大部分爆炸出白花。如王不留行,炒后易煎出有效的物质。

炒焦:将药材炒至表面焦褐色,内部黄色。如焦山楂,炒焦后增加消食的作用。

炒炭:将药材在热锅中炒至冒烟,最后药材表面褐色,内部焦褐色,但不能全部黑,也不能灰化,俗说"炒炭存性",然后喷水,止住烟,再微炒去掉水分,取出,晾至完全冷透,装入磁罐或铁箱中,以防复燃起火。如地榆炭、大蓟炭,炒炭后增加止血的作用。

麸炒:将锅烧热,撒入少量麸皮(每十斤药,用麸约一两),立即冒烟,此时将药倒入急炒,至药材表面均匀熏为黄色,取出,筛去麸皮,即得。如麸炒枳实,炒后缓和药性;麸炒僵蚕,炒后有矫味、赋色、消毒的作用。

另外,有的药材与大量麸共炒,以代替煨法(在煨中详述)。

土炒:将灶心土细粉,先在锅内加热,至搅动土时,土呈流水状,然后倒入药材,拌炒,至药材表面均匀粘土,取出,筛去多余土,即得。如土炒白术,炒后增加健脾的作用。此法现已很少使用。

炒的方法:炒法在药材炮制里用得比较多,它的设备、操作方法与炙、炮、煨、烫也有许多共同点,故简略介绍其操作特点与要求。

炒的设备比较简单,只需一普通的铁锅,可根据本单位的炒药量,预备适当大小的铁锅,有条件的可砌一斜灶,将锅略倾斜的砌在灶上,这样在拌炒药时,药材又有自然流动的帮助,炒得均匀,如无斜灶,将锅斜放于灶上也可。

拌炒药材的器具有扫帚和铁铲两种,一般药材量较少或药材容易碰碎的,可用小扫帚;如药材较重,可将扫帚上端细苗剪去一部分用;如炒药量大,药材不怕碰碎,或炒炭、沙烫等高温操作时,可用铁铲(如炒栗子、炒花生用的铲即可)。

炒药所用燃料,以容易控制火的大小、急缓的燃料为宜。一般用木柴火最好,煤炭火也可以,但不易调节。

炒药的搅拌方法,根据药工的经验是循着一个"⇌"方向搅拌,可炒得比较均匀。炒时,每次翻动都要露出锅底,俗说"亮锅底"。炒的程度,各类药有各类药的要求,详见各论。

2)炙:炙与炒的操作方法基本相同,不同的地方是还要加入蜜、酒或醋等辅料共炒,使辅料在炒时吸入药材内。因操作方法与炒基本相同,现在除蜜炙一种,酒炙、醋炙、盐水炙等一般都通称为酒炒、醋炒、盐炒等。

蜜炙:蜜炙的方法有两种:一是将适量的蜜先用少量水化开,加入药材搅拌均匀,稍闷,然后放锅内炒至水分去净,药材用手摸不再粘手,即得。一是将蜜放于加热的锅内,加少量水化开,再倒入药材共炒,拌炒至药材表面均匀有蜜,水分去净,不粘手即得(各类药的用蜜量,见各论)。如蜜炙甘草,炙后性温补中;蜜炙枇杷叶,炙后增加润肺、止咳的作用。

酒炙(酒炒):多数用黄酒拌炒。酒炙的方法也有两种:一是先将药材用一定量的黄酒拌均匀(各类药的用酒量,见各论),稍闷,按炒法,炒至干或炒至表面微带黄色。二是先将药材放锅内炒,随炒随用喷壶喷入一定量的黄酒,再至干即得。如酒炒大黄。酒炒黄芩,炒后可引药上行。

注意事项:如用喷酒法,须防止明火,易燃烧起火。

醋炙(醋炒):醋炙的方法同酒炒,只是以醋炒代替酒。如醋炒三棱、醋炒香附,有引药入血分的作用。

盐水炙(盐炒):盐水炙的方法同酒炒,但以盐先加水化成盐水代替酒。如盐炒知母、盐炒泽泻,炒后入肾。

姜汁炙(姜炒):用一定量的生姜自然汁(鲜姜压榨出的汁),或用姜煮出的水,与药材同炒,方法同酒炒。如姜炒黄连,稍减黄连的寒性。

油炙:油炙的方法有两种:一是羊脂油炙,将羊脂加热化开,加入淫羊藿共炒,至淫羊藿表面均匀粘油即得。目前用羊脂油炙的只有淫羊藿一种。二是油炸：将药材放于热油中，炸至黄酥或一定程度。如油炸虎骨，炸后容易粉碎；油炸马钱子，炸后去毒，易粉碎。

3）炮：过去的制法是将药材埋在热炭灰中，炮至药材爆裂。此法现已很少使用。现在是将药材放在高热铁锅中，急炒，使药材炒至外黑内焦褐色，体胀，膨裂即得。如炮姜，炮后和缓药性。

4）煨：过去的制法是将药材用面皮包起（如包饺子），埋于热炭火灰内，煨至面熟，去面皮用。此法现已不常用。现在是药材用 包后，直接在锅中炒，或在炒热的砂或滑石粉中烫，至面皮变黄，取出剥去面皮即得（用砂或滑石粉烫，受热较均匀）。

另外，也有将药材直接与大量麸共炒（每10斤药用麸2.5斤），至麸变黄，取出筛去麸用（此法是面煨的演进）。如煨木香，煨后去劣性。

5）烫：是将药材放于炒热的细沙、滑石粉、蛤粉等附录中，烫炒的方法。此法比炒法受热均匀，通常用的有以下几种：

砂烫：先将细砂土在锅内炒热，热的程度以砂在搅拌时呈流水状，此时倒入药材，拌炒至药材全部膨起，质地变松脆，容易粉碎和煎出有效的物质。骨碎补也便于刮去毛。

蛤粉烫：同砂烫法，但用细蛤粉代替砂。如烫阿胶珠，阿胶烫后体积膨胀，变脆，易于粉碎。

滑石粉烫：同砂烫法，但用滑石粉代替砂。

6）煅：是将药材，用火较长时间煅烧的方法。有直火煅、煅枯、闷煅三种。

直火煅：将药材直接放在烧红无烟的炭火上，煅烧至红透的方法。较细碎的或煅烧时易碎的药材，可放于耐高温的容器内煅烧，如铁板、坩埚、阳城罐、嘟噜等。如煅磁石、煅石膏。煅瓦楞子，煅后容易粉碎。

煅枯：是将药材放锅内，直火煅烧，以除去结晶水的方法。如煅枯矾、煅硼砂，见各论。

闷煅：是一种隔绝空气，将药材煅烧成炭的方法，适用于质轻松、炒炭易灰化的药材。

闷煅的方法：将药材放于铁锅内，锅上倒扣一小锅，两锅的接缝用泥封好，泥上洒一层细砂，小锅底上压石头等重物，然后加热煅烧。烧时，由泥缝中出烟，烧至烟由多渐至少，最后近无。此时试滴一滴水于小锅底，如水滴立即爆沸，或预先在小锅底贴的毛头纸变黄褐色，即为煅好，将火撤去，放至冷透后揭开锅，取出炭化的药材即得。需注意，加热不能中断，否则不能煅透；煅后需冷透才能解开锅，否则药材能继续燃烧而灰化。如血余炭、干漆炭、灯心草炭等，煅成炭可以止血。

7)燎:将药材在无烟火焰删哪个燎过至表面起泡变黄,如干蟾。动物药燎过有消毒的作用。

(4)水火合制法 有煮、蒸、燀、淬等。

1)煮:是将药材放于锅内加水或其他辅料共煮的方法。目的在于改变药性,去毒或增强药效等。一般加水量要求漫过药物即可,煮透后将汤完全吃入药内,个别去毒的不要汤。如川乌用甘草、黑豆煮,目的是去毒。硫磺与豆腐同煮,目的是去毒,不要汤。延胡索用醋煮,目的是加强入肝止痛的作用,汤要吃入药内。

2)蒸:是利用蒸汽将药材加热处理的一种方法。有单蒸的,也有加辅料蒸的。蒸法有笼蒸、罐蒸两种:

笼蒸:将药材或拌其他辅料或不加任何辅料,放于笼中,蒸至一定程度的方法。如人参不加任何辅料蒸至软,目的是易于切片。玄参蒸至黑,目的是减少寒性增加滋阴的作用。地黄加砂仁拌蒸至黑透,目的是增加地黄的温补作用,砂仁又可防止地黄的不易消化。藤黄与豆腐同蒸,目的是去毒。

罐蒸:是蒸法的发展,是将药材拌黄酒或其他辅料,入特制的铜罐或坛中,罐或坛口用纸严封,将罐或坛放于水锅中,加热使水沸腾,长时间加热至透。加热时,开始要缓即文火,使酒全部渗入药材内,后用大火即武火,蒸至透。如酒蒸地黄、酒蒸大黄。

3)燀(焯):是将药材投入大量沸水中,翻煮片刻,至外皮膨胀,立即捞出,以搓去外皮的方法。如杏仁、扁豆等,燀后种皮胀气,易于搓去外种皮。

4)淬:是将煅或烫的药材,趁热迅速倒入醋中或其他液体辅料中,使药酥脆易碎的一种方法。如磁石煅赤后,投入醋中淬,龟板砂烫后,筛去砂,立即倒入醋中淬;炉甘石煅赤后,倒入水中或三黄汤(黄芩、黄连、黄柏煮水)中淬;一般矿物、甲类、贝壳等坚硬难粉碎的多用淬法,目的是药材变得酥脆易碎。

(5)其他制法 有些药物的炮制,除运用上述各种方法处理外,其操作比较复杂或特殊的,均列于其他制法中,其中包括:法制、生芽、发酵、药拌、制霜等。

1)法制:药材按一定的特殊规定制造的方法。一般需加入其他辅料,制后有单独的作用,已非原药。如法制半夏,见各论。

2)生芽:是将种子类药材加水湿润或稍泡3~4小时,捞出,用湿麻袋盖起,每日淘洗两次,使其在一定温度下生根发芽的制法。如大豆黄卷、谷芽、麦芽等。

3)发酵:是利用发酵的方法制造的药材。如六神曲、淡豆豉,见各论。

4)药拌:是将药材表明均匀粘附另一种药材细粉的方法。如朱麦冬、朱灯心草。方法是将麦冬或灯心草随翻动随洒水,使表面湿润,然后随翻动随洒入朱砂细粉,至药材表面均匀粘着一层朱砂细粉即得。

5)制霜:霜是细粉的意思,如百草霜、西瓜霜。但这里的霜,是指将含油脂的种子,压去油,制成的粉为霜。如巴豆霜、千金子霜。制霜的目的是油有毒,去油后即去毒。方法是先将种子微炒或蒸过,压碎,用能吸油的纸包起,压上重物,也可放于温度略高的炉台上,使油吸附于纸上,不断换纸,至纸上不再出现油迹为止,即得。

(三)制剂

1. 制剂及制剂的目的　中药的汤剂、丸剂、散剂、外用的膏药等都是制剂,制剂是药材根据疗效要求、服用方便、储藏、运输等需要而加工成的剂型。制剂的目的有三:(1)充分发挥药效。(2)便于服用。(3)便于储藏和运输。

2. 几种常用的制剂

(1)汤剂(煎剂):药物加水煎煮后去渣用汁的叫做汤剂(煎剂)。汤剂是应用最普遍的一种制剂。具有吸收快、疗效速、制法简便的特点。缺点是不易长期保存。

汤剂的制法:一般是加水煮沸20～30分钟,去渣,取汁(头煎)。渣再加水煮沸10～20分钟,去渣,取汁(二煎)。将两次的煎汁合并,分二次服。

煎药器具:一般用砂锅,搪瓷器具也可。不宜用铁锅,以免药物与铁反应变色。

加水量:应视药物吸水情况而定,一般加服用量的3倍,或水面超过药物1～2公分,以最后总煎出液在200～300毫升即可。

煎药用火:开始煎时火可大,水沸后火要小。煎煮时间,一般水沸后煮20～30分钟,二煎时间可略短。但用于治疗伤风感冒的药物,因含芳香易挥发的物质较多,为不损失药效一般少加水,用大火煎,时间较短。滋补的药可以加水小火煎,时间长,以使有效物质充分煎出。

注意事项:①同一剂药内如有难煎和易煎的药时,可以"先煎后入",难煎的药如石膏、牡蛎、石决明、龙骨、磁石等可以先煎一段时间后,再加其他药煎。芳香易挥发的药物,如薄荷、紫苏叶、佩兰、藿香等可以在其他药煎过一段时间后再加入(后入)。②一些有毛的药和粘性大的药如旋复花、车前子,可以用纱布包好煎煮(包煎)。③胶质的要可以用煎好的药汁熔化(烊化),如阿胶。④贵重药如麝香、犀角、羚羊、牛黄,可以研成末,用煎出液冲服。

(2)散剂:一种或多种药物制成粉末状的制剂叫做散剂。散剂有内服的也有外用的。内服制剂,作用较汤剂缓和,较丸剂迅速。用量较汤剂小,容易服用,故常用于小儿。缺点是分装较费人工,剂量不够精确。

散剂的制法:一般将药物混合,用碾、磨、粉碎机等器械粉碎后过箩,渣再粉碎达到一定细度即可。

注意事项：①一般采用混合粉碎的方法，可以防止一些过粘、含油脂的药物单独不易粉碎的缺点。②干燥：植物药多含一定水分，不易粉碎，可以采取晒、炒、烘等方法干燥后再粉碎。③有些贵重药或刺激性的难粉碎的药，需单独加工，粉碎后再混合。如牛黄粉碎时易飞散，可加少量水共研细后再掺入其他药内；蟾酥有刺激性，先加牛奶或酒湿润后再研；丝瓜络、灯心草不易研碎可先压扁，拌以稀面糊，烘干后趁脆压细粉；阿胶类不易粉碎，可以先用蛤粉烫至膨胀后趁酥压粉。④多种药物的散剂混合必须均匀，一般采用反复过箩的方法，可以达到均匀的目的。均匀度检查法，可取少量粉末，将表面用药匙压平，肉眼可以看出是否色泽均匀。

（3）丸剂：将散剂用水或蜜等赋型剂制成的圆型制剂叫做丸剂。丸剂作用较汤剂、散剂缓慢，服量较汤剂少，服用方便，容易携带和贮存。常见的有水丸、蜜丸两种，蜜丸成本较水丸高。

1）水丸的制法：水丸一般经过起模、泛丸、干燥等步骤。

起模：先将药粉用水作成小颗粒，再在小颗粒的基础上，反复加水使小颗粒表面湿润，再粘着新的药粉而逐渐形成一定大小的丸剂。具体方法是在药匾（竹皮编制，涂桐油不透水）内，先用小扫帚在匾底刷一层水，加入适量药粉，摇动匾，使粉末粘于匾底，用马蔺根刷将湿润的药粉轻轻刷下，反复摇动使形成小颗粒即模子。

泛丸：将模子置于匾一边，刷少量水于匾的另一边，将匾摇动，使模子均匀沾水湿润，加入适量的药粉，摇动匾，使模子上均匀沾上药粉，不断摇动使滚紧。如此反复加水加粉至达到一定大小的丸剂即可。

干燥：制成丸剂，先置通风处稍晾，再晒或低温烘干。

制水丸应注意的问题：泛丸时，水量与加粉量需适当，水过少丸子不圆，水多易粘成团。干燥时，需先在通风处稍晾，若立即曝晒或较高温度烘干，丸子容易干裂，并需经常翻动，以免干后色泽不均匀。

2）蜜丸的制法：蜜丸一般经过炼蜜、做团块、搓条、制丸等步骤。

炼蜜：将蜜在铜锅内加热熔化，用铜筛滤去死蜂等杂质，再加热至沸，除去部分水分，使具有一定粘性即为炼蜜。炼蜜对丸剂的成型软硬度、保存时间有很大影响，是制造蜜丸的关键。炼蜜根据制丸的需要可分嫩蜜、炼蜜、老蜜三种。嫩蜜：只蒸去少部水分，粘度略增，蜜的颜色改变不大，即为嫩蜜。适用于药粉含糖、油脂、胶质、树脂较多容易粘和的丸剂。炼蜜：要求蒸去大量水分，米色变为浅红色，起浅红色有光泽的泡沫，粘度较大，但不拉丝。适用于药粉含淀粉纤维多得一般丸剂。老蜜：要求将大部分水蒸去，蜜呈深红棕色、粘稠不易流动状，可以拉丝。适用于药粉含有大量矿物、纤维、不易粘合的丸剂。又根据季节，冬季可用较嫩的蜜,夏季可用较老的蜜,始能得到软硬适中的丸剂。

做团块:将练过的热蜜加入药粉中,随加蜜随用木棒搅拌,制成软硬合适的团块,即"和面"。一般药粉皆用热蜜,但在药粉中含有芳香药如麝香、冰片,或含有树脂、胶质如鹿角胶、乳香、没药等,遇热易损失或变,做成团块困难时,可以采用冷蜜。做团块的用蜜量与药粉的吸蜜量有关。一般一斤药粉用蜜一斤。但也有高达两斤的或低于一斤的。一般含纤维淀粉较多的药吃蜜量大,需要多加蜜,如麻黄、益母草、稀莶草、大黄、厚朴、茯苓等。含糖及油脂、胶类、矿物、甲壳、昆虫等较多的药物吃蜜量少,可以少加蜜,如当归、熟地、麦冬、枣仁、杏仁、阿胶等。

搓条:称取一定数量的团块,搓成条状,可用手工搓制。

制丸:搓成的长条用手掐或措丸板,制成一定重量的小块,用手搓圆即得蜜丸。

在做团块、搓条、制丸的过程中,为防止粘着,可加滑润剂。滑润剂由香油一斤、蜡3~4两混熔而成,但滑润剂用量不可过多,以免引起副作用。

4. 膏剂:膏剂可分为内服膏和外用膏(一般指黑膏药)。

1)内服膏:是药物水煎液,浓缩加蜜或糖制成的稠膏。服用比较方便,能长时间保存,多用于慢性病。

内服膏的制法:将药物放于铜锅内加水至高出药物10~20公分(必要时加重物压住药不使药物浮起),加热煮沸3~5小时,煮出液用绢筛或布过滤,渣再加水煎煮,过滤,如此反复至煮出液近无色无味为止,将滤过的煎出液合并,用小火加热浓缩至棒挑起浓缩液呈丝流状,或滴于毛头纸上,滴的周围看不出水痕为止(加热时需常常搅动,以防焦化)。再加入一定量的糖或炼蜜,熔化,搅拌均匀,放冷,装瓶即得。

2)外用膏(黑膏药):药物用油炸后去渣,由再经过熬炼,加入铅丹化合而制成的外用膏药。

外用膏药的制法:一般经过炸料、炼油、加丹、去火毒、摊涂等步骤。

炸料:将处方中大部分粗料药物放在油中炸至"枯"。油一般用香油,豆油、花生油、棉子油等也能用,但泡沫较多,炼油时间及下丹量不同。炸料时,先放不易炸透的药物,如穿山甲、虎骨、丝瓜络、马钱子等,再加入易炸的药物,炸至"枯"即药材外部呈焦黑色内部深褐色。炸后用铁丝笊篱将药渣捞出,油用铜筛过滤去渣即可进行下一步炼油。

炼油:将油加热至沸,使变稠粘、色变深。炼油的程度是制膏药的关键,如炼得过"老"则下丹量少,过嫩则下丹量要大。膏药过老不易粘在皮肤上,嫩的容易流动污染衣服。

炼油时，要不断用贴漏勺撩油，使油烟充分冒出，否则易窝火起火。撩油时，勺不要碰到锅底，以免起火。

炼油程度的判断，一般要求"滴水成珠"，即取少量油滴于水面，油能聚合不散。也可配合炼油时冒烟的情况和油的泡沫、油的流动情况、油量的减少等来帮助判断。如烟开始为青色逐渐转黑而浓，炼成时为白色浓烟。炼油时，油的泡沫开始多在锅壁附近，炼成时油花逐渐向锅中心集中。油量一般炼成后每斤约减少1.5～2两。油炼成后即可下丹。

加丹：即炼好的热油加入定量的铅丹，使化合成软硬粘度合适的膏药。

加丹的做法：将炼好的油连锅移在另一锅架上，趁热筛入铅丹（铅丹也叫黄丹或漳丹，用前要研细过筛，并炒干），随加丹随用木棒搅拌，铅丹与油激烈反应，至看不到丹的红色，油变黑变稠，喷以大量冷水即成。加丹时，如反应过激烈也可喷以少量冷水。

加丹量：一般每斤香油加丹6～7两。具体用量可根据炼油的老嫩、丹的质量适当调整。

加丹后，油冷至100℃左右时，一些有挥发性和易熔的药物可在此时加入，也可在摊涂膏药时趁加热熔化膏药时加入。如樟脑、冰片、儿茶、肉桂、丁香、沉香、乳香、没药、雄黄、朱砂、血竭等。

去火毒：膏药如不去火毒，贴于皮肤上，能刺激皮肤发痒起泡。方法是将加丹后的膏药，倒入大量水中，长时间浸泡即可。

摊涂：将膏药加热熔化，用木棒将膏药摊涂于膏药布上。有些贵重药如麝香，可撒在摊好的膏药表面上，然后对折叠起，即得膏药。

注意事项：熬制膏药极易起火，需在空旷处进行操作，并备好防火用具。

（5）酒剂：药物用酒（白酒或黄酒）浸出有效物质制成的液体制剂叫做酒剂。

酒剂的优点为有效浓度高，杂质少，含量均匀，发挥作用快，容易保存。缺点为不能饮酒的人不能用。

酒剂的制法：一般用浸泡法（冷浸或热浸）和渗滤法。浸泡法如酒量不大时，溶出物较少；渗滤法提取较完全。方法如下：

冷浸：将药物切碎或压成粗末，加一定量的酒，放于密封器具内（缸或坛），每日搅拌一次，一般浸泡30天以上，最后滤出清液。压榨出残渣中的酒液，静置沉淀，过滤，滤液与上述清液合并，加酒补充至需要量即得。

热浸：将药物切片或制成粗末，放于坛或铜罐中，加入一定量的酒，隔水加热至沸，趁热倒入密闭器具内浸泡，其余步骤同冷浸。

渗滤法：药物粗末，先用部分酒拌匀，密闭放置1～2小时，使充分湿润膨胀，然后分批一层层加入滤筒中（筒底铺一薄层脱脂棉），每层压均匀（不可过紧，过紧酒流通不好；也不可松紧不一，使药物与酒接触不一致，提出效果不好）。加入酒使超过药物平面，开启渗滤筒出口，使酒流过药物，赶去空气，关闭出口，流出的酒再倒回渗滤筒内，浸渍1～2天。开启出口，使酒缓缓滴出，渗滤筒内需不断补充酒，使酒面盖过药面，收集滴出液至需要量的四分之三，停止渗滤，药渣压出的酒，过滤后合并，加酒补充只需要量即得。

（6）片剂：片剂是一种或多种药物用压片机制成的圆片状制剂。片剂特点是剂量准确、坚固，便于运输、保存，服后易崩散，容易吸收。缺点为中药片剂剂量仍偏大。

片剂的制法：一般经过原料处理、做粒、烘干、整粒加滑料、压片等步骤。

当前中药片剂的制法常用的有两种：一是将中药完全粉碎后，做粒直接打片。此法优点是保持原药效果不变，但缺点为服用量较大。一是全部或部分药，用水煎煮或用不同浓度的酒提取全成分，制成流膏或干膏，再加一定量赋型剂或中药细粉，做成颗粒打片。此法优点是剂量可以缩小，但缺点为质量往往不稳定。

1）原料处理：如直接用中药粉制剂，则按散剂方法制成细粉即可。

一般提取方法，含有挥发油的药物可用水蒸汽蒸馏的方法提出挥发油，提过挥发油的残渣再按一般提取全成分的方法提取。一般全成分的提取，可以采用水煎浓缩的方法制得流膏或干膏。也可用不同浓度的酒制成流膏或干膏，备用。

2）做粒：制造颗粒可加入一定的赋型剂，如粘合剂（帮助形成颗粒，使片剂坚固不碎）、崩解剂（使片剂在体内迅速崩解）和吸收剂（吸收液体或克服流膏的粘性）等，做成湿的团块。团块要求用手紧握可以成团，轻轻触动能散开，用这样的团块，在铁丝筛上压擦使通过筛子做成颗粒。赋型剂比例视药材性质灵活掌握。

中药片剂常用的粘合剂如下：

水：适用于遇水有一般粘性的药物。

不同浓度的乙醇：如药遇水粘性较大可用稀乙醇，粘性愈大乙醇的浓度可愈高。

淀粉浆：一般用10%～20%淀粉浆，即将淀粉加水加热制成浆糊。用于一般缺乏粘性的药粉。

不同浓度的糖浆：用于粘合性小的药粉，糖浆的浓度可根据粘合的程度，粘性差的加糖多。

桃胶：用于粘合性极小，做成片剂极易松散的药物，但一般尽量不用，因胶过多，影响崩解。

崩解剂：一般加淀粉，利用淀粉见水膨胀的性质帮助片剂崩解，中药片往往用含淀粉较多的药物细粉代替,如山药、葛根等。

吸收剂:常用的有滑石粉、碳酸钙等。但往往增加剂量,故多以含粉量大的药细粉代替。

粘合剂、崩解剂、吸收剂的用量,需根据药物的性质灵活调整。要求容易做粒,做成的片剂坚固,不松片,服后易崩解即可。

3)烘干:湿颗粒烘干温度不宜过高,特别初烘时温度要略低,一般以60~70℃为宜,含糖较多的颗粒以40~50℃为宜。烘时不可过干(打不成片),也不可过湿(粘冲头)。

4)整粒加滑料:干燥的颗粒,再经铁丝筛,将结成团的颗粒散开,制成均匀的颗粒,加入滑料即可打片,常用滑料是硬脂酸镁,加入量为颗粒的0.3~1%。

5)压片:可以用手摇压片机、单冲压片机或自制压片机等压片。

(7)注射剂:注射剂是供注入皮肤或通过皮肤与粘膜注入体内的药品灭菌溶液,灭菌混悬液或供临时制成溶液的无菌粉末。中药注射液多是水溶液。

注射液的优点:①药效迅速,可用于急救。②一般比口服用药量小。③药物不受消化液的破坏和影响,直接吸收。④昏迷的病人及消化道障碍等不能口服的病人,可以用注射治疗。

缺点:①注射疼痛。②发生作用快,如有变质,易发生危险。③制作条件要求严格,制造手续复杂,制造不方便。④使用时需要一定技术和设备,不如口服方便。⑤当前多数中药的有效物质尚不完整知识,控制质量较困难。

注射剂的制法:一般经过安瓿处理、注射用水的制造、溶液配制、灌装、封口、灭菌等步骤。

1)安瓿处理:一般质量合格的空安瓿需经过锯口、圆口、冲洗、干燥或高压处理等步骤。

锯口:空安瓿的长颈用"金刚砂"划一裂纹,安瓿口向下(避免碎玻璃落入安瓿内),用手半拉半掀,截成适宜长度(过短封口后不美观,过长药液易粘于安瓿颈壁,封口时,易焦化出现废品)。

圆口:即利用喷灯的火焰,将安瓿的割锯口烧熔,使锯口光滑,以免碎玻璃屑落入安瓿中造成废品。做法是将大量的安瓿并排于盘内,锯口向上,用喷灯火焰吹过使锯口变红即可。

冲洗:将安瓿倒插于洗涤器上,通入自来水冲洗,同时用另一水管冲洗安瓿外部,最后再用注射用水冲洗(洗涤器可用水管钻孔焊结大的注射针头,连结在自来水龙头上即可)。水流的速度以水在安瓿中呈"开花"状即可。为防止安瓿被冲掉,安瓿上盖一层湿布。

干燥或高压处理:

注射用水洗过的安瓿可放于烘箱中100℃以下烘干,如需灭菌可以在150～180℃烘一小时。如只灌装水溶液也可不干燥,采用安瓿中灌满注射用水冲洗2～3次,将水甩干,立即灌装即可。

2)注射用水的制造:注射用水除符合蒸馏水的要求外,尚需无热源(有热源存在时,注射后能引起人体发热)。一般采用重蒸馏水。常用蒸馏水机有亭式、塔式两种。现也有不同蒸馏法而通过离子交换剂直接制造注射用水的方法,即常水通过732#苯乙烯型强酸型阳离子交换树脂及717#乙烯型强碱型阴离子交换树脂交换柱。但需注意水源,如水源不洁,仍需用砂、木炭滤过,再加高锰酸钾处理后,再通过树脂,始能供注射用。

3)溶液配制:中药注射液除少数已知有效成分的,可按各药特有的提取方法提出有效物质,用注射用水或其他溶媒溶解配成注射液外,一般采用水煎出液,经过沉淀过滤、脱色等方法,制成澄明无沉淀异物的溶液。

中药常遇到的问题是产生沉淀,常用的处理方法有以下几种,可根据具体情况灵活运用。

过滤:可以使用滤柱、垂熔玻璃漏斗、多层滤纸、滤纸浆、滤板等方法。

反复高压冷冻,将溶液先经高压消毒处理,然后放于冰箱内或较冷的环境中放置,使产生沉淀,滤去沉淀物,如此反复数次。

自然放置:可将制好的溶液密封,高压消毒后,长期放置使自然沉淀,临用滤过,但如消毒不好容易污染变质。

离心:如有离心机可以在2 000～3 000转/分,离心15～30分钟,可除去沉淀。

吸附剂:可以利用活性炭、离子交换剂、氧化铝、陶土等吸附一部分易析出的物质,但必须注意是否吸附有效物质影响疗效。

加沉淀剂:可以加乙醇于浓溶液中,使含醇量分次达到50%和70%,并分别析出沉淀,滤去沉淀物。此法是目前较好的方法。也可加醋酸铅沉淀,滤去沉淀后,再利用离子交换除铅。调整酸碱度(pH),也可促使沉淀或帮助沉淀溶解。但以上各法必须注意是否沉淀有效物质影响疗效。

加助溶剂:可以帮助溶液澄明。常用的有吐温60、吐温80。

以上诸法根据情况试用,一般需要多种方法配合始能得出较好的注射液。但必须注意是否有效物质也被排除,应紧密观察疗效。

中药注射剂容易遇到的另一问题是疼痛。疼痛的原因:有药物本身的刺激性;有沉淀,不易吸收造成局部刺激;注射液的酸碱度(pH)偏酸或偏碱造成局部刺激等。一般沉淀物处理要干净;溶液调节在pH7左右可以解决疼痛的问题。也可酌加0.5%～1%苯甲醇或0.5%～1%盐酸普鲁卡因帮助止痛。

4）灌装：处理好的溶液，利用灌装器定量地灌装于处理好的安瓿中，灌注量一般略多于规定量，以补足粘瓶等损失，如2毫升安瓿，可灌入2.15～2.25毫升。灌装时不要使药液粘着安瓿瓶颈上，以免封口时焦化造成废品，如已粘着可用蒸汽喷瓶口加以解决。灌装后立即封口。

5）封口：利用封口灯将安瓿颈熔封。封口灯可用乙醇灯，利用气泵或鼓风器，吹成尖锐高热火焰，将安瓿颈烧红，拔去多余的部分即可。

6）灭菌：常用方法有高压灭菌（15磅30分钟），也可以煮沸30分钟或流通蒸汽30分钟（可用一般的笼蒸）。

为了保证注射液的质量，不使注射剂受细菌、热源、灰尘污染。工作环境、使用器具必须清洁无菌。操作人员的清洁消毒也要注意。同时尽量缩短配液、灌装、熔封等操作时间，工作室内非工作人员不要进入，以减少污染的机会。对环境、用具的处理方法、工作人员的要求提出下列参考意见，可灵活掌握。

工作环境：灭菌制剂室应能隔绝灰尘，以容易清扫及消毒，也能耐受冲洗消毒为原则。室内消毒，可用1～2%酚溶液进行喷雾消毒，有条件可用紫外灯，工作前照射消毒30分钟。家具、地面可用2%煤酚皂溶液擦拭，桌面可用70%乙醇擦拭消毒。

应用器械：常用的为不与药物起反应的玻璃、搪瓷品、橡皮管等，其处理方法如下：

搪瓷制品：用肥皂水刷洗内外壁，用自来水冲净，临用时再以注射用水冲洗2～3次。

玻璃用品：用肥皂水洗净，用自来水冲去肥皂液，加入清洁液（重铬酸钾的浓硫酸溶液）荡洗内壁，倒出清洁液后，用自来水冲至无酸性，临用时再以注射用水冲洗2～3次，也可将冲净的玻璃器具用布包好，高压消毒后备用。

橡皮制品：用肥皂水洗刷干净后，在5%碳酸钠中煮沸15～30分钟，用力揉洗，自来水冲净碱，临用时再以注射用水冲洗2～3次。

工作人员：进入工作室前，在准备室更换清洁的工作衣帽、口罩及鞋。工作人员的手应洗净，用药液消毒。非工作人员不应进入工作室。

三、古今中药炮制初探（节选）*

（一）中药炮制的历史演变

中药材须经炮制后入药用，这是中医用药的特点之一。中药炮制在中医临床用药经验的基础上产生和发展起来的一门制药技术，在炮制技术、理论、作用

---

* 冯宝麟：《古今中药炮制初探》，济南：山东科学技术出版社，1984年。

方面都积累了丰富的经验,成为祖国医药学遗产中不可缺少的重要组成部分。

由于历代中医药文献有关炮制的记载比较分散,缺乏系统整理,特别是现代炮制技术多是"师徒相传,口传身授",无正式文献记载,各地遵循不同,说法不一,因此造成各地各法以及工艺要求的不统一状况。

为了进一步继承整理、研究提高传统炮制,适应中药炮制现代化的需要,搞清炮制的起源、意图和来龙去脉,以便正确地运用现代科学知识和手段进行分析研究,统一炮制方法,改革炮制技术,保证药材质量和发展我国中医药学提供线索是非常需要的。

1. 炮制的历史概况　中药炮制在我国最早的医药文献《内经》中即有简单的记载。从古至今历代对炮制的技术、应用和理论方面都有不同的贡献和发展,形成了中药炮制这门特殊的制药技术。

根据历代中医药文献记载情况分析,中药炮制的发展情况大体可分为三个时期:春秋战国至宋代(公元前402年~公元12世纪)是中药炮制技术的起始和形成期;元、明时期(公元13~16世纪)是炮制理论的形成期;清代(公元17~18世纪)是炮制品种和技术的扩大应用期。现代使用的炮制技术大体是沿用明清时期的方法。此三时期中主要有关文献和炮制特点如下:

春秋战国~宋代:在古代文献中炮制的出现,最早只是个别药和简单的炮制原则,历代逐渐增加新品种,炮制作用的解释亦零星出现,至唐代炮制的原则逐渐完善和系统化,宋代炮制技术不断发展,创立了很多新方法,炮制品种亦有增加。现代沿用的方法,大都在宋代就已经出现。

元、明时期:元代以前,炮制的方法和作用大都零星记载于各药之后,元代以来开始对各类炮制作用进行了总结,明代又进一步系统整理,便逐渐形成了传统的炮制理论。

清代:清代的炮制技术基本是沿用明代的理论和方法,特别在明代炮制理论的指导下炮制品增多,此时的医药文献多有专项记载炮制的方法和作用,但也有对某些炮制的不同认识和看法,意见并不完全一致。

现代:现代炮制经验基本沿用明、清的理论和方法。由于遵循不同、经验不同,各地方法极不一致。

2. 炮制应用的变化　炮制的应用范围是经过历代不断实践和认识,逐步扩大的。从炮制目的分析,其应用包括以下几个方面:净选和分选药用部位;切制与粉碎;去毒、副作用;改变或加强药效等。早期(唐以前)的炮制技术主要用于净选、切制、粉碎和有毒药材的处理,唐代开始又认识到炮制可以缓和药性,去除副作用以及炮制前后作用不同,炮制应用范围是历代逐步扩大和深入的。现按以上分类分别叙述其应用的发展过程。

净选与分选药用部位：中药材多是天然产品，来自植物、动物、矿物，其中有的混有杂质，有的有非药用部位，有的部位不同药效亦不同，因之，用药前必须净选。这是炮制中应用最早的方法。在《神农本草经》中已有药材用根、用茎、用皮、用骨、用肉的规定。以后又有去毛、去心、去核等方法。早期品种并不多，后世在此基础上逐步扩大到类似的药材上，而增加了品种，但至今其基本原则未变。

切制与粉碎：中药材多是天然产品，其形态不一，为了便于服用，需经过切制后入汤剂或粉碎后入丸散等。自南北朝时已有初步的炮制通则，后世只是根据药材的形状和质地不同，又创造出很多具体的炮制方法，在品种上有所增加，但至今有些原则未变。此类方法多要求药材形态的改变，并不要求改变药性，但若处理不当则会影响药材质量。

去毒、副作用：许多中药材有毒剧作用，中医都归于有毒类。如乌头、附子、半夏、大戟、芫花、甘遂、斑蝥、巴豆等，这一类药材历代医药家都强调炮制去毒后入药用。去毒的方法历代变化非常大，比较复杂的是乌头和半夏。不仅古今炮制方法不同，现代全国各地炮制方法亦不同。但分析其炮制特点，不外通过加热法去毒（炮、煨、烫、蒸、煮等）；水漂泡法去毒；加辅料去毒；去除某一部位（去头尾、去眼、去油等）或减量去毒。早期多采用加热法，以后逐渐改为水浸泡法和辅料制法，现代有毒药材的炮制很少采用单法处理，多是几法结合使用，由于方法历代变化很多，所以现代方法极不统一，但其炮制目的始终是为了去除毒、副作用。

改变药性：有些药材或作用强烈，或偏寒偏热，或有副作用，往往需要经过炮制加以改变，基本采用加热法（炮、炙、炒、烫、煨、麸炒、米炒、蒸、煮等），属于"生熟"的范畴；还有炮制后增强某一方面的疗效，多是加入某一辅料（酒、盐、蜜……）。此类炮制法因药材不同，方法不同，其作用亦不同，品种和作用的认识是历代逐渐增强的，非常复杂。现根据其炮制作用分为：炮制后作用缓和；炮制后降低寒性或变寒性为温补；炮制后降低或去除副作用；炮制前后作用不同；炮制后增强疗效。分别叙述发展过程。

3. 炮制技术的演变　炮制的操作技术是历代不断改进而逐步完善起来的。早期炮制技术的含义和方法，已与现代不同，方法改变很大。单味药的炮制法也是历代不断改革的，古今炮制方法不尽相同。

炮制技术的演变：炮制技术古今在含义上、方法上有很大改变，有的已非古代的面貌。

单味药炮制技术的演变：历代不仅在各类炮制方法上有改革有发展，而且每一味药材的具体炮制法也随着历代科学技术的发展而不断改革。其中有的炮制方法虽有变化,但其炮制的目的未变,而有的随炮制方法的改变,其炮制作用亦有改变。

4.炮制理论的发展　中药炮制理论的形成,是在古代发现某一药材的炮制作用后,后世有的直接沿用,有的又有推广应用于更多的药材,以后逐渐形成一种规律性的认识,即形成了所谓炮制理论。

明代以前在历代医药书籍中,有些炮制作用的论述。明代开始有规律性的认识和较系统的炮制理论的记载,如明代的《本草蒙荃》、《医学入门》、《医宗粹言》、《本草通玄》,以及清代的《修事指南》等,对中药炮制理论都有不同角度的系统论述,其论点虽不完全一致,但皆互为补充。特别是陈嘉谟在《本草蒙荃》中总结的炮制理论,至今中医药界仍多以此作为炮制药材大的依据,并用于指导生产和临床用药。不过陈嘉谟的理论只是重点概括,内容比较简略,尚不能代表全部炮制作用。只用陈氏理论指导生产和临床用药,或用来解释炮制作用尚不全面。此部分分为净选方面、切制粉碎方面、改变药性方面、辅料制方面等四个方面分别进行论述;明代以前炮制作用是分散的,炮制理论是零星的,明代开始有系统总结,现代多以《本草蒙荃》为代表,但陈氏理论简略而不全面。具体药材有具体炮制法,各有什么作用仍应具体分析,不能一概而论之。

5.中药炮制的历史演变几个问题的讨论

(1)现代使用的炮制经验来源于古代,但古代有关炮制的文献记载很分散,至今并未进行过全面系统的整理,炮制的原始意图是什么？炮制的作用认识和方法,历史上有过哪些变化,炮制理论饿实用价值如何？现代仍不够清楚。

欲继承发扬传统炮制经验,必须按照炮制的特点和发展规律,正确地运用现代科学方法进行研究,才能得到符合传统要求的结论,才有助于炮制的发扬提高。因此,整理炮制的历史沿革,搞清其特点和规律是炮制研究的基础,是继承发扬炮制遗产必不可少的工作。

(2)从春秋战国开始有炮制记载以来,历代都有发展,炮制的应用范围逐渐扩大,炮制方法逐步改进,炮制作用的认识逐渐深入,炮制品由少到多,并在单味药炮制作用的基础上逐步形成了炮制理论。炮制的新用途、方法、作用、理论的形成,又对炮制的发展有促进作用。炮制技术从古至今并不是一成不变的,而是不断改革前进的。

炮制的应用范围,早期主要用于净制,选取药用部位,切制粉碎和毒剧药的去毒。唐代开始逐渐发展,用于缓和药性,去副作用,改变药性,加强疗效等,至今仍是炮制的主要目的。

炮制方法早期比较简单,多采用单纯的拣选、切、捣、加热处理和加辅料处理。历代不仅在技术方法上有改革,并由单项处理改变成多种方法处理的复制法。

在多数单味药炮制作用认识的基础上,明代逐渐形成一些共性的认识,最后较系统的形成炮制理论。

历代在新方法、新认识及理论形成后,都曾有推广应用到多种同类药材的情况,因之炮制品种逐代增加。但有的沿用至今,有的则未沿用下来。

现代使用的传统炮制经验,基本上是沿用明代和清代的炮制技术。

(3) 古代对炮制的发展是有贡献的,但也存在一些问题,需要研究整理,加以澄清。

炮制技术历代都有所发展变化,但由于记载分散,后世流传遵循不同,也有流传错误的,而造成现代方法的不统一。古人在增加炮制品种方面有同类方法推广沿用的情况,历史上对有些炮制品种是否必要争议很大,存在异议。

现有炮制理论有很多说法,因炮制作用是多方面的,现有理论却只概括介绍了炮制的某些作用和大体精神,都不够全面,不能依据这些理论来全面指导生产和解释炮制作用,还需具体品种作具体分析。

总之,古人对中药炮制有成绩有贡献,但其中既有实用价值的,也有有问题的,有合理的,也有不合理的,精粗真伪并存,故应进一步系统整理,加以继承发扬。

(二) 中药炮制的现代研究

中药炮制研究主要包括两个部分:一是继承整理工作;一是实验研究工作。

新中国成立以后,随着中医药事业的发展,中药炮制的继承整理工作亦引起了有关部门的重视,自1954年以来中药生产、教学、科研、医疗等单位。陆续开展了传统炮制经验的整理工作,至目前为止全国各地仍在使用着的炮制经验已基本得到总结;炮制的历史沿革也作了部分文献整理,但尚未搞清历代演变的全面情况;实验研究工作多始于1958年,至今已对近70种中药的炮制进行过研究,而这些研究多是化学成分以及药理方面作过一些炮制原理、工艺改革、药用部位等方面的探索,临床研究较少。研究工作虽仅是初步开始,但已为炮制的整理提高奠定了一定的基础。

1. 炮制的继承整理 要研究提高中药炮制,首先药搞清炮制的历史和现状。炮制的历史文献比较分散,尚无全面系统的专著,现代使用着的炮制经验亦缺乏文字记载,因此历史和现状都需要整理。自1954年以来,全国有不少省、市曾对本地区现用的炮制经验进行过整理,在此基础上亦进行了全国的汇总,但炮制历史文献的整理较少,历代沿革情况尚不清楚。

现代炮制经验的整理:炮制经验整理是从单味药开始的,如有人介绍了半夏、炮姜、马钱子的炮制方法,继之辽宁、天津等地对当地常用中药的炮制方法进行了系统的整理,上海、北京、成都等地亦陆续整理了当地的炮制经验。上述工作基本上反映出了全国各地的炮制经验及特点,如张炳鑫等编著的《中药炮制经验介绍》一书不仅将京津地区300余种常用中药炮制经验作了系统介绍,并对炮制的起源、理论、作用、目的亦作了一些论述。以上全国各地的炮制经验整理,对了解全国炮制的现状起了一定的作用,但资料分散。1963年中医研究院中药研究所和卫生部药品生物制品检定所共同协作,在全国28个大中城市炮制经验整理的基础上,汇编出版了《中药炮制经验集成》一书。至此全国现代使用的炮制经验基本得到了汇总。已反映出全国使用着的中药炮制的基本面貌和特点。

炮制历史文献的整理:现有炮制经验来源于古代,中药人员常说"遵古炮制",但现有炮制很不统一,这就引起人们对炮制历史沿革的注意。现代炮制既然来源于古代,其方法是何时创始？炮制的意图是什么？历代炮制方法有哪些变化？现代遵的是哪一代古？多种不统一的方法和认识哪一种是对的？都需要搞清炮制历史。

总之,中药炮制至今只搞清了现代使用的经验,至于炮制从古至今的来龙去脉及发展规律和特点还没有系统全面的整理研究。炮制的历史沿革是炮制研究的基础,现已做过的工作还远远达不到要求。

2.炮制的实验研究 中药炮制的实验研究多始于1958年,至今全国各地曾对近70种药材的炮制有过不同程度的研究。研究课题多集中于毒剧药材的炮制(乌头、半夏、苦杏仁、马钱子、巴豆等);操作费工和损耗较大的品种(麦冬、远志去心、龟板、鳖甲去腐,胆制南星等),以及工艺差异较大,炮制前后作用变化较大的品种(熟地黄、炭药等);还有少数辅料制的品种(盐炒泽泻、醋制元胡、蜜炙麻黄等)。研究的手段以化学和药理居多,而临床较少。研究的内容偏重于已知成分或药理作用与中医作用接近的品种[大黄的蒽醌(泻下),黄柏的小檗碱(抑菌),马钱子的士的宁(兴奋中枢),乌头的乌头碱(有毒)]。

炮制的科学研究不够集中,尚不能彻底解决炮制问题,但这些研究已已注意到中医用药的特点和生产及应用中的主要问题,并尽可能的利用现代科学方法,来探索炮制的作用和原理,为改进工艺提高炮制质量作了不少工作。研究的事实也说明,经过科学研究确实阐明了部分炮制原理,为继承发扬中药炮制提供了一定的线索和科学依据。

净选:中药材有的部位可以入药用;有的部位因质量不佳,或无作用,或有副作用,或有毒等必须去除;有的部位不同其作用亦不同,应分别使用,这些都需要经过净选处理。这类药材很多,而且加工方法比较复杂、费工、加工时往往损耗很大,因此生产部门非常注意,也引起研究部门的重视。研究的品种虽不多,但经过研究说明有些药材的处理虽是合理的,但也可以改进;有些药材的处理,经过研究其传统作用并未得到证实,说明有些品种的净选仍有研究或改进的必要。

切制粉碎:中药材用于汤剂等剂型时,需要加工成饮片或粉碎成细粉。根据药材的物理性质,植物药材多用水浸润软化的方法;动物药材多用炙、烫的方法;矿物药材多用煅法,通过干热干燥或高温后突然遇冷而脆性改变的原理来处理加工。需此类处理的药材很多,但对其研究并不多。

毒剧药:中医对有毒、剧作用的药材,如乌头、半夏、马钱子、巴豆等,使用时非常注意,必须经过炮制去毒后才能药用。为了去毒历代炮制方法有多不少创造和改革,相传至今造成有毒药材的炮制方法多而复杂,且很混乱,很需要研究统一和提高。

有毒药材的炮制方法多而复杂,但其基本操作不外乎是去除某一部分,或水泡,或加热,或加辅料来达到目的。经研究,这些方法除加辅料制多数效果不确外,其他方法都有去毒作用,为阐明有毒药材的炮制原理和进一步改进工艺提供了科学依据。

有毒药材的炮制多数有实用价值,但有的也能损失部分有效物质,有些品种现用方法很不统一,都应进一步研究改进。

改变药性:传统认为很多药材经过加热或加辅料炮制后,有某些作用上的改变,其变化因药材不同,方法不同而不同,这些炮制品种相当多。但者方面的研究则不多,而且品种很分散,只有少数说明了部分问题。距搞清原理,改进提供尚有差距。如综合一些实验结果来看,已提出一些进一步探索的苗头。

这类药材品种较多,作用也和和复杂,但基本可起到几方面的作用:一是缓和某些作用,如大黄蒸、黄连炒,可以缓和寒性,常山炒可缓和副作用。而是增强某些作用,如多数辅料制如酒制、醋制、盐制等,可增加上行、收敛、下行的作用。炒焦助消化,炒炭止血等。三是炮制前后作用完全不同,如生酸枣仁醒睡,炒酸枣仁安眠。

3. 中药炮制的现代研究几个问题的讨论

(1)全国中药炮制研究虽然时间不长,仅是研究的开始。但至今已将全国现用的传统经验进行了总结,基本搞清了炮制的现状,并对炮制的历史资料进行了较全面的收集,为搞清炮制的历史演变打下了基础;实验研究基本上按照炮制的特点,利用现代科学方法,进行了部分炮制原理的探索和工艺改进,已将大部分剧毒药的炮制原理搞清,证明了切制、粉碎、净制和部分改变药性的炮制方法的合理性,并提出一些改进办法;也发现有些传统的炮制法并不完全合理,值得进一步研究改进。这却为今后中药炮制的整理提高奠定了基础。

(2)中药炮制还存在一些不足之处,需进一步深入研究。

炮制历史文献研究不足:现有使用着的传统经验是历代经验积累的产物,要研究现状必须搞清历史。炮制的起始及其原始意图是什么？历代有什么沿革？改革的依据和效果？现用方法是遵的什么古？都必需搞清才能全面了解现用炮制的作用目的，才能正确地运用现代科学方法进行研究，加以提高。但炮制历史演变的整理工作，目前只做了一些资料的收集，尚未有全面系统的分析，还需进一步做工作。

缺乏符合中医药特点的科学手段：常用中药500余种都有炮制，而有过研究的不足1/5，研究的深度不够，即缺乏与中药疗效有关的化学成分和药理指标。而中药的基础研究又都需借用这些手段，所以虽研究了某些药材成分和药理在炮制中的变化，但与传统中医药的要求不尽完全一致，因此有些研究缺乏说服力。这方面还需要加强研究，以寻求中药的有效物质和摸索符合中医特点的中药模型，才能有助于搞清炮制原理，改革炮制工艺。

缺乏临床研究：中药炮制是一实用科学，炮制的研究改进必须通过临床才能进一步肯定。目前最需要也是最缺乏的是对炮制前后的临床疗效比较。因此很多研究成果不能即是推广应用，只起到提供线索和积累资料的作用。

缺乏有系统、有组织、有计划、多学科相互配合的研究：中药炮制研究与整个中医药研究工作存在的问题一样，既要根据中医药理论和特点，又要多种学科的配合研究。大量文献、临床、化学、药理、工艺等的研究，需要各个学科通力合作，才能得出使人信服的结果。由于过去缺乏统筹的组织安排，所以现在的研究多是单学科的、零星的、分散的研究，研究的品种不多，应用到生产上的更少，且有重复。所有这些问题都有待于各有关部门考虑和解决。

（三）中药炮制的基本技术

每一种中药都有一定的炮制法，其方法不仅因药材不同而不同，同一药材也有多种炮制法，加上地区炮制经验不同，使得数百种中药的炮制方法多而复杂，不易整理和研究。

但从炮制的基本技术来分析，千变万化的炮制，仍有规律可循。所有炮制都是以几种基本技术为因素组成的，例如：净制，水处理，加热处理，加辅料处理，每一种基本技术都有它独特的作用。这些基本技术早期多是单独使用，后来才形成多种基本技术的复合方法，复合法集合了基本技术的功能。

了解炮制基本技术对药材的影响，有助于搞清炮制的原理。为此按净制、水制、加热制、加辅料制分别进行综合分析。

1. 净制　净制是中药炮制中应用最早的基本技术，几乎每种药材在使用前均须进行净制，这是因为中药材多是天然产品，有的含有泥沙等杂质，有的有枯朽部位，有的部位有毒、副作用，有的部位无效或质量低劣，有的部位不同其作用亦不同，因此用药前一般都需要进行净制处理，以保证用药安全有效。

此类炮制应用最早,在汉代的《金匮玉函经》中已有药材"或须皮去肉,或去皮须肉,或须根去茎,又须花须实,依方拣采,治削极令净洁"的记载。此后历代医籍中又有不少记载,归纳起来不外是去除杂质,去除无用部位,去除质次部位,去除毒、副作用等等。净制的理论自明代开始至清代才逐渐趋于完整的。

净制的历史演变:按净制的要求分为:去皮、去壳、去荚、去苗、去芦、去枝梗、去毛、去心、去子、去核、去瓤、去借、去头、足、爪、翅、去土、沙及其他等十二个方面。

净制的现代研究:此类药材在加工时手续比较复杂,不仅费工、费时,而且加工时损耗很大,因此生产部门很希望能找到一种简单的方法。通过现代研究找到一些可以改进的苗头,如有的研究说明古人的经验是合理的,但应在合理的基础上加以提高,有些经验并不一定合理,则需要改进。但总的来说,这方面研究还不多,尚有大量工作待做。

讨论:净选是古人选择药用部位,去除非药用部位和杂质的一类处理方法。其起始最早,应用最广。经历代不断补充,至今每种中药材,几乎都有一定的净制方法。

净选的目的,从历史分析主要是为了去除质次或无用的部位,以及沙土等杂质,至于有些药材的某些部位有毒性、副作用,或具有不同的作用,是历代逐步认识而陆续积累的,只针对某一药材,不带有普遍意义。

经过净制可使药材纯净、清洁、保证质量。但通过现代研究说明,有些净制也无必要。有的如麦冬去心历史上既有争议,另外有些净制的药材是同类药材的推广沿用,是否同一类型的药材,其作用就一定相同,如山茱萸的核能滑精,金樱子的核是都也能滑精?人参芦有吐的作用,其他芦是否也有吐的作用?都有进一步研究的必要。

至于净制理论,《本草蒙荃》《修事指南》等医籍中所作的总结,只能说明某些药材的具体作用,并不能用这一说法套用于一切药材,具体药材应做具体分析。应经过研究,使古代合理的净制方法进一步完善和提高。

2. 水制　水制法是中药炮制的基本技术之一,包括水淘洗、水润、水浸泡、水化(溶解)、水飞等。

水具有多种性能,它是一种溶剂,可以溶解多种物质;水可以悬浮一些物质;药材含水量多少可以改变药材的硬度等。古人利用谁的种种性质广泛的应用于各类药材的处理,以达到除去毒性、副作用、沙石等杂质,进行精制、选取细粉、软化药材,便于切制等目的。

早在汉代即开始有用水制法处理药材的记载,至唐代水制的常用方法均已出现,早期是单独使用。后世又配合加热、加辅料等形成多种炮制方法,但水制的基本目的、方法和用途至今沿用未变。经现代研究,进一步搞清了水制的实用价值,它是合乎科学道理的,但也发现有些方法亦有不妥当的地方,仍有改进提高的可能和必要。

水制法的演变:早在汉代《金匮》、《金匮玉函经》、《伤寒论》中已利用水洗除去杂质和毒性的方法,以及水浸软化药材的方法。如蜀漆"洗去腥"、海藻"洗去咸"、水蛭"煖水洗去腥"、半夏"以汤洗十数度,令水清滑尽,洗不熟有毒也";桃核、杏核"须泡去皮"、"枳实水浸去瓤"等。

水制法的现代研究:有关水制法的研究资料不多,归纳起来,主要是有毒药材的处理,水浸等软化切片两个方面。水处理对有毒药材多能降低毒性,其毒性的降低主要是由于有毒物质被水溶分解或水解而降低含量,因之,降低了毒性。水处理软化药材是利用药材在水浸后,吸收一定水分而达到软化易切的目的。但因水是一种广泛的溶剂,多种成分皆能溶于水,因此用水处理往往使药材中的很多成分被水解或溶出而损失,对药材的质量有一定的降低。

讨论:古人认识到水的种种性能,广泛应用于处理药材,达到去杂质、精制、选取细粉、软化、切制饮片和去除非药用部分,去除毒、副作用等目的。至今水制法仍是炮制中广泛应用的一种基本炮制技术,如大多数药材都必须用水淘洗去土、沙等杂质,多数植物药材也必须水浸润软化后切片,用水飞法对多种水不溶性的矿物药材选取细粉,溶解后重结晶,用水浸漂法除去一些药材的毒、副作用。这些炮制技术至今遵循者古人的意图和方法来进行,而且用之有实效,可见古人利用这些简单的方法处理药材是有成绩的,积累起来的经验是宝贵的。

古代的水处理方法,特别是水飞法,水溶后重结晶法,至今看来仍是科学的、合理的,所以一直在引用。但在软化药材和去除毒、副作用方面,虽有合理的一面,也有不足的地方,如切制,多数植物药材在切制前需要浸泡等进行软化,而水能溶解多种物质,通过实验看出,很多药材的某些成分有损失,虽然达到了软化的目的,对药材的质量也有一定的降低。明代已有人注意到这一问题,在《本草原始》中曾说天门冬水渍润,去心,但"不可浸出脂液,不知者乃以汤浸多时,柔则柔矣,然气味都尽,用之不效。"这一问题现已引起多方面的注意。所以现代在软化药材方面,有采用少泡多润的,有采用喷水闷润的,或通热蒸汽润软的,也有主张产地趁鲜切片的,这种种方法都是为了既达到软化药材切制饮片的目的,又不使药材质量降低,无疑是值得重视的。用水软化切制药材方面,还有必要进一步改进。

在去毒、副作用中,从实验看出川乌、半夏经水浸泡后,其水浸出物、醇浸出物等都有降低,虽现代尚不清楚影响疗效的物质是什么,但质地有改变是肯定的。另外,如马钱子其有毒物质与有效物质都是番木鳖碱,浸泡后含量降低则会影响疗效。乌头碱有毒,经水浸泡后其含量大量降低。有人认为乌头碱尚有止痛的作用,所以用于治疗风寒湿痹。过度的浸泡自然也会影响某一方面的疗效。所以现代为了减少药材毒性,长期浸泡并非妥当的方法。应当进一步改进,既要保证无毒,又不损失药效。

3. 加热制　加热炮制是中药炮制的基本技术之一。加热法在炮制中用的较早也较广泛,多数药材的各种炮制法中,大都具有加热炮制这一因素。加热对药材的质量影响很大,需加热炮制的品种很多,古人曾以"炮""炙"两种加热方法代表炮制,足以说明加热在炮制中的重要性。加热的方法历代有很多变革,随着药材不同,加热方式、程度不同,产生的效应亦不同,因此搞清这一基本技术的原始意图,方法的演变,适用范围及其存在的问题,对炮制整理研究有着重要意义。

加热炮制的演变:古人知道使用火之后有了熟食,医食同源,熟食的方法也引用于炮制药材。早在《内经》中就有头发烧灰的记载。汉代《神农本草经》、《伤寒论》中已有烧、炼、熬、蒸等法炮制药材。不过后世在方法和认识上都有不同的发展和演变。

加热炮制方法的演变:加热的炮制方法,早期多是利用直火加热火箭弹蒸、煮,后世由于不易控制温度和不易观察加热程度,又创造了种种介质加热的方法。古代的加热炮制法,是经过很多变化的,应用的品种也有很多的变革,其目的不过是为改善加热的效果。

加热炮制作用的演变:药材经过加热处理,其炮制作用是历代逐渐认识到的,早期只原则上说明什么药应如何炮制,并未解释炮制的作用。如《神农本草经》中只有硝石、补硝、矾石等要"炼",露蜂房、蛇蜕、蜣螂等需"火熬之良"等的记载。后世文献中陆续出现各种加热法的作用。

从历史分析来看,加热炮制是炮制中很主要的炮制技术,加热炮制法历代变化很大,由直火加热和简单蒸、煮,逐渐演变成介质加热,具体操作方法和每一种单味药的加热制法,古今已不完全相同。对炮制作用的认识也是逐代深入的,加热的目的总括起来可包括消除毒、副作用,缓和或改变药性,便于干燥粉碎,保存贮藏等几个方面,但也由于引用的情况复杂,每一种单味药的作用,还应具体分析,不能一概而论。

加热炮制的现代研究:从现有炮制研究的资料分析,加热处理对药材质量的影响,得到了一些阐明,如药材经加热处理后,能够缓和药性,去除副作用,去除毒性,是与加热后药材中某些药理活性的成分因破坏,分解,挥发而减少含量有关。这是加热对质量影响的主要作用。加热能使药材的物理性能改变,如干燥膨胀质地变脆而易于粉碎,便于煎出也得到证实。但生品与加热制熟后作用不同,多数未得到证实。

中药经加热炮制后,有生理活性的成分,多数有不同程度的破坏,因此,某一方面的药效得到缓和,毒、副作用有所降低,而成分损失的多少,与加热的方式、程度、时间等因素有直接的关系。

中药经过加热炮制后,可改变药材的物理性质,改变或增强疗效。

讨论:古代在不了解中药成分的情况下,通过实践利用种种加热方法,使药材起到灭活、杀菌、干燥、质地变疏松而易于粉碎和便于煎出有效物质,缓和药效,去除副作用,降低毒性,甚至改变原药性能等,满足了临床和制剂的需要。而且创造了多种加热方法,如介质加热法,通过米、麸、蛤粉、沙等,使药材均匀受热到一定温度,并不断改进蒸法,闷煅炭法等,使药材经加热炮制后能够保证医疗效果。通过现代研究也证实,许多加热是有科学道理的,用之有效的。

但传统的加热方法,也并不是已达到尽善尽美的境地,正因为是局限于古代的科学水平,也还有很多地方有待提高。有一个如何充分利用药材的效用而又不使其浪费的问题,有待深入研究。

应搞清加热方法的作用范围。加热处理的方法历代变化复杂,又无系统整理,因此,应首先搞清各法的主要作用。

有些药材历史上用的方法虽较多,但其目的是一个。大多数的加热方法,应进一步明确其对药材的作用,以便于恰当使用。

应严格加热工艺。传统的加热炮制方法虽有初步的控制要求,如炒黄、炒香、炒焦、炒炭等,也利用介质控制温度。现知米、麸、纸等介质,可控制温度在130～140℃,煅烧可达400℃以上温度。但只依靠这样的简单控制方法还是很不够的。通过一些实验可以看出温度高低,时间长短,对不同药材的质量都有不同的影响,如前所述马钱子的有毒成分士的宁,因加热温度不同、加热时间不同,其破坏程度是不一致的。应进一步在了解炮制目的的基础上,规定加热温度和时间,或最后产品应达到的质量标准,以保证药材炮制质量的稳定。

通过实验可以看到,加热对药材的某些成分有破坏。而一些药材性质的缓和,去除毒、副作用,也正是利用这一加热破坏成分的方法,来达到炮制目的的。在过去的技术条件下,不可以因需要缓和、去除毒、副作用而浪费一些有用成分。还很有研究改革的必要。

关于炒焦和制炭。炒焦和制炭是加热处理中受热较高,药材质量变化较大的炮制品,搞清这类炮制品的演变,用途,原理,机制,对改进加热炮制方法有重要意义。

总之加热对药材有干燥,改变脆性,杀菌,灭活,降低酶活性,破坏和水解一些成分的作用。因之能达到干燥,易碎,易煎出有效物质,灭菌,便于保管贮藏,缓和药性,去除毒、副作用等目的。犹豫药材性质不同,加热处理时有的需要温度低,有的需要温度高,程度也需控制,利用种种介质加热是加热方法的改变,介质中米、面、麸、纸等作介质温度较低,滑石、油、蛤粉、沙等作介质温度较高,煅烧温度最高,各自必须根据药材的性质分别应用,以控制所需温度。至于认为米、面、麸、蛤粉等,又有健脾、去痰等其他作用,则不是介质加热的主题。

至于一般加热变化,已知其作用各不相同,但炒焦和制炭对药材改变较大,药材作用虽有改变,但损耗药材和损失有用物质较多,似应注意研究改进。

4.辅料制 加辅料处理是炮制的基本技术之一。辅料的种类很多,有酒、醋、蜜、盐、童便、乳汁、米泔、豆(黑豆、绿豆、豆腐)、姜、甘草、牛胆汁、吴茱萸、萝卜、白矾、皂荚、砂仁、朱砂、土等。

每种辅料都有其自身的作用,古人在认识到辅料的性质之后,逐渐引用于炮制药材,特别是元、明时期得到了广泛的应用,其原始意图在于与药材起协同或制约等作用。

早期,辅料的品种不多,且多用于配伍、解毒和作溶剂,方法也比较单一,随着历史的推移,辅料的品种逐渐增加,方法也日趋复杂,由用一种辅料炮制一种中药,发展到两种或多种辅料炮制一种中药,或一种药材有多种辅料炮制法,再配合加热、净选、水处理等方法而形成了复制法。对其炮制目的的认识也逐渐深入,投的是为了去除毒、副作用,有的是为增加某一疗效,有的是为引经、调味、去腥等。但是,不论药材的炮制如何复杂,辅料制的目的仍是欲发挥辅料本身的作用。

辅料制的演变与现代研究:分别对酒制、醋制、蜜制、盐制、米泔制、姜制、童便制、豆制、甘草制等的历史演变和现代研究进行介绍。

讨论:以辅料炮制中药,是在辅料本身所具有的作用基础上发展起来的一类炮制方法,实际上是引用复方配伍的作用。至今单纯用辅料炮制的中药已很少,大多配合净选、加热、水处理等法炮制,多数辅料在炮制中有其独有的作用,辅料是达到预期炮制目的的因素之一。

以辅料炮制中药,是在元、明时期炮制理论形成之后,逐渐广泛应用和发展起来的,后期增加的辅料品种及其制法,是否符合原始炮制意图,其实际效果到底如何?仍须进一步深入研究。

搞清辅料制的意图和原理,有助于指导并改进炮制工艺,保证炮制质量。

应研究制定辅料炮制工艺。辅料制从古人的原意看来,是起辅料的配伍作用,意在发挥辅料本身的医疗作用,或其他辅助作用。如蜜制入肺,醋制入肝等,仅是提出一些原则,而且很少说明辅料用量,现代各地也往往根据各自的实际经验,加入一定量的辅料。因此造成炮制工艺不统一,这即很难保证药效的一致性。辅料用量是保证炮制作用的重要因素。

(四)单味药炮制的研究。

每一味中药项下都包括概述、炮制演变、现代研究和讨论四个部分。收载的中药包括人参、大黄、大戟、山药、马钱子、元胡、五味子、乌头:附子、乌梢蛇、巴豆、甘草、甘遂、石膏、白术、半夏、地黄、地榆、当归、肉豆蔻、朱砂、自然铜、血余炭、麦冬、麦芽、远志、芥子、芫花、苍术、杜仲、连翘、龟板、诃子、阿胶、苦杏仁、枇杷叶、炉甘石、泽泻、枳壳、附:枳实、栀子、神曲、厚朴、勾藤、何首乌、穿山甲、桔梗、柴胡、桑螵蛸、黄芩、黄连、黄柏、硇砂、麻黄、斑蝥、硫磺、蛤蚧、蒲黄、槐花、槟榔、酸枣仁、磁石、稻芽(谷芽)、僵蚕、鳖甲等63味。

(五)中药炮制研究的展望

炮制是中医用药的特点之一。经过历代医药学家的不断创造和改革,流传下丰富的传统炮制经验,为合理使用中药材作出了贡献。

但古代经验毕竟受当时科学水平的限制,仍存在许多需要改进提高的地方。如全国炮制工艺不统一,没有可靠的质量标准,炮制理论太简略,炮制方法原始等,而且炮制的原理多尚不清楚,继续提高有一定困难,不能适应中药现代化的要求。古人的宝贵经验应该继承发扬,在科学发达的今天有必要也有可能经过研究加以提高和发展。

1. 研究内容　新中国成立以来,全国曾进行了部分整理研究工作,但由于对炮制历史研究不够,又缺乏符合中医特点的现代科学手段,也缺乏临床研究,至今多是炮制的原理尚未阐明。因此统一炮制工艺,建立质量标准,以及根本性的改进提高等方面,尚有大量工作待进行。

其中主要包括三个方面:要继续研究统一炮制工艺和制定质量标准;进一步探索炮制原理;创造新的炮制法和新型的炮制品。

2. 研究方法　包括五个方面:加强炮制历史的研究;加强临床研究;炮制研究可按基本技术分类研究;按炮制品类别研究;全国统一规划,多学科配合,有计划、有步骤的研究。

3. 展望　炮制研究的时间虽不长,解决的问题也还不多,但已为今后的研究提供了不少线索,找到了一些研究方法和途径。如通过炮制历史的考证,可以看出一些炮制发展的规律,这对搞清炮制的原意图及其演变的实质,照到了一定的苗头。通过现有已解决的部分问题,同时也提出了如何利用现代科学方法探索炮制原理的途径。如能在此基础上,组织力量进一步研究,即第一步初步制定统一的炮制工艺和建立一定的质量标准,以保证炮制品有稳定的疗效,是完全可能的。进一步在现有基础上,继续深入研究炮制的历史,彻底搞清炮制的原意图和方法演变的意义,及其实用价值,以及炮制理论的适用范围,从而搞清破之的特点和规律。应该充分利用现代科学方法,从临床、化学、药理各个角度探索炮制的原理,去粗取精,去伪存真,扬长避短,进一步创造出符合中医理论和用药特点的,有科学依据的,质量稳定的新的炮制方法和新型炮制品,亦是指日可待的。

我们相信,若能以中医药理论为指导,根据中医药的特点,运用现代科学手段,密切结合生产和使用;经过有组织有计划、全面系统的深入研究,中药炮制的继承发扬一定会取得更大成就,不久的将来,在中药炮制技术、炮制原理和炮制理论等方面,都会有一个很大的发展,并将以一个崭新的面貌出现,这既有待我们从事中药炮制研究工作的同志们共同努力来实现了。

第五章 学术论文

一、中药炮制研究规划设想*

（一）中药炮制研究概况、水平和发展趋势

1. 历史背景　中药材需炮制后用于临床是中医用药特点之一。中药材经炮制后可起到选取药用部位、净化、去毒副作用；强、缓和或改变药效以及便于调配、制剂、贮藏等作用。

新中国成立时，中药炮制的状况停留于经验阶段，师徒相传，分散制作，很少文字记载，缺乏系统整理。炮制是历代经验积累的产物，古代医药文献有关炮制资料的记载亦很分散，缺乏系统整理。

2. 研究概况及水平　中药炮制研究是一项新工作，建国后国内作了一些整理研究工作，只解决了少量问题，找到一些整理研究的方法和途径，但基本仍属探索阶段。

30年来的研究工作有两方面：一是继承整理，二是实验研究。

（1）继承整理：多自1954年开始，全国各地都进行过对当地现用炮制经验的调查整理工作，1963年在全国调查的基础上汇集出版了《中药炮制经验集成》一书。至此全国现用炮制经验的内容和特点已基本搞清。常用中药500余种均需炮制。炮制有理论、有方法、有目的、有质量要求，内容很丰富。但存在：理论太简略，不能说明全部炮制作用；方法原始；质量要求不确切；最大的问题是全国炮制工艺不统一，以及炮制的科学原理不明。

炮制的历史发展情况，50年代以来，仅有个别古代文献和个别中药有过零星的整理，全面情况尚未搞清。1973年有《历代中药炮制资料辑要》一书编出，收集了历代166种中医药文献的炮制记载，为研究炮制的历史提供了检索作用。但历史上炮制发展的规律是什么？炮制的原意图、炮制方法的演变和效果评价如何？都尚未全面搞清。

---

* 冯宝麟：《中药炮制研究规划设想》，载《中成药研究》1984年第6期，第46~47页。

(2)实验研究:多自1958年开始,至今已对70余种中药材的炮制进行过不同程度的研究,研究方法多借用现代科学方法和成果与中药用途有关的化学和药理为指标进行探索,临床较少。通过研究阐明了部分炮制原理。证实了部分传统炮制的合理性,统一了部分工艺,制定了少数质量标准。对炮制研究的方法和途径也找到一些线索。但常用中药500余种都需炮制,现有研究很不够,而且研究深度不同,很多结果尚未能被中医药人员接受。由于中药的用法和作用有其独立的认识体系,现代科学手段尚不完全适应中药特点,因之研究手段亦待改善。

3. 研究的发展趋势　中药炮制是历史实践中形成的产物在保证临床用药安全有效方面起作用,炮制有其合理性和科学性。但它毕竟受古代科学水平限制,不明了其作用实质,妨碍进一步发扬提高。需要整理研究,当然在未研究搞清并提出新工艺之前,仍应按传统工艺进行。建国以来的研究工作起过一定作用,但多数未能解决问题,仍有大量研究工作待作。现阶段研究趋向几个方面:

(1)继续文献整理,研究炮制的历史沿革:历代炮制方法和认识的不统一。只有通过历史沿革的研究才能搞清炮制的原意图,才能正确利用现代科学手段进行研究提高。如搞清原理、统一工艺、制定标准等,这需要大量文献整理工作和临床验证工作。

(2)继续深入研究炮制原理:炮制的作用和质量要求;多数停留在经验和直观认识上。而且炮制作用缺乏临床数据,中药经过炮制在成分上、药理上有那些改变?为什么能达到临床预期效果?这些原理机制多未搞清。此项工作涉及中医理论体系的实质和现代科学手段如何适应中医特色,涉及学科较多,困难较大。但这是提高的基础,必须进行。

(3)研究制定统一的炮制工艺:当前,全国炮制工艺很不统一。一个炮制品有多种炮制法。一个炮制品应有一定的作用,工艺不一致其质量不一定一致。既使质量一致,方法也有简繁之分,药材损耗亦不相同。目前统一工艺的研究需首先进行,以用药质量稳定,节约药材。

(4)研究制定炮制质量标准和检验方法:传统对炮制质量要求不够精确,眼看、口尝、鼻子闻的方法往往随操作人员经验不同而质量不一。应在符合传统要求的基础上逐步建立客观指标和检验方法,以保证药材质量。

(5)研究创造新炮制法:中药材多是天然品,成分复杂又受产地、品种、采收季节、产地加工等条件影响,只靠传统炮制控制虽能达到某些要求,但方法不尽完善。应在符合传统要求的前提下,创选新的炮制方法。

(6)炮制生产和机械化、现代化的研究:炮制过去是分散的手工业式的小生产,不仅质量不一,产量也不适应现代的需要。要研究生产机械化,以决高生产率,也有利于统一质量管理和研究改进工艺。

(二)中药炮制研究规划设想

1. 文献研究 通过历代中医药文献研究,搞清炮制的品种、方法、作用目的及理论的起始和发展情况,和每一个炮制品的原意图和方法沿变。为炮制的研究提高打下基础。

2. 临床研究 对现用各种炮制品进行临床观察,搞清炮制品的效果和应用范围。为研究提高炮制提供基础资料。

3. 炮制原理研究 根据炮制的原意图和临床实效,研究炮制前后有效成分和药理作用变化实质。逐步搞清炮制原理。

4. 统一炮制工艺的研究 在符合传统炮制意图的前提下,对工艺不同的炮制品研究比较其质量优劣,制定统一工艺,以保证药材质量稳定。

5. 炮制质量标准的研究 在符合传统炮制意图的前提下,研究制定炮制品质量标准和检验方法,以有效地保证药材质量。

6. 新炮制方法的研究 在符合传统炮制意图的前提下,研究制定简便可靠,保证质量的新炮制法。

7. 炮制生产机械化、现代化的研究 在符合传统炮制意图的前提下,研究净选、浸润、切制、干燥、炮制、包装等机械化生产的设备和条件,以提高炮制生产率,以及保证质量。

(三)研究步骤和措施

1. 全面规划,长短结合 炮制需研究的问题很多,必须有一全面规划。其中文献研究、临床研究、炮制原理研究,虽是炮制研究的基础工作,但由于历代文献多而分散,以及中药炮制品的临床效果缺乏数据资料,中药药性亦缺乏科学阐明,加之现代科学手段尚不能完全反映中医药特点,因此短期内难于彻底解决问题,只能列为长期工作逐步实现。

当前较短时间可能实现的是:结合生产和临床实际,在符合传统要求的前提下,先在炮制机械化、统一工艺、制定质量标准等方面作些工作,以保证药材质量和用药安全有效。

2. 重点突破 近年来有些炮制研究已初步解决了部分问题。如川乌、半夏、马钱子、杏仁、巴豆、大黄、麻黄、元胡、常山、钩藤、槟榔等;或在炮制原理方面或在统一工艺或方法上有改进。但由于未能全面说明传统,因此在中医药界评价不一。这些药材的传统作用或有效成分、药理作用的基础都有些相同之处,如能针对争议的问题,列为重点进一步研究。有可能彻底解决一部分炮制问题,为炮制研究奠定基础。

3. 组织落实,集中力量,扩大队伍 炮制研究,涉及的学科较多,有一定难度。现有研究力量较少又分散,而且许多中医药研究所,并不按中医药特点研究中药。所以只有政策号召,没有全面规划,组织不落实是很难达到预期目的。因此必须建立医药局系统的中药炮制研究中心,并作牵头单位,将全国的中医药研究所组织起来。医药局所属医药研究单位也应组织一部分力量。现有中医药院校也应拿出一部分力量。认真按中医特点从事炮制研究。同时可以组织中药材部门、中药厂、中医院、药检单位能从事研究的人员分头按规划研究,共同努力,逐步扩大研究队伍,中药炮制的研究是有希望的。

二、对中药炮制研究的几点看法*

千百年来流传下来的中药炮制经验是相当宝贵的。但在科学发达的今天,我们有必要,也有可能通过继承整理,用现代科学加以研究,使之进一步发扬提高,现对炮制的研究提出几点看法。

（一）重视中药炮制文献的研究

我们现在所使用的炮制技术,大体上是沿用明、清时代的理论和方法。现代经验的混乱与历代炮制的沿变、各地遵循的方法不同有关。因此需要了解前人的发展情况,完整的认识炮制的全貌,以便正确的研究。

炮制技术基本形成于宋代以前,元、明时代是炮制理论的形成期。大量的炮制论述都零星地记载于历代医药文献中,每一类药材,每一种药材的炮制意图、方法演变都待整理。如现代引以为据的炮制理论,基本是明代陈嘉谟的总结,多以此来解释炮制作用和指导生产及临床应用。但陈氏的理论只能代表一部分炮制作用。如酒、醋、盐、蜜制的理论,其中酒制,历史上认为酒制有多种作用。唐代认为酒制有帮助药材易粉碎的作用（菟丝子）、有去腥的作用（鹿茸）、有去燥性的作用（补骨脂）,元代认为酒制有上行、助发、去寒等作用（黄芩、黄柏、知母、当归、芍药）,明代认为酒制可以去付作用（常山）。由于元代特别强调酒制上行,所以陈氏总结为"酒制升提",升提只是酒制的一个方面。其中醋制,唐代用于精制去毒（硇砂）,宋代认为妇女药应用醋,明代认为醋制还有入肝的作用（青皮）和帮助矿物药粉碎（磁石等）的作用。陈氏总结为"醋注肝经且资住痛",也只说明了一方面的作用。又如蜜炙,至少有两种作用:一是补益,一是入肺治痰。《神农本草经》时代即知道蜜有益气补中等作用。唐代曾记述与百合、山药同月巨"令人腹脏肥"。陈氏提出"增益元阳"的说法。但另一方面元代曾提出"去膈上痰以蜜",明代又有"凡药入肺蜜炙"的说法。因此,不能理解为一切酒制都是为了"上行",一切醋制都是为了"止痛"。要了解炮制的意义仍需搞清其历史,

---

* 冯宝麟等:《对中药炮制研究的几点看法》,载《中成药研究》1980年第5期,第33~35页。

方能了解古人的意图。

如现代半夏的炮制相当复杂,但从历史发展来分析,可以分为三个阶段:古代认识到半夏有毒,毒性表现是"戟人咽"、"令人吐,早期去毒的方法,汉代是采用"汤洗"法,宋代发展至姜炒法、因为姜能解半夏毒,以及用煮法。至此去毒的方法基本原则已定,后世的长期水泡是由汤洗演化而来的。宋代又曾提出作曲法,明代认为"曲则力柔"也有人认为曲治"痰分病"好,所以明代之后又有了半夏曲,而在曲能治痰的基础上又增加了各种辅料以治不同的痰,如用姜、竹沥制治"火痰";用姜、白矾制治"湿痰";用姜、皂荚制治"风痰";还有加石灰、甘草、皂角等等治不同的痰,辅料愈用愈繁。所以现代半夏的种种炮制方法如加姜、矾、皂荚、石灰等已不是为了解毒的意义,而是为了达到某一种疗效。去毒机制的探讨还应从"汤洗"、"水漂"、加"姜"、"煮"等几个方面来探讨。

现代也有一些炮制方法可能是误传的。如乳香比较难以研细,宋代曾采用"水中坐乳钵研细",或微炒后研,或者"用人指甲研",或与"灯芯同研",都是粉碎的方法。但现代则有的地区用灯芯炒,有的要炒去油已不是原炮制的意义。

总之,历代各药炮制的改变,都有原来的目的,但记载太分散了,因而往往现代有的得不到正确的理解。现代的炮制方法只是现代用的炮制经验而已,还不是炮制的全面情况,只以现代炮制经验为基础来研究炮制还远不能完全说明问题,因此仍有必要加强历代文献的整理研究工作。

(二)炮制研究方法的设想

1. 按工艺技术分别进行研究 中药炮制的方法虽复杂,但分析其基本操作可以分为四大类:①去除某一部分(如去芦、芯、毛、皮、头、尾、肉、油等);②加热处理:干热法(炒、炙、米炒、麸炒、烫、煅等)及湿热法(蒸、煮);③水处理:(漂、泡、润等);④加辅料:酒、醋、盐、蜜、药汁等。完全可以分别观察其单项处理对药材的作用和变化。如现在已有研究说明,人参的芦并无催吐作用,故去芦意义不大;当归的头、尾、身的醇、挥发油、水分、灰分并无明显差异,兴奋子宫平滑肌的作用亦无明显区别,这对其炮制法的改革都提供了科学的依据。

2. 按炮制法分类进行研究 现有的炮制,虽各药各有不同的炮制法,但亦可以按类别研究,如炭药类、酒制类、醋制类。……每一类方法涉及的药材虽不同,但其炮制的意图是一致的。找出共同的规律,就易于搞清炮制的实质。如酒制类,按陈嘉谟说是"酒制升提"。当然不仅是升提,从历代酒制的发展来看还有行药势(酒制剂)、去寒(大黄、地黄)、引经(芍药)、助发(当归)、去付作用(常山)、助溶(蟾酥)、帮助粉碎(菟丝子)、去腥(鹿茸)。这些作用都是利用酒的作用。历史上早期用酒法是以行药势为主,且多是药酒同服或服酒制剂,并指出要维持一定的酒量,才能起到酒的作用。酒能升提是元代开始提出的,认为酒炒后可以上行。从方法上来讲酒炒后,酒能挥发,似乎起不到酒的作用。经过试验,象黄芩、大黄、地黄、元胡等药材的炮制品中没有酒,即失去升提的物质基础,而且药材的成份加酒与不加酒蒸、炒亦看不出明显变化。大黄、地黄等生熟是有质的差别,但质的差别与加热蒸有关,而与加酒不加酒无关。因此,酒制升提之说要分析对待。加酒同服则有上升或行药势的作用,酒炒则不可能有此作用,此法亦可改革。

(三)加强临床与基础理论相结合的研究

炮制是为适应临床应用而建立的。炮制是否得当,要先由基础研究提供线索,再经临床加以验证,当然临床要有实据。但至今临床总结炮制作用的报导不多。从已有的研究看来,临床与基础理论结合研究收效是大的。如有人曾对生、姜腌的半夏煎剂进行数年以至几十年、近千数病例的临床观察,并未发现有"戟人咽"和"失音"的现象。这为生半夏或姜汁腌制半夏可入煎剂使用提供了可靠依据。有的对马钱子按士的宁含量计算定量服用亦未发现中毒的报导,这给炮制改革提供了有力的依据。有些药材经过基础研究找到苗头,应进一步进行临床。如当归头、尾、身成份药理作用无区别,生熟枣仁均有镇静安眠作用,杜仲、槟榔生用比盐炒的利尿作用、杀虫作用更强,似无必要制用,都可进一步临床观察。目前有一些药材制与不制,制至什么程度,应组织临床观察,加以肯定。如原有止血作用的白茅根、地榆、贯众、大蓟、小蓟等炒炭后虽也有止血作用,但制炭后原药已损失百分之四十至六十,按相同用药量计算,临床观察疗效是否提高?盐制后入肾的功能是否加强?蜜制后是否增加止咳作用?蜜的量应为多少?这些问题弄清楚了必将对炮制改革有帮助。另外,基础理论研究如化学成份、药理等也应注意到中医用途,提供与中医疗效有关的有效成分或组分,并根据中医临床实际研究符合中医用药特点的药理模型。如日本根据中医用药实际,分离出有强心作用的去甲乌药碱,自半夏中找出镇吐的活性成分麻黄硷和胆碱。近年来,已有人从对中医肾、活血化瘀、扶正固本等的研究中找出不少客观指标。可引用于炮制研究中,为改革炮制提供线索和依据。

(四)加强统一工艺,质量标准的研究

由于多种历史原因,各地炮制方法很不统一,现代研究也是初步开始,中国药典尚不能完全统一标准。很多试验说明不同地区的炮制品其质量差别甚大,应在可能条件下尽量统一工艺,并建立合理标准。如马钱子已知有效成分和有毒成分都是士的宁。过去的砂烫、油炸是破坏士的宁,使之剂量降低,避免中毒。那么现在即可规定砂烫温度,使之既易于粉碎,又减少损失。然后规定含测方法,按剂量服用。地黄、大黄是否酒蒸,用什么方法蒸?经研究认为生与熟用途不同,制熟只是降低寒性。历代制熟的方法有单蒸亦有酒蒸。经过试验,加酒与否其质量无明显区别,故地黄等完全可以统一为一种清蒸法,并且可以按经验鉴别程度,规定大黄结合蒽醌含量检查和地黄总醛及还原糖的含量限度以说明蒸的程度。巴豆亦应压碎规定含油量使用。炭药既然都有止血作用,而炒炭和煅炭并存,故在未能确定炭的止血物质之前,亦可根据经验鉴别,在公认"存性"的程度下,规定炭化程度的标准和检查方法,以尽量达到统一,避免浪费。

(五)新型炮制品的研究

中药材多是天然产品,本身受产地、栽培、采收季节、品种的影响,其质量差异相当大,只靠现有传统炮制方法控制质量,保证疗效,不是最理想的方法,应进一步创新。有人认为,植化研究即可解决问题。其实不然。植化研究工作往往不结合中医特点进行,其结果不能说明中医用药的效果问题,而且每一药材都待化学工作搞清后再改革亦不现实。现在应在能利用的范围内一步步的改革。首先,对研究比较清楚的药材进行改革。如杏仁,中医用于止咳平喘的杏仁含苦杏仁甙量不一,现代研究已证明其炮制机制是破坏酶,而使止咳成分苦杏仁甙在煎煮时不水解、不损失,服后在体内缓缓水解出 HCN 达到疗效,又不至中毒,那么未尝不可采用苦杏仁甙水剂或苦杏仁水,定量加入煎剂或其他剂型中。巴豆可以直接使用巴豆油,甘草亦可用浸膏。至于一些成分不明的药材,亦可根据中医煎剂的特点用水煎的全成分,制成浸膏,这样亦易于建立质量标准。至于各种炮品有不同用途的,亦可经炮制后或根据炮制后的质量标准制成浸膏,或根据了解到的变化在作单味制剂时处理,如川乌的乌头碱可加热转化成乌头原碱使用。这些方法至少在制中成药时更易于执行,也便于控制标准。

当然,如果中药各种有效成分完全搞清,中药炮制的面貌则可更进一步改革,成为完全新型的炮制品。

三、关于中草药炮制原理和改革途径的探讨[*]

中草药炮制是根据中医临床用药的需要,经历代反复实践不断改进而形成的一种应用技术,是祖国医药学遗产的一部分。

为继承发扬祖国医药学遗产,现仅就我们查阅到的资料试对中草药炮制原理及改革途径提出几点看法。

(一)对炮制原理的几点看法

中草药炮制有它自己的理论和方法,是长期实践经验的总结。如传统理论有"酒制升提""姜制发散""炒炭止血"等,中草药是根据这些理论指导按照一定操作方法进行炮制的。

---

[*] 冯宝麟等:《关于中草药炮制原理和改革途径的探讨》,载《中级医刊》1979 年第 2 期,第 37~41 页。

现将收集到的资料,分为四部分介绍:①净选;②切制和粉碎;③去毒;④改变作用。

1. 净选 传统要求除去非药用部位,目的是除去无作用的或区分作用不同的部位,使药材达到一定的纯净度,保证临床用药剂量准确,以充分发挥药效。方法有去毛、去心、去芦、去壳、去残肉、去头、去足等。

(1) 经研究已阐明原理,证实传统炮制合理

远志去心:远志有益气安神、散郁豁痰的作用。经试验远志皮具有祛痰、抗惊厥、溶血作用、有毒性,而心无此作用,心占药材的19.34%,心是无上述作用的部分,故古代去心用是有道理的。

试验亦观察到,心皮均有镇静和促进戊巴比妥的致眠作用,认为带心对安神有帮助,对祛痰作用影响不大,反而降低毒性,亦可不去心用。

钩藤去老茎:传统用带钩茎枝入药,认为老茎质次,一般不用老茎。钩藤有清热平肝、熄风定惊的作用,用于头晕、目眩、惊痫等。经研究钩藤生物碱有降压作用,带钩茎枝生物碱含量和降压作用与无钩茎枝近似,而老钩藤碱含量低、降压作用亦低,证实传统炮制经验合理。

麦冬去心:经试验麦冬肉与麦冬心成分从本相同,但水煎出量心少于肉,说明心是质从较次的部分,去心是有道理的。但麦冬心只占全药的3%,量很少,影响不大,入煎剂不去心亦可。

(2) 研究结果与传统经验不一致

枇杷叶去毛:传统认为应去毛因"毛射人肺、令咳不止"。但有报道毛在煎煮时并不易脱落,且偶有脱落亦可滤去,不至引起咳嗽。

人参去芦:传统认为芦"不去者吐人",经研究人参与芦的成分是一致的,通过动物试验与临床观察亦未发现有致吐的作用,人参芦占药材的12~15%,似可不去芦用。

当归头、身、尾:传统认为入药要分别使用,因其作用不同。

现代试验,头、身、尾的成分(醣、挥发油、水分、灰分等)皆无明显差异,兴奋子宫平滑肌的作用亦无差别。传统经验未得到证实,似可全用。

连翘去心:近代主张老壳(落壳)要去心,青壳(嫩壳)不去心,但亦有主张青壳亦要去心的。这是受传统去心影响而发展的方法。经过试验,以挥发油含量为指标测定,老壳不出油,带心青壳含油1.5%,青壳含油0.4%,青壳心含油2%,从挥发油的角度来看,青壳似以不去心为佳,老壳质次。但挥发油是否为连翘的清热成分?待研究。

2. 切制与粉碎 传统切制饮片的目的多是便于入煎剂,易于煎出有效物质。粉碎多是为了入丸散或冲服。

切制的原理是简单的,即植物药材是干燥品,通过水浸润或蒸、煮、烘使药材软化后切成饮片,是合理的。但近代发现,用水浸煮的软化方法,有不少成分溶于水内,损失药效,如槟榔、马钱子等。

粉碎多利用串压等法,坚韧的矿物药或动物药多采用煅淬的方法,使药材质地疏松,易于粉碎。

如自然铜、磁石,在800℃煅淬后即易碎,其中自然铜尚能生成部分醋酸铁,有利煎出。

山甲,热炒300℃烫后体积膨胀质地变疏松易碎。水煎出物生山甲为0.003%、烫山甲0.013 9%,烫山甲(醋淬)0.013 2%,足以说明烫后易碎、易煎。醋对煎出量增加的帮助不大,只起去腥作用。

3. 去毒 中医所谓"毒",尚包括强烈的副作用。因毒剧药的性质不同,处理方法亦不同。传统对毒剧药的处理大都是有成效的,现代研究也进一步阐明了去毒的实质。

苦杏仁去毒:传统认为杏仁有小毒,除外用外,无生用者。沿用开水弹后去皮尖,晾干,炒黄法。

苦杏仁有祛痰、止咳、平喘、润便的作用。现代研究止咳平喘的有效物质是苦杏仁甙,通过苦杏仁本身含有的酶的作用,或在体内水解出氢氰酸(HCN),HCN具有抑制呼吸、中枢的作用,小剂量能止咳平喘,大剂量则能中毒,呼吸抑制而致死亡。炮制作用原理是通过煠煮以去皮(煠煮也有破坏酶的作用),再经炒黄使酶破坏。酶破坏后,苦杏仁甙在煎煮时不至水解,而溶于煎液中,服煎液或苦杏仁后,在体内经胃酸等作用,缓缓放出小量HCN而起到止咳平喘作用,不至中毒。如酶未被破坏,则口服大量苦杏仁即中毒。

同时也注意到,生苦杏仁直接入煎剂时,因酶的存在,苦杏仁甙遇水因酶的作用而水解,产生HCN,随煎煮时水蒸汽蒸出,煎剂中几不存在苦杏仁甙,损失量达98%。

苦杏仁油有润便作用,但临床以苦杏仁为润便主药的不多,不是苦杏仁的主要作用。

马钱子去毒:马钱子有大毒。传统采用砂烫、油炸法皆能破坏毒性。传说毛有毒故去毛。

现代研究已知马钱子的有效物质和有毒物质都是番木鳖碱(士的宁),小剂量有兴奋中枢神经的作用,能改善肌肉无力状态、兴奋呼吸、升高血压、增强嗅、听、视及痛觉作用。但大剂量则中毒,脊髓高度兴奋,出现脊髓性强直惊厥,甚则角弓反张,呼吸麻痹而死亡。

炮制去毒的原理是通过加热,破坏部分士的宁,达到服用量小以减少中毒的目的。毛含士的宁极少,不是中毒的原因。

川乌(附子)去毒:乌头(附子)炮制法各地不同,但基本可分为:①水泡;②加辅料煮(辅料有甘草、黑豆、金银花、皂角、醋、姜、矾等,用其中一种或两种以上)。

现代研究阐明了去毒的部分原理。乌头(附子)的有毒物质是乌头碱。去毒是通过①在水浸泡换水时,可以将有毒的乌头碱绝大部分溶于水而除去,泡后乌头碱含量可低至0.1%以下;②加热可以将乌头碱转化成无毒的乌头原碱,乌头总碱含量不受损失。加热的方法:蒸煮、高压蒸汽蒸、干烘100℃5小时以上,均可以达到去毒的目的;③辅料多无减毒作用,只甘草、干姜略有解毒作用,白矾尚有增加毒性的作用。有效物质及其在炮制中的变化情况不清楚,尚待研究。

半夏去毒:现代炮制法极为复杂,但仍可分为二个途径:①水漂洗至稍有麻辣味,时间不等,5~50天或更长;②加辅料及或煮,辅料常用的为生姜、白矾,其他尚有甘草、皂角、芒硝、石灰、苏叶、姜黄、薄荷、白芥子等约30~40种,一种或二种以上组成不一,用量差别也很大。

现代研究只说明部分去毒原理,毒性成分、有效成分尚不清楚。动物试验:生半夏能使动物"失音"及"吐涎"或"呕吐"。但如不接触咽部,用管饲则无刺激作用,故认为是局部刺激作用。经试验说明洗漂、煎煮、蒸、高压蒸汽蒸、加干姜、白矾制过的半夏均能降低其毒性。半夏有效成分、毒性成分及其在炮制过程中的变化不清楚。

巴豆去毒:现代研究证实巴豆的泻下成分是巴豆油,泻下剂量为0.01~0.05克,如服1克即可致死。制成巴豆霜即是减少巴豆含油量,以达到减少毒性的目的。但因压油条件不同,制霜后的含油量相差很大,质量不稳定。

4. 改变作用　包括增强或缓和某一效能或改变药材的原有性能。其具体炮制方法,随药物不同而异,主要通过两个途径:①加热(炒、蒸、煮等);②加辅料(酒、醋、盐、蜜、麸皮、米泔水等)。

(1)阐明了原理,炮制方法合理

醋制元胡:传统认为醋制增强止痛作用。现代研究证实元胡的止痛有效物质是延胡索碱(乙素作用最强),通过醋煮或醋炒以增加延胡索碱在煎液中的溶解度,而达到增强止痛作用的目的。如生元胡总生物碱含量为100%,生元胡煎出量为25.06%,醋炒元胡煎出量为49.33%,传统炮制是合理的。但生物碱仍不能完全煮出利用。

蜜炙麻黄:传统认为加蜜可以辅助止咳。试验说明是通过加热以减少部分解表有效物质(挥发油),挥发油减少1/2,而平喘作用的有效物质麻黄碱损失不大,因而突出了麻黄的平喘作用。但解表有效物质有破坏。

米泔制苍术：传统认为可以去其"燥性"。试验说明苍术通过米泔浸炒，挥发油减少16%，是减少挥发油以达到"去燥"的目的。

(2) 说明部分炮制原理的

炭药：传统认为"炒炭止血"、"红见黑止"。通过临床和药理试验均证明炭药有止血作用，止血是通过缩短血凝时间达到的。同时观察到炒炭过程药材一般损耗40%（最高可达65%）。

有试验说明，血余炭的止血作用与钙、铁离子有关，如煎液中除去钙、铁离子则失去止血作用。

炒炭对药材的成分有破坏，如挥发油类损耗达80%，茜草中茜草素及茜根酸炒炭后全部破坏。

炒炭后鞣质增加的只有槐米一种，多数炭药鞣质含量降低（地榆、大黄、侧柏、丹皮、银花、藕节、山栀、茜草、蒲黄、生地、大蓟、小蓟、陈棕）。

炒炭后抑菌作用降低的有大黄、贯众、黄芩、黄连、乌梅、陈皮、栀子、侧柏、棕边、金银花、菊花、丹皮等。

可以肯定炒炭对原药的一些作用有破坏。

(3) 与传统经验不一致

生、炒枣仁：传统认为生熟作用不同"熟用疗胆虚不眠……生用疗胆热好眠"。但通过临床观察及药理试验，认为二者均有镇静安眠作用，并无不同。

酒炒：传统认为酒炒可"借酒力"以"引药上行"，但试验说明：黄芩、黄柏、大黄等品种药材的酒炒品中皆不含酒；三种药材的生、炒、酒炒品的水煎出量和组成成分亦无明显区别，不能增加溶解度；这几种药材生、炒、酒炒品的主要成分（黄芩甙、大黄总蒽醌及总游离蒽醌、黄柏小檗碱）的含量亦无明显差异。没有找到酒炒可以"引药上行"的依据。

盐炒：传统认为泽泻"滋阴利水盐水炒"。试验说明生泽泻有利尿作用，但盐炒品无利尿作用。槟榔盐炒后其杀虫有效物质槟榔碱较生品低（生品0.33% ~0.36%、盐炒0.23%~0.24%）。

炒类药：传统认为炒有使药材疏松易于粉碎和煎煮的意义，另外亦有干燥、缓和药效的作用。

现代研究，药物经炒后有些成分含量降低如酶、挥发油炒焦则降低更多。挥发油经炒一般降低10%~15%，炒焦降低约80%。神曲、麦芽、谷芽等炒焦后淀粉酶部分破坏，水解淀粉的能力减弱。

(二) 对改革炮制途径的几点看法

传统的炮制经验是历代逐渐发展改进而形成的。

近代科学发展很快，利用这些科学方法使传统炮制法提高一步，是非常必要的。

1. 目前中草药炮制尚存在一些问题。

(1) 天然药品成分复杂,又加上多数有效成分不明,现有炮制条件不易控制质量、保证疗效,如半夏、川乌各地炮制方法不一,所用辅料亦不同,去毒是可以肯定的,但哪一种去毒法较好?毒性物质与有效成分是否一致?有效物质有没有损失和改变?也需研究。

(2) 炮制方法不统一,质量不一。如马钱子、巴豆霜不同地区的炮制品毒性并不一致。

(3) 有些炮制法浪费药材。如饮片切制,水浸软化药材,水中能溶出一些有效成分造成损失。炒炭后一般药材损耗40%,高的可达65%,挥发油、鞣质含量降低,抑菌作用亦降低,对药材和其中成分都有损耗,未能充分利用。蜜炙麻黄虽突出了平喘作用,但有发表作用的挥发油要损失1/2。

(4) 炮制工艺繁琐费工。如胆南星过去制造要九年。龟板、鳖甲泡去腐肉要40～50天。麦冬去心、石韦去毛工艺繁琐,费工费时。

(5) 某些传统理论还存在问题,具体品种引用上也有问题。如酒炒、盐炒经试验没有找到起作用的因素,尚待进一步研究。醋炒止痛,只元胡得到证实,其他品种尚不能一概而论。又如炒炭,很多药材原有止血作用,如栀子、茜草、地榆、小蓟、大蓟、藕节、生地、茅根等,是否还要炒炭用?炒炭损耗很大,止血作用是加强还是减弱了呢?

这些只是存在问题的一部分,都有研究改革的必要。

2. 中草药炮制的改革途径。

(1) 要根据中医用药特点逐步改革。

中草药炮制是根据中医临床用药要求而设的,因此改革不能脱离中医用药特点和要求。

对炮制原理已经清楚的应在符合中医用药特点基础上,选取合理的炮制工艺。如苦杏仁,中医用于止咳平喘的有效物质是苦杏仁甙,为了防止中毒和煎药损失必须加以炮制。炮制的目的是破坏酶,则只用沸水焯煮5～10分钟,去皮或不去皮,晾干、粉碎,亦可达到目的,方法比较简便。现代有人认为为了综合利用,可以压出苦杏仁油,用苦杏仁饼法。但如不破坏酶,入煎剂时仍可使HCN大部损失,是不妥当的。另外,是否可直接提取苦杏仁甙或制成苦杏仁水(HCN水溶液)用于临床则剂量准确,效果更为稳定可靠。另外,现代有人利用桃叶、李仁等含有苦杏仁甙的植物制成苦杏仁水入药用,质量完全可以达到药典标准,更是扩大药源的一个途径。其他如元胡,中医用于活血散瘀、理气止痛,其止痛有效成分是延胡索碱(主要为乙素),现有炮制是利用加醋以增加延胡索碱的溶解度,使其充分发挥疗效。但醋制元胡只能煎出40%的有效物质,尚有大量有效物质未被利用。我们认为如用于止痛可以直接用延胡索碱,更可节约药材。如巴豆,已知中医用于泻下的有效物质是巴豆油,炮制目的是压去部分油以减少剧烈的泻下作用。所以现有的改革,将巴豆霜的油含量统一为20%是比较合理的,可以保证质量稳定。但如能直接定量用油更节约药材。如饮片切制,其原理比较清楚,即是使药材软化,而水池软化时又有成分溶出,因此,采用少泡多闷是合理的。最近有人用冷压水浸法,亦是合理的。有的提出产地趁鲜切片,能减少干燥后再浸润软化的工序,减少加工损耗,这是一种合理的方法。

(2)要临床、药理、药化结合研究,以改革中草药炮制法。

目前多数中草药炮制原理是不清楚的。如乌头、半夏仅知去毒的原理,二者的有效成分都不明确,改革比较困难,二者都可用加热的方法达到去毒目的,但加热对有治疗作用的物质有否改变仍不清楚。所以目前有白矾制半夏的和用加热方法制乌头的,虽能降低毒性,能否影响疗效,尚待进一步研究。

又如炭药,中医临床早已肯定其止血作用,近代用药理方法虽也证明炭药有止血作用说明是通过促进血凝而达到止血目的。但止血的有效成分是什么?是活性炭的局部作用呢?还是钙、铁离子的作用呢?还是炒炭后有什么新的止血成分生成呢?如为活性炭的作用,则可不必用药材炒炭,可以在活性炭中再加入少量中药材,这样既可止血又可"存性"。如为钙、铁帮助血凝,那么可直接用钙、铁制剂,不必将大量药材炒成炭造成浪费。只有搞清有效物质才能从根本上阐明"红见黑止"的原理,才有助于炭药的炮制改革。

类似的问题很多,如酒炒品在成分上看不出与生品有明显区别,酒也不存在,如为"借酒力"的作用是否可以不用酒炒,如欲引药上行是否可在煎好的汤剂中加入部分酒,当然这还需要临床观察。盐炒问题也是如此。其他有些药物是否要炒焦,因炒焦后成分破坏很大。这些传统的中草药炮制理论也有待于进一步研究证实。

总之,只有在搞清原理的基础上才有根本的改革,才能更好地发挥中草药的作用。所以,需要加强中草药炮制理论的研究。特别值得指出的是要结合中医用药特点进行临床、成分、药理的探讨,过去在中草药研究上也有过不少化学、药理的报道,但至今对中草药炮制改革起作用不大就是因为未从中医中药特点着手。为了继承发扬祖国医药学遗产,中草药炮制亦不能停留在原有基础上,仍应坚持中西医结合,深入研究,加以改革,以取其精华、去其糟粕,更好地为人民服务。

四、中药炮制研究应重视历史沿革的整理*

现代中药炮制,"各地各法,一药数法"的情况比较多见,但各地都说是"遵古炮制"。为了便于炮制的整理提高,有必要先搞清楚炮制的历史沿革,古人炮制的原意图是什么?历史上有过什么变化?变化的优缺点是什么?我们现代遵的是那一代古?是否符合古人的意图?有没有误传?而且古代的方法、作用是否都正确?都应首先搞清。通过历史沿革的探索,可为炮制研究提供线索和依据。

自汉代起,医药文献中就有单味药材炮制后入药用的记载,当时品种不多,之后品种逐渐增加,方法亦由简而繁,对炮制的作用也逐渐深入。至宋代炮制的基本方法(选取药用部位,加热处理,水处理,加辅料处理),都已经具备,并在医药书籍中有了专项或专章记载炮制。元、明时期开始对炮制的规律进行总结,逐渐形成理论。历代炮制品的出现,炮制后作用的认识、方法改革以及理论的形成都促进了炮制品种的增加、方法的复制化和作用的复杂化。但由于古代文献记载的分散,至今未有完整的整理,所以现代的炮制虽来源于古代,有的有依据,有的推论而来,有正确的,也有误传误用的,甚至有的是不合理的,只从现代经验研究往往会得下到正确的结论,也不能为中医药人员接受,难于推广。所以有必要从历史上搞清楚炮制的来龙去脉,以对现代的炮制分清其正确与谬误,唯此才能正确的着手研究。今举出部分有问题的例子如下。

(一)现代一些炮制品不一定符合古代的原意

古人曾发现某一药材经某法炮制后有一定作用,后人即引以为规律推广到多种药材。如汉代《金匮玉函经》提出桂要去皮,目的是取"黑润有味者";南北朝时《本草经集注》中曾提出麦冬、远志要去心,因心"令人烦"或"令人闷";唐代《新修本草》提出枇杷叶去毛,因毛"射人肺令咳不已";宋代《证类》提出人参去芦,因芦能"吐人";山茱萸去核,因核能"滑精"……。明、清代则总结其理论为"抽去心除烦"(明《本草蒙荃》);"不去皮耗人元气"(明《医学入门》);"去芦免吐","去核免滑"(清《修事指南》)。后世许多药材的去皮,去心、去核、去毛是受这些记载和理论影响而来的。如巴戟天、贝母、连翘的去心。狗脊、鹿茸、骨碎补,马钱子的去毛。一切有芦的药材,如党参、丹参、桔梗、牛膝等都去芦。金樱子、山楂等的去核。这些药材的炮制法不一定都符合古人提出的原意图。因此,值得进一步重新探讨。

---

* 冯宝麟等:《中药炮制研究应重视历史沿革的整理》,载《中成药研究》1983 年第 4 期,第 2~4 页。

(二)炮制的作用随药而异,不应简单的解释和推论引用

古代一些炮制方法用于不同的药材常有不同的作用。如同属加热炮制在汉代《金匮玉函经》中麻黄需先煮是因为"生则令人烦,汗出不可止"、南北朝《本草经集注》中天冬、地黄烘是为了便于粉碎,阿胶炙沸,杏仁、葶苈子、巴豆熬(炒)黑黄也都是为粉碎。唐代《千金方》中乌头用炮法或熬(炒)黑法是为了去毒,而桂炒是为了缓和药性,以用于孕妇防止"胎动"。《千金翼方》中用蒸法处理胡麻是为了防止"令人发脱",蒸桑螵蛸是防止"令人泻"的副作用。宋代《太平惠民和剂局方》,用蒸法或炮法处理大黄是缓和其"峻"性。蒸地黄是增加其"温补"的性质。元代提出炭药止血"血……见黑则止",现代提出的炒焦健脾等等。所以同时加热炒、炙、炮、蒸、煮,对各药的作用并不相同。

自元、明以来,有些简单的理论,都只能代表一部分作用。如明代《医学入门》"入药火炮、汤炮、煨、炒者去其毒也";《寿世保元》说:"炒以缓其性";《审视瑶函》主张生的"性悍"、"主泻",熟的"性淳"、"主补";《医宗粹言》说种子类药物炒黄是为了"始煎得味出",都只是从不同角度说明加热的作用,不能简单的引用推广和解释作用,还应具体药材具体分析,才能正确理解炮制的作用。

(三)古代的炮制方法也有优劣和合理与不合理的,应研究使用,不应看成只要是古法即是好的

单味药在历史上炮制方法变化很大,有些炮制其主要目的是一个,方法却有多种,当然有优劣、是否合理之分。如川乌的去毒炮制,汉代用炮法;至唐代用熬法、糯米炒法;宋代用大豆炒法、猪油蒸法、盐炒法、细砂炒法、牡蛎粉炒法、麸炒法。另外,宋代还采用过水浸漂法,且浸泡的时间长短不等,由数日至半月(《圣惠方》、《圣济总录》)。又发展至加辅料制,如童便、黑豆汁、盐水、米泔水、卤汁、姜汁;元代用醋;明代用豆腐和酒,清代用过绿豆等等不一。这些辅料为的是配伍解毒,现代的川乌炮制虽各地不一,但多用水浸、加辅料,煮的复制法。无疑是古代经验的复合方法。综合以上方法,现已阐明乌头炮制的原理。又如麻黄由于临床有时除去其过多的发汗作用,历史上曾用过许多方法。在汉代《金匮玉函经》是用水煮数沸法;《伤寒论》则采用汤泡去黄汁焙干的方法,宋代《博济方》,则采用炒法;《本草衍义》始出现蜜炙法,现代则沿用蜜炙法,偶有先煎后入的。

(四)古代的炮制方法亦不完全是正确的

古代记载的炮制法有认识错误的,也有传误的,也有是商业性质、追求形式的,并不完全可靠。应该搞清其实用价值。

如酸枣仁有生用醒睡,炒用治失眠的说法,这一说法最早见于宋代《证类本草》,一直到现代仍沿用。但对《证类》有不同看法,认为可能是错误认识。当归

自宋代《证类》有"若破血即使头一节硬实处,若要止疼止血即用尾",而元代《汤液本草》则认为"头止血、身和血、梢破血",说法有差异;而现代临床有引用的,亦有不引用的,此说的确实程度亦值得探索。杜仲现代用炭,目的是断丝,在唐代《新修本草》说是"切断丝";明代《本草正》、《大法》则说"炒断丝";而沿用至今即成为炒炭。方法演变未必正确。又乳香,明代《本草纲目》曾用灯心同研,目的是便于粉碎,用炒法亦是便于粉碎,而现代则有灯心炒的,是方法的传误。南北朝时即曾认为钟乳醋煮,细辛水渍,黄芪蜜制,当归酒润等都是商人注意外观的办法,并不应如此炮制。"众医睹不识药,唯听市人,市人又不辨究,皆委采送之家,传习治拙,真伪好恶莫测,所以有种乳酢煮令自、细辛水渍使直、黄耆蜜蒸为甜、当归酒洒取润,……诸有此等皆非事实,世用即久转以成法,非复可改,未如之何"。当归酒洗、黄耆蜜制,至今仍有使用的,是否必要是值得探讨的。

(五)炮制理论的实用价值应有评价

炮制理论是在单味药炮制作用基础上归纳起来的,但并不能说明一切炮制,如前述的"炒用性级","逢子必炒","炒炭止血"、"火炮、汤炮、煨、炒者去其毒也",特别是明《本草蒙荃》的归纳,至今大都引以为解释炮制作用,指导生产,扩大炮制品的依据。这些理论的适用范围必需搞清。如《本草蒙荃》着重是酒、醋、姜、盐、童便、米泔、乳蜜、土、麸、乌豆、甘草、羊酥油、猪脂等等辅料制的作用。但《蒙荃》所归纳的只是这些辅料的部分作用,象酒制,《蒙荃》说:"酒制升提,但酒制在历代有多种作用,菟丝子酒浸有帮助粉碎的作用(《千金方》),对鹿靥有去腥作用(《新修本草》),对黄芩、黄连、大黄等有引药上行、助发、行经去寒等作用(《汤液本草》)。不仅是上行一种,而且不同制法亦有不同作用。又如醋制,《本草蒙荃》说:"醋注肝而住痛"。醋制历史上亦有多种作用,如硇砂醋制有精制去毒的作用(《千金翼方》),"入妇人药用醋蒸"(《传信适用方》);帮助粉碎"诸石火煅红、入醋能研末"(《医学入门》),逢莪术醋炒为了"引入血分",芫花醋煮是为了去"毒"(《本草纲目》)。所以醋制只说是止痛也是不足的。另外,从历史资料看来,酒、醋制作用与制法也有关系。因之使用炮制理论时,应知道它的适应范围,不能一概以此来解释和推广到任何药材,还应具体药材具体分析。所以后世在这些理论指导下的炮制品种是否能起古人所说的作用,尚需分析。

(六)研究炮制沿革的目地,是为了促进炮制的改革提高

除了上述的情况外,从历史至今炮制的方法虽多,但其采用的手段还是比较简单,原始的。其基本的方法不外(1)除去某一部分;(2)水制(洗、润、浸、渍、飞等);(3)火制(炒、炙、煨、烫等),(4)水火共制(蒸、煮、弹等)及加辅料处理(甘草、米泔、酒、醋、盐、蜜等)与复制等。由于中药成分组织复杂,通过这些处理虽可能达到预期的目的,但也有难于控制质量的地方。譬如加热,能通过加热缓和

寒性、峻性、副作用、毒性等，也未尝不能破坏疗效，而且通过简单的加热法，如不加控制也难于保证一定质量，应有一定控制，不应有疗效损失。这些问题都待搞清炮制的原意图，利用现代的科学知识和方法，弄清炮制的原理，进一步制定合理的炮制品的规格、工艺及检查方法。亦可根据古人的意图，创造新的炮制方法。

炮制的历史沿革很复杂，然而只有了解炮制形成的来龙去脉，在有可能对炮制的作用、目的和方法有正确的了解，才能在继承的基础上，加以发扬。为此，欲搞炮制研究，先应重视历史沿革的整理。

五、新中国成立以来炮制研究概况与展望[*]

中药炮制是中药应用特点之一，中药炮制研究包括继承整理和实验研究两个部分。

（一）中药炮制的继承整理

要研究中药炮制，首先要搞清炮制的历史和现状。但炮制的历史文献很分散，现用的炮制经验也是各地口传心授，缺少文字记载，极需整理。1954年以来全国各地已逐步开展炮制经验整理，从单味药开始。刘中农、冉小峰等介绍了半夏、炮姜、马钱子的炮制方法，继之辽宁、天津等对当地常用中药炮制方法进行了系统的报道；上海、武汉、北京、成都等地亦陆续整理了当地的经验。鉴于资料分散，1963年中医研究院中药研究所和卫生部药品生物制品检定所合作，在全国28个大中城市炮制经验整理资料的基础上，汇编出版了《中药炮制经验集成》，基本反映出全国炮制的面貌和特点。

《集成》收集了常用501种中药的各地炮制经验，反映出中药炮制的品种，方法极不统一，质量要求也不一致。如大黄的炮制品有酒浸；有炒焦；有醋炒；有单蒸；有酒蒸；还有煮。熟地黄有单蒸、酒蒸，用酒量各地亦不一致，如每100斤地黄用酒有20斤、30斤、50斤、75斤、100斤、250斤、500斤不等，工艺差别很大。至于半夏、川乌的炮制方法更为复杂，多达60~70种。

炮制历史文献的整理，早在朱颜、赵思竞曾对神曲、半夏等单味药的炮制沿革作了一些探讨。邓铁涛曾对酸枣仁生熟功效作了历史的分析，认为二者作用不同可能是历史上的误解。尚志钧、王岳宝对《本草经集注》、《本草纲目》等在炮制上贡献作了介绍。《集成》也曾将《伤寒论》、《千金方》、《证类本草》等26本主要中医药书籍中的炮制资料辑出，提供了一些历史线索，说明现用炮制是遵循古代不同时期的经验而来。1973年中医研究院中药研究所等四个单位合作，

---

[*] 冯宝麟等：《新中国成立以来炮制研究概况与展望》，载《中成药研究》1982年第7期，第18~20页。

将历代166种中医药书籍中的炮制资料辑出,编出《历代中药炮制资料辑要》一书,有关炮制的资料按年代编辑而成,为研究炮制的起源和发展提供了资料,但尚未系统分析整理。

(二)炮制的实验研究

为探索炮制的作用原理,自1958年起,全国曾对近70种中药的炮制进行过不同程度的研究,阐明了部分原理。为统一工艺和提高炮制质量作了部分工作。现将研究情况分述如下。

1. 净选　中药材有些部位或质量不佳,或无作用,或有副作用,或有毒性,必须去除。有的部位不同其作用不同,应分别使用,这都需经过净选处理。

这项研究的品种虽不算多,但说明有些药材的处理是合理的,并根据传统要求有所改进。如麦冬,传统认为不去心令人烦,经研究心与肉的组成成分相似,只是心的煎出物少,说明心是质次部分,亦可视为无用部分,因此传统去心是合理的。但心占全药的比例很少,仅为全药的3%,而长期临床用带心麦冬亦未发现烦的作用,故认为临床使用时入煎剂可以不去心,为了便于煎出压扁即可,《中国药典1977版》,已不去心用。

柴胡历来用根,近年来有用全草入药的。经研究其根与茎叶成分不一致,根含皂甙(有镇静、镇痛、解热、抗炎作用),面茎叶不含皂甙,茎叶含挥发油的量为根的三倍,所以古人只用根入药是合理的。

有些药材的净制,值得进一步研究。如人参,传统认为芦能使人吐。但经临床及药理观察并未发现芦有吐的作用,人参与芦的皂甙成分亦是一致的,而且芦的含最高,似不必去芦用。

有些药材根据传统要求,研究改进了炮制方法,如龟板、鳖甲去腐肉,传统方法需长时间浸泡,使其腐败,这样费工费时。经过研究改用蛋白酶、酵母、猪胰脏等处理,可以加快去腐肉的时间。

2. 切制粉碎　中药材根据剂型的需要加工成饮片或粉碎成细粉。

植物药材多采用水浸润软化的方法加工成饮片。但研究如长期浸泡往往会造成药材的很多成分流失。如槟榔中杀虫有效成分槟榔碱损失18%~30%;大黄的蒽醌类成分损失10%;黄柏中小檗硷损失以达50%。说明传统方法有改进的必要,所以有人主张少泡多闷法、冷压法。

传统对动、矿物药材多采用高温烫、煅的方法,使药材变脆易粉碎。经研究说明自然铜至400~500℃煅烧,磁石在800℃煅烧醋淬后极易粉碎。山甲经300℃砂烫后体积膨胀,易碎,煎出物亦较生品为多。说明了传统炮制的合理性,但醋淬自然铜是否产生醋酸铁尚未得到一致意见。在了解到炮制原理的基础上,有人利用转锅控制温度的方法代替砂烫法,经处理山甲、猬皮、龟板、鳖甲等,认为效果很好,是一种炮制的改进。

3. 毒剧药　经过了研究,阐明了大部分中药的去毒原理。如川乌的有毒物质是乌头碱,乌头碱可溶于水,通过浸泡换水可以减少毒性;乌头碱遇水或经过加热可水解成低毒或无毒的乌头原碱,而加辅料如甘草、姜、双花、明矾、黑豆、豆腐等对解毒的作用不大。《中国药典1977版》已将乌头的炮制统一改革为水浸至无干心后蒸或煮的方法。

有些药材,有效成分和有毒成分尚不清楚,但通过工艺研究确定炮制可以去除毒性,由此统一了工艺。如半夏经研究说明水浸漂不能完全除去刺激性,且有大量物质被溶去,加入不同辅料除白矾、石灰外,其它姜、皂角、甘草并不能降低刺激性。在此基础上《中国药典1977版》,采用了姜矾腌制或姜矾煮法制半夏,亦能控制毒性。甘遂经研究醋制甘遂确能降低急剧的泻下作用和毒性。

4. 改变或加强疗效　许多药材经加热炮制后缓和了药性和降低了副作用是与某些成分含量降低有关。如黄连经炒后其小檗碱量随炒的程度而逐渐降低(生品为7.18%;炒黄为6.28%;炒焦为3.27%;炭为2.9%),其抑菌程度亦随小檗碱含量降低而降低。某些药材加热可以破坏药材某些成分,因此达到缓和及去副作用。所以有人提出如破坏有效成分而得到缓和,是否可以考虑减量使用生品来达到缓和药性。

各种辅料制增强某些作用,除醋制元胡试验证明是加醋成盐而增加止痛有效成分延胡索乙素的溶解度外,多数辅料制的作用未得到证实。大黄、地黄加酒蒸与不加酒蒸其主要成分对比、药理及临床观察无明显差异,所以辅料能增加某些疗效尚需进一步探讨。

传统认为,药材制成炭能增强止血作用,经临床观察和药理试验很多炭确有止血作用,说明古人用炭药止血是有道理的。但有些药材炒炭后止血作用相同或反而降低,并不是所有药材炒炭后都可加强生血作用。至于炭药的止血物质和止血机制是什么?至今只有血余炭经研究认为其止血作用与钙有关,有人认为槐花炭止血与鞣质增加有关,但经扩大观察地榆等多种药材其鞣质反见减少,炭药的止血机制有待探索。

炮制前后作用不同的品种,只有酸枣仁有过研究,无论生酸枣仁、炒酸枣仁均有镇静安眠作用,所以传统认识并不一定完全正确。

总之,炮制的实验研究工作不多,但基本上是按照炮制的特点利用现代科学方法进行了一些探索。

(三)中药炮制研究展望

传统炮制方法,在方便临床用药和保证药材质量方面起着很重要的作用,但由于受到古代科学水平的限止,因此存在着方法原始、工艺不统一、无精确的质量指标等问题。目前对炮制的研究就必须在古代经验的基础上,利用现代科学手段来逐步阐明其原理,进行统一与提高。

1. 统一炮制工艺研究　当前全国存在着炮制工艺不统一。由于工艺不同,其质量也会有所不同,即使质量一致,方法也有繁简之分。为了保证疗效一致,统一工艺势在必行。如何统一?我认为现阶段应在符合中医用药要求和分析历代炮制演变中方法的优劣,结合现有研究结果的基础上,先制定初步的统一的工艺,以保证炮制的质量稳定,然后通过临床运用和研究,逐步改进,以达到逐步完善。

2. 研究制订炮制品的质量标准　传统炮制对质量的要求不够明确,不易掌握,如"无麻辣味""外黑内褐""纸上无油痕"等,因此炮制品的质量常随操作者的经验不同而不同。《中国药典1977版》已制定了部分质量指标,如巴豆霜、烫马钱子等,但多数炮制品并无质量标准,应在能够表示炮制质量的原则下,逐步寻找和建立质量指标。

3. 研究创造新的炮制方法和新型炮制品　中药大多是天然产品,且受品种、产地、采集时间、产地加工等因素影响,差别很大。只靠传统炮制方法控制质量是很不够的,因此应在搞清炮制原理的基础上,创造新的炮制方法和新型炮制品。如水浸润的主要目的是软化药材,以便切片,但水浸可溶出大量有效物质,现在的真空加温润药、加压渗入法等,都是新的方法。另外,还必须加强炮制历史沿革的研究和临床研究,有计划、有步骤地实现中药现代化。

六、关于中药酒制改革问题的商榷*

酒制是中药常用的传统炮制方法之一,现代常用的为酒炒与酒蒸两种。全国有记载的酒制品约80余种。目前中医药界公认的酒制理论是"酒制升提",至今多依此解释酒制的作用。

现代的酒制品较多,尚存在一些问题,如蒸法有笼蒸、罐蒸,工艺不统一,用酒量各地不同,蒸的时间亦不一致,酒制是否能起到"升提"作用?白酒能否代替黄酒等等。

新中国成立以来,各地曾作过不少实验研究,结合古人酒制的原意和近年来的研究,看来多数酒制品用酒与否意义不大,有改革的必要,为此,我们提出几点看法愿与从事炮制工作的同志们共同商榷。

(一)酒制法的形成是在古代认识到酒的性质和作用后,又在用酒作制剂和用酒服药的基础上逐渐引用到炮制中药,原意是利用酒的性质辅助和改变中药性能的作用。

---

* 冯宝麟等:《关于中药酒制改革问题的商榷》,载《中成药研究》1981年第7期,第14~17页。

古代早期用酒炮制的品种不多,而较多的是酒煎、酒浸后服酒和用酒服药,如汉代有红花,南北朝有苦参、龙胆、牛膝、菟丝子,唐代有狸骨、麋角,等用酒煎、酒浸后服酒或用酒同服,这些都显然是利用酒的性能来帮助药材发挥作用。少数酒制品,其作用目的是多方面的,如唐代有鹿角"酒淬",菟丝子"酒渍"是为了易于粉碎,宋代的五灵脂、蟾酥、乳香用酒炮制,多是帮助溶化后便于粉碎和去除杂质,芫花、川乌用酒炒,是去毒方法的一种,现已不用,乌梢蛇、虎骨用酒炙、酒煨除去毒外,尚有去腥的作用,虎骨还有帮助粉碎的作用,这些作用都和酒本身的作用是一致的。如宋代曾对酒的作用作过如下的描述"酒大热,主行药势,杀百邪恶毒气……通血脉……杀腥……"等。用酒剂和与酒同服有行药势的作用,但早期的酒炮制品多数目的并不是使药物"升提"。

元代开始强调中药经酒制可以"引药上行",如《汤液本草》中说"黄芩、黄连、黄蘖、知母,病在头面及手梢皮肤者须用酒炒,借酒力以上腾也"。"以酒引之,上至高巅"。"以酒将之,可行至高之分,若物在巅,人迹不及,必射以取之。"都说明是利用酒的力量。

当时亦说酒制有去寒变温、行经、助发等作用,如"黄柏、知母、熟地"酒浸曝干,恐寒伤胃气也""熟地黄酒洒蒸如乌金,借酒力微温大补""芍药酒浸行经""大黄酒浸入太阳经,酒洗入阳明经""当归酒浸助发之意"。后世在元代的影响之下,有些原来不用酒制即可去寒转温的药材也开始用酒炮制了,如地黄宋代以前是单蒸用,宋代寇奭说"生与生干常虑大寒……故后世改用蒸者";唐慎微说"蒸干即温补"。元代始强调"酒酒蒸如乌金,假酒力则微温"。大黄的炮制宋代亦只是制熟,如《太平惠民和剂局方》中有"大黄凡使,或蒸过用或塘灰火中炮熟用,若取猛利,即生焙干用"。加酒蒸亦是起于元代,"酒浸蒸熟……能上达巅顶"。明代对酒的作用又有新的补充,如常山经过酒炒过后可以去"吐"的付作用。以上足以说明在明代以前认识到酒的作用是多方面的。

酒制理论的正式形成始于明代,陈嘉谟在前人认识酒制作用的基拙上,概括地有代表性地提出了"酒制升提"的理论,至今为中医药界所引用,并推广至多种中药,这即是现代酒制品较多的主要原因。

酒制之所以能发挥作用,如去腥、溶解等已为人们生活实践所证实,至于酒制帮助"行药势""升提""去寒""引经""助发"等都是利用酒本身的作用,而且必须有酒存在,如唐代的《千金方》中曾说"凡服酒药,欲得使酒气相接,无得断绝,绝则不得药力"以及"诸汤用酒皆临熟下之"。都说明要维持酒的存在,不使断酒气和防止酒被挥发,才能发挥作用。元代强调酒制亦指明要"借酒力以上腾也"、"以酒将之可行至高之分","假酒力则微温大补",都需要有酒存在。

从以上酒制的历史演变看来,酒制的作用是多方面的,古人的原意是欲借酒本身的作用,以帮助、改变或发挥药物的性能,所以必须有酒存在始能发挥作用。

(二)酒制自元、明突出强调有"升提"等作用之后,至今仍沿用。但酒炒、酒蒸,不仅要经过加热过程而且药材还要经过干燥,酒已挥发而不存在,是否还能起到借"酒力"发挥上行、去寒、引经等作用呢?有人认为经过酒制后虽酒已不存在,但药材成分组成可能有改变,或酒帮助一些有用成分溶出而扩散于药材组织之外,因而有易于溶出吸收,从而起到"上行"等作用。

近年来许多单位,曾对大黄、地黄、黄芩、黄柏、元胡等常用中药的酒制问题作过一些研究探索,虽在不同地区,不同年代,采用不同方法,而且是分散的进行的研究,虽然研究的品种不多,但具有一定的代表性,将各地研究资料加以综合分析,可以看出现有一些酒制的药材,加酒与否对药材的质量无改变。炮制品中不含酒,煎出物量亦无改变,现有酒制法并不能达到古人原意即酒制后能起到的作用,因此,酒制有必要改革。

1. 在酒炒类中　沈阳军区总医院、北京中医学院、宋元琪、李忠、陈大成,冯宝麟等曾对黄芩、黄柏、元胡、大黄作过生、炒、酒炒的含醇量、主要成分组成和含量、抑菌作用、煎出物量等实验,结果说明酒炒品已无醇存在,成分组成、含量等,用酒与否无明显差异,抑菌效果亦无明显区别,所以酒在酒炒中意义不大。见表1。

2. 在酒蒸类中　中医研究院中药研究所,河南省中医研究所,河南省豫北医专等曾对地黄、大黄的生品、单蒸品及各种酒蒸品等作了主要成分、药理、临床的比较。说明了药材生品与蒸制品质量有显著区别,但加酒蒸(各种加酒量及不同时间蒸)与不加酒清蒸质量并无明显改变,其结果见表2、表3。另外清蒸地黄与酒蒸地黄经临床观察,二者均有降压、降低胆固醇、改善脑血流、利尿、镇静作用,并对心肌劳损和冠状动脉供血不足,有一定的改善作用,经统计学处理,二者作用无明显差异。从大黄的致泻成分结合蒽醌降低和 ED_{50}。

表1　几种中药生品、清炒品、酒炒品的实验结果

品名	实验项目	生品	清炒品	酒炒品
黄柏	抑菌	抑菌		抑菌
	小檗碱量	0.71%	0.65%	0.71%
	煎出物量	22.00%	22.58%	23.98%
黄芩	小檗碱量	0.539 0%		0.554 5%
	抑菌	抑菌	抑菌	抑菌(略佳)
	煎出物量	43.81%	44.41%	42.44%
	黄芩甙量	5.93%		6.18%

（续表）

品名	实验项目	生品	清炒品	酒炒品
元胡	延胡索总碱	25.06%		22.66%
	总蒽醌	2.483%		2.264%
	游离蒽醌	0.355 2%		0.379 9%
大黄	煎出物量	45.70%	44.57%	43.75%
	总蒽醌	3.54%		3.38%
	游离蒽醌	0.35%		0.72%

增高的结果看来，炮制影响大黄质量的关键在于加热，温度愈高，加热时间愈长，蒽醌甙破坏愈多，所以其 ED_{50} 依次升高，同加酒与否关系不大。因此，在酒蒸中加酒与否亦意义不大。

（三）通过以上酒制的历史演变和现代科学研究结果的综合分析，提出如下几点看法。

（1）酒制是在服用酒剂和酒药同服的基础上发展而来的，酒制所能起的作用都是酒的作用，因此必须有酒存在始能发挥作用，至今中医尚存的服药酒、黄酒为引、黄酒送服等用药习惯，仍是充分发挥药力的合理方法。但后世的酒炒、酒蒸经加热、干燥，酒已不存在，不可能起酒的作用，而且如大黄、地黄等是由单蒸即可去寒变温演变成加酒蒸制的，原单蒸已能达到预期目的，药材性质的变化并非与加酒有关。现代研究结果亦看不出加酒与不加酒炒或蒸，在药材的成分组成，煎出物量等方面有任何区别，因此认为加酒的意义不大，除少数药材需去腥溶解可用酒制外，其他品种可以不用酒制，如需要行药势、上行、升提等可加服适量酒。

表2 生地黄与各种蒸地黄的实验比较

测定项目	生品	单蒸	九蒸九晒	50%酒蒸	100%酒蒸	100%酒九蒸九晒	单位
水煎出物量	6.789 5	7.047 0	7.004 5	7.867 0	7.545 0	7.598 6	北京
醇浸出物量	1.638 2	2.666 6	2.445 2	2.656 1	2.506 6	2.528 0	
水煎出物量	91.79%	102.43%					河南
醇浸出物量	1.67%	4.25%					
还原糖量	46.55%	46.49%					
还原糖量	5.036%	24.88%					
葡萄糖量	1.56%	8.57%					

表3　大黄的实验比较

实验项目	生品	水浸品	酒炒品	醋炒品	酒蒸品	大黄炭
结合型蒽醌含量%	3.19	2.94	2.66	2.60	2.47	1.87
ED_{50}	139.4	228.5	245	308.3	1 840	—

2. 关于酒制理论,当前用酒炮制中药,仍是以陈嘉谟的"酒制升提"理论为依据,同上理由,如酒药同服是可以起"升提"等作用的,但用酒炒、酒蒸则不起作用。另外用酒的目的尚有去腥、助溶、帮助粉碎、引经、去寒等作用,因此陈嘉谟的酒制理论并不全面,亦不确切,只说明了酒制的一方面作用,不能作为酒制的普遍指导原则。

3. 酒制特别是蒸法的炮制品质量变化,有影响的因素不是酒而在于加热温度高低,时间长短,加热方式,如笼蒸、罐蒸、高压锅蒸等。因此,应结合传统要求予以深入研究,以寻找统一的合理工艺。

4. 关于用什么酒的问题,历代都是以黄酒即米酒入药用。如唐代的《新修本草》中说"诸酒醇醨不同,唯米酒入药用",宋代寇宗奭说"今入药佐使,专以糯米用清水白面麴所造为正",明代李挺说"酒类甚多,惟糯米面麴造者可入药用",至今药用仍为黄酒。历史上只明代偶有用白酒的,如明·《普济方》,但未被当代承认,李时珍曾说"烧酒非古法也,元代始创其法"。所以现代的《中国药典1977年版》,仍规定以黄酒入药。

至于白酒是否可代替黄酒,由于二者皆含醇,醇的作用与中医所认识酒的作用是一致的。虽黄酒尚含有少量脂、蛋白质、糖类、色素等,但这些成分的性质,似不能起到"升提""行药势""引经""去腥""助溶"等作用。所以白酒似可代替黄酒制药,以含醇量折量使用。

七、中药炭药探讨*

炭药是中药常用的一类炮制品,一般认为炒炭能止血,有"血见黑止"的说法,在这一理论指导下,炭药的品种各地有很多,全国应用过的炭药约七十余种。77年版药典正式收载二十一种。

现代对炭药有一些看法和问题,炭止血的理论是否适用于一切中药?是否任何一种中药炒炭都可以止血?原有止血作用的中药是否也必须炒炭用?炒炭后其止血作用能否加强?炭药的止血机制是什么?炭药制造时损耗率很大,且有很多有用的成分因高热而破坏损失,有否改进的必要?炭药的制法全国并不

---

* 冯宝麟等:《中药炭药探讨》,载《中成药研究》1982年第8期,第16～18页。

一致,有闷煅法、有炒炭法,具体操作亦不统一,以那一种方法为好?炭药一般要求"存性",怎样才算存性?存性的程度如何掌握?许多问题待研究解决。

为此,我们结合炭药的历史沿革和现代研究情况,对炭药作一些讨论,为炭药的改进和提高,提出一些看法。

(一)炭药的历史沿革

炭药的使用已有约两千年的历史,历代在品种、用途、制作方法上都有发展和变化。最早的炭药见于《黄帝内经素问》,只有血余炭一种,用于治尸厥,有"蟠治左角发"的记载。

到汉代炭药有所增加,作用亦是多方面的,并不用于止血,如《金匮要略方论》中有积实、乱发、王不留、桑根皮等烧后,用于治疗产后腹疼,小便不利,金疮及食物中毒等。

南北朝时期,炭药数量增多,如葛洪《肘后备急方》曾用白马尾、白马前脚烧后治"卒死尸厥";烧刀鞘、鼠矢治"卒得鬼击";烧鳖头、栀子等治"卒中五尸";还有桑白皮、蜈蚣、釜底黑、独父蒜、鹿角、牛膝、虾蟆、竹叶、蛇皮、鳝鲤甲、蜘蛛、刺猬皮等烧后内服或外用治疗疟疾、呕吐、痈疽、瘘疮、犬咬伤等。以动物药居多数,当时,未叨确炭药用于止血。

唐代以来开始见有些炭药用于止血,如《千金方》中除用烧鼓皮治妊娠中蛊、鲫鱼烧灰治妊娠中风;大黄烧灰治带下……外,有用爪甲烧灰治尿血,羚羊烧灰治产后下血;烧乱发、槐子治崩中、漏下、赤白不止等。

宋代的《证类本草》除有干漆炒熟为了去刺激性;干姜炭用于治痢,茅根炭用于竹木刺于肉中,栀子炭治霍乱外,又有蝟皮烧末吹鼻中止鼻衄;蚕布纸炭治吐血、崩中、带下、赤白痢等。金元时期以前,炭药的作用是多方面的,而用于止血只是其中一部分,品种并不多。

自元代,葛可久的《十药神书》中用"十灰散"治疗肺病吐血,并开始提出"大抵血热则行,血冷则凝,见黑则止"的理沦,之后明清时期炭药用于止血的品种大大增加。许多元代以前并不炒炭用的止血中药,明、清以来也开始炒炭用。如宋代《证类本草》中许多止血止痢的药材并无制炭的记载,如生地(崩中)、卷柏(止血)、黄连(下痢、吐血)、蒲黄(止血)、茜草(止血)、黄芩(下血)、大蓟(止血)、小蓟(止血)……等,这些药材元代之后才有炒炭的用法。现代的炭药已很少提起能治痢、治带下、食物中毒、外用于金疮、痈疽等其它方面,而只单一的突出止血的方面。

凡炭药皆止血的看法,是受元代血见黑止的理论影响而形成的。现代中医界大多以此理论为指导使用和生产炭药,因此炭药的品种大增。

清代以来不同意用炭药的意见也不少。如清代《本草从新》认为熟地炭、枸杞炭是将"甘润养阴之品,变而为苦燥伤阴之物,非徒无益,而又害之矣!"《本草正义,认为栀子炭'炒黑力微,徒有其名"。《女科要旨》则更进一步认为"一切炭药……皆为无气无味之类",不主张用炭。

总之,从炭药的起始看来,炭药不仅只是用于止血,而还有其他很多作用;并不是每一种中药炒炭后都可止血,炭药品种的增加是受元代血见黑则止的理论影响。炒炭是否增强止血作用要具体分析。

炭药制法和质量要求也是在演变的:早期制法只有直火烧法,如《内经》中的"燔"(烧)。《金匮要略方论》中的"烧灰"。南北朝《肘后备急方》中提到"烧令烟尽"、"烧令绝烟"等,方法很简单,是直火烧。早期虽也注意到质量问题,提出要求存性,如《金匮要略方论》中有"烧灰存性,勿令灰过"、"炒令黑勿太过"等,但直火加热不易控制质量。为了存性,后世方法有改进,如宋代《博济方》中提出棕榈"烧灰(才)火着,急以盆盖,阴令火住"和《小儿药证直诀》中有"蛇皮、皂角等入小罐子内,盐泥固济,烧存性。"这些方法对控制质量起了一定作用,至今有沿用的,但具体操作有变化,如现代的焖煅法则是罐子内烧的演化,点火烧法在个别地区仍有沿用者,但大多使用炒炭法。

(二)炭药的研究概况

炭药的研究,在临床、药理、化学等方面都曾作过部分工作。中医虽用炭药止血,但无完整的资料。现代临床方面曾观察总结过几种炭药确有止血作用,如大枣炭治疗内痔出血、大黄炭、白芍炭治疗食道出血、血余炭治疗咯血、呕血、便血、尿血等,都有效。药理方面曾有三十种中药炒炭前后止血、凝血作用的比较,亦证实多种炭药能缩短出血和凝血时间,证实有些炭药确能止血。但也有些炭药止血、凝血作用反见延长,如菊花炭、当归炭、小蓟炭、生地炭等。有些药材生用与炒炭用止血、凝血作用并无明显差异,如杜仲、蒲黄、地榆、香附、荷叶、侧柏叶等。说明并不是任何一种药制炭后都有止血作用,以及某些药材生、炭对比炭药并不增强止血作用。也说明炭药是否有止血作用随药材不同而不同。

在止血机制方面,有人研究认为血余炭的止血作用可能与钙有关,血余炭煎液有止血作用,而除去钙的煎液则失去作用。但钙是否为所有炭药止血的共同因素未见研究。有人认为槐米未经炒炭后鞣质增加,鞣质可能为收敛止血的原因,也有报道鞣质并不增加。但进一步观察了地榆、大黄、侧柏、蒲黄、丹皮、银花、藕节、生地、大蓟、小蓟,炒炭后鞣质含量均降低,看来与鞣质含量似无关。为此炭药的止血机制至今尚不太清楚。

炭药制造时损耗相当大,一般损耗40%~60%。不仅如此,很多报道说明药材炒炭后有些有用的成分因加热破坏而损失很大,有的甚至殆尽。如黄连炭、黄柏炭的小檗碱,大黄的蒽醌,以及上述地榆等十余种中药炒炭后鞣质含量降低。又有报道在四十种中药炒炭前后比较抑菌作用,很多炭药比生药的抑菌作用弱,如大黄、黄芩、黄连、陈皮、栀子、丹皮等。说明药材经炒炭后,某些质量有降低,从存性的角度来看,亦应考虑研究改进。

（三）几点看法

1. 通过炭药的历史沿革分析,炭药的作用并不仅限于止血,还有如止痢、止带,外敷治疗疮伤、痈疽等其他用途。动物药需制炭用,可能与灭菌、矫嗅,便于粉碎,便于煎出及易于吸收等有关。至于"血见黑则止"的理论只适用于解释某些炭药的止血作用,并非所有药材炒炭后都止血。全国现有的七十多种炭药,多数是受元代血见黑止的影响而增加的,炒炭后是否能止血历史上也有争议,通过现代药理研究也可看出有些炭药无止血作用或不能加吸止血作用,还有待通过临床与药理等方面进一步总结。

2. 中医认为出血的原因有多种,有血热妄行而出血,有脾虚不能统血而出血,有阴虚火旺而出血……需根据不同原因,或用凉血止血药或用滋阴降火药或用补脾药来止血,并不一定用炭药。现代药理说明,有些生药炒炭后止血作用并不加强,所以有些原来就有止血作用的药材有无必要再制炭用,尚需进一步通过临床验证。

3. 炭药止血从中医理论来说,还要利用药材本来的性能,故有存性之说。炭药有利用原药固有成分一面,又有利用炭药本身止血的一面,而现有炭药的制造有炒、煅等,不仅方法不一,要求程度亦不一,其存性的程度并不一致,势必影响质量。所以应通过临床、药理、成分分析等加以肯定,选取制定最合理的工艺,以求质量稳定。

4. 制炭后药材的损耗很大,一般生药制炭后损耗40%~60%,许多有用成分也受到破坏,如何充分利用药材不使浪费亦有待研究改革。但炭药从根本上改进必须有待于搞清炭药的止血原理。从元代炭药的用法分析,唐、宋的记载很多炭药是直接服粉末,在疮伤、痈疽的治疗中即以粉末直接外敷,外用止血或粉末内服止肠胃道出血、止痢,可能与炭药的疏松多孔,起机械的加速血凝作用与吸附性有关。

5. 炭药类的止血作用,还应经临床进一步研究,以肯定哪些药适于炒炭用,哪些不适于炒炭用。在制造方法、存性程度以及止血机制等方面也应进一步研究,为炭药从根本上达到既符合中医理论用药特点,又能进一步提高炮制方法提供依据。

八、中药醋制类炮制理论探讨*

（一）总论

这里收集了需要醋处理的药物 27 种,希望找出中药炮制用醋处理的理论依据,找出合理的炮制方法,进一步提高药物的治疗作用。

收集的资料见下表。包括动、植、矿物药皆有醋制,以植物药居多。

27 种药物的分类表

	植物药	动物药	矿物药
数量	17	5	5
百分率%	64	18	18

27 种药物治疗作用统计表

作用	理血	理气	止疼	散瘀	消积	泻水	发散	消化	镇静	外用
品种数	9	6	10	7	5	4	1	1	1	1
百分率%	30	20	30	26	18	15	4	4	4	4

从上表观察,需要醋处理的药物主要为理血、消积、理气、散瘀止疼、泻水的药物。

27 种药物归经统计表

归经	肝	肾	肺	脾	胃	大肠	胆
品种数	18	5	5	7	2	2	2
百分率%	67	18	18	25	7	7	7

需要处理的主要为入肝、脾经的药物,而以入肝经的药物最多。

27 种药物性味统计表

性味	苦	寒	有毒	甘	酸	辛	温
品种数	16	12	7	4	2	9	5
百分率%	59	49	26	25	7	33	18

27 种药物资料

	品名	类别	归经	性味	治疗作用	古代炮制方法（本草纲目以前）	近代炮炙方法
1	大戟	植	肾	苦、寒	逐水、泻水饮	①凡采得以浆水煮软,去骨晒干 ②海芋叶拌蒸,去芋叶晒干	醋炒:药 10 斤醋 1 斤 醋煮:药 10 斤醋 1 斤

---

* 冯宝麟:《中药醋制类炮制理论探讨》,载《中医药研究参考》(内部资料)1978 年第 11 期,第 24～27 页。

（续表）

	品名	类别	归经	性味	治疗作用	古代炮制方法（本草纲目以前）	近代炮炙方法
2	芫花	植	肺、肾	辛温有毒	泻水饮、咳逆	醋煮去醋，晒干则毒灭，醋炒则次之	醋炒：药10斤醋1斤 醋煮：药10斤醋10斤
3	狼毒	植		辛平有毒	破积聚、杀飞鸟走兽	醋炒	醋炒：药10斤醋2斤 醋煮：药10斤醋10斤
4	商陆	植	肾	苦寒有毒	泻水饮	①豆叶拌蒸去豆叶 ②醋炒	醋炒：药10斤醋2斤 醋煮：药10斤醋5斤
5	甘遂	植	肾	苦寒有毒	泻水饮	①荠苨汤浸三日，泸出，冻流水淘令清为度，捞于器中熬脆用 ②麦面煨熟用	醋炒：药10斤醋2斤 醋煮：药10斤醋10斤
6	三棱	植	肝、脾	苦、平	行气破血、消积、止疼痛经	①醋炒 ②煮熟焙干用	醋炒：药10斤醋1～2斤 醋煮：药10斤醋5斤
7	五灵脂	动	肝	甘、温	通利血脉、行淤止痛	酒飞去砂石	醋炒：药10斤醋1斤
8	五味子	植	肺、肾	酸、咸、温	敛肺滋肾生津敛汗	蜜浸蒸	醋蒸：药10斤醋2斤
9	元胡	植	肝、肺、脾	辛微苦寒	活血散瘀、利气止疼	醋炒	醋炒：药10斤醋1～2斤 醋煮：药10斤醋10斤
10	白芍	植	肝、肺、脾	苦酸微寒	柔肝止疼、养血敛阴、利小便	醋炒	醋炒：药10斤醋2斤
11	青皮	植	肝、胆	苦、辛、温	破气散结、疏肝止疼、下食化滞	醋炒	醋炒：药10斤醋1.5斤
12	香附	植	肝	辛、微苦	理气解郁、调经止疼	醋炒	醋炒：药10斤醋1～2.5斤

（续表）

	品名	类别	归经	性味	治疗作用	古代炮制方法（本草纲目以前）	近代炮炙方法
13	郁金	植	心、肺、肝	苦、辛、寒	凉血、破瘀行气开郁	醋煮	醋煮：药10斤醋3斤
14	柴胡	植	肝、胆	苦、微寒	发表和里退热升阳解郁调经	不可犯火，立无效也	醋炒：药10斤醋1斤
15	莪术	植	肝	苦、辛、温	行气破血、消积化食	醋炒醋煮	醋煮：药10斤醋2.5~5斤
16	代赭石	矿	肝	苦、寒	镇逆、止呕、平肝火、止血	火煅醋淬	火煅醋淬
17	磁石	矿	肝	辛、平	平肝镇静	火煅醋淬	火煅醋淬
18	自然铜	矿	肝	辛、平	散血止痛破积消瘀续筋接骨	火煅醋淬	火煅醋淬，煅至无兰火
19	赤石脂	矿	胃、大肠	甘、咸、温	清肠止泻	碾粉醋拌成并煅	同前
20	乳香	植	心、肝、脾	苦、辛、温	调气活血、舒筋止疼、消痈	①置窗隙间良久研即不粘②微炒杀毒则不粘③加灯心或糯米数粒或加少许酒研细	醋喷炒
21	没药	植	肝	苦、平	行气散血、消肿定痛、生肌		醋喷炒
22	龟板	动	肾、心、肝	甘、咸、寒	补心肾、滋阴潜阳	①炙黄用②醋炙	砂烫热醋淬
23	别甲	动	肝、脾、肺	咸、寒	滋阴强阳、软肾散结	醋炙黄用	砂烫热醋淬
24	山甲	动	肝	咸寒有毒	散血通络、消肝止痛、下乳		砂烫热醋淬
25	鸡内金	动	肺、脾	甘、平	消水谷、理脾胃		醋喷炒
26	椿根皮	植	胃、大肠	苦、清、寒	收涩固肠	①去粗皮阴干②醋炙	醋炒：药10斤醋1斤

	品名	类别	归经	性味	治疗作用	古代炮制方法（本草纲目以前）	近代炮炙方法
27	硇砂	矿	肝、脾	咸苦辛温	消积软坚化痰	水飞去尘秽,重汤煮干,则杀毒	加水2倍,醋12倍,隔水蒸8小时,静置取上清液蒸析出白色结晶
28	醋		肝	酸、苦、温	理气血、消痈、除症坚积消毒收敛		

要处理的主要是苦、寒、辛、温、有毒类的药物,而已苦、寒、辛的药居多。

从上面的统计观察,醋处理应用于动、植、矿物皆有,以植物药居多,这些药多是入肝、脾,其治疗则多为理气血、散瘀止痛、消积、泻水等,这类药物的性味以苦、寒、辛、有毒的居多。

从现代炮制方法上统计可分为四类。

1. 醋煮　一般将药物加一定量醋,醋煮至干,也有煮至无心捞出者。从作法上观察其目的是将醋吃入药内增加醋的作用。

2. 醋炒　其方法有二,一般可以互相通用。①一定量醋拌匀闷透后炒至干。②药随炒随喷以定量的醋,炒至干。但鸡内金、乳香、没药不采用①法。

醋炒的目的,从作法上观察,也是将醋吸入药内,增加醋的作用,但用量较煮者为少。在鸡内金等又有易粉碎、去腥的作用。

3. 醋淬法　其方法凡矿物药一般经煅后、动物药砂烫后,趁热投入醋中,其作用主要是为了药物易于粉碎。动物药又有去腥的作用。现代亦有人认为可以帮助药物溶解。

4. 醋蒸　只有五味子一种,其目的是增加醋的作用。

5. 硇砂　此法似醋煮,但药物加醋,隔水煮,取其白色析出物。视其方法是一种精制重结晶。

从上作法观察,醋处理的药物多是将醋吸入药内,或药物加热后在醋中淬之,帮助粉碎,或起去腥的作用。个别是精制。

从醋的本身观察:醋本身有理血、理气、消痈、止疼、去坚积、消食、杀毒、收敛之作用。古代记载"醋注肝而止疼""消痈肿、散水气、杀邪毒""治产后血运除症块、坚积、消食、杀恶毒、破结气"。

综合以上材料,药物用醋处理的目的,有下列几点。

1. 辅助药物的作用,将醋吸入药内,辅助药物的治疗。

2. 降低药物的寒性,毒性及急剧的作用。
3. 使药物易于粉碎。
4. 去掉药物的异味。
5. 精制。

(二)各论

1. 大戟 大戟是泻水药,性苦寒有小毒,其泻下作用很剧烈,古代炮制时是用海芋叶拌蒸后去芋叶用,或者是揉得以浆水煮软,去骨晒干用,视其目的是缓和泻的作用及去毒。古代并没用醋制。现代则一般为醋炒或醋煮,醋有收敛的作用及杀毒作用,可能加醋处理即是此意。但醋煮与醋炒二者用醋量不同,相差五倍,需待研究。

2. 芫花 为逐水药、有毒。古代炮制用醋煮或醋炒。其目的说法不同,一谓去毒,一谓协助。如"醋煮去醋晒干则毒灭或以醋炒则次之。"但又有"芫花本利水,非醋不能通。"又似是协助作用。如按第一个说法;可能毒额可以溶解于醋,去醋即去毒。第二种说法似有效成分可以溶解于醋而有疗效。

现代方法用醋煮,醋并不除去而吸入药内。醋应当吃入药内或将醋滤出,尚待研究。根据现代作法,则是利用醋的去毒和收敛作用。

3. 狼毒 是有毒药物,古代与现代皆用醋炒,狼毒可破积聚。加醋一方面是起协同之作用,一方面也起解毒的作用。现代作法有醋炒也有醋煮,用醋量也相差 5~10 倍,用多少醋,尚须研究。

4. 商陆 是逐水药有毒,古代用水浸泡或用豆叶晒干用,目的皆是解毒。现代用醋炒或醋煮,也是解毒。可能是利用醋之收敛作用减少药物之刺激与吸收。

5. 甘遂 是逐水药有毒,古代用芥尼水浸后,水洗净,捞于土器中熬脆用,或用面煨,目的是去毒。现代用醋煮或是醋炒,也是去毒。

6. 三棱 是行气、破血、消积、止痛、痛经的药物。古代用作消积,可醋浸一日后炒或煮熟焙干用,或三棱性猛烈用时面煨醋炒,视其目的是加醋配合消积及缓和药性。现代是醋煮或醋炒用,其醋量煮与炒相差五倍,目的是相同的,用量需研究。

7. 五灵脂 是寒号虫的粪便,有行血止疼的作用。古代认为"生者行血,炒用止血"所以一般用药时半炒半生用,并不用醋,生药之处理只是去泥砂,"酒研飞炼令去泥砂者最佳"。所以古代用酒,帮助药物溶解后,除去砂土有精制之意。现代有人认为五灵脂中有大量树脂;树脂一般酒内可溶是很好的精制法。近代用醋可能根据"入血分药加醋",又可能借之除去五灵脂的异味。

8. 五味子 是一种敛肺滋肾,生津敛汗的药物。古代是用蜜浸蒸,认为入补药则需熟用,蜜蒸是入补药又增加蜜之作用。现代用醋蒸,除补之外,增加醋之作用。

9. 元胡　是一种活血散瘀利气止疼的药物,古今皆用醋煮或醋炒,认为可以帮助止疼及止血,"醋注肝而住痛"及"止血用醋炒"。现代研究认为元胡含有延胡索碱,延胡索碱有止疼作用,生物碱一般在酸性中易溶,可能帮助延胡索溶解而增加止疼作用。

10. 白芍　是一种柔肝止疼养血敛阴药。古代蒸熟用,也有醋炒用于女性血药。现代用醋炒皆是增加药的理血止疼等作用。

11. 青皮　青皮是一种破气散结,疏肝止疼的药物,古今炮制方法皆相同,用醋炒,目的是增加醋的辅助作用。

12. 香附　是一种理气调经止疼药,古今皆用醋炒,是利用醋起辅助作用。

13. 郁金　是凉血破瘀,行气开瘀药,古今皆用醋煮,"……下血醋煮"是利用醋的辅助作用。

14. 柴胡　是一种发散药、退热。古代记载柴胡的炮制不用火,"不可犯火,即便无效"故不见炒用,更不见用醋炙。现代则有醋炒,是否失效可待研究。现代有人研究柴胡中提出挥发油,有较好的退热作用,从挥发油的观点上观察,炒是可能损失作用,与古代认识相同。

15. 莪术　是一种行气破血消积化食的药物。古代认为醋炒或醋煮入血分,是起辅助作用。现代多用醋煮,但醋量较不统一,白每10斤药用醋2.5～5斤,煮的程度也不一,有的煮至无心,有的煮干,从起辅助作用上观察,应以定量醋煮干才能保证醋的作用。

16. 椿根皮　是一种清肠固下的药物,有小毒。古代炮制仅"去粗皮,阴干用"或"醋炙用固涩",则其目的为辅助其清肠固下的作用,醋能收敛之故,也有去毒之意。现代亦是用醋炒。

17. 代赭石　是一种镇逆止呕、平肝火止血的药物,其炮制方法古今皆是高温煅后倒于醋中,认为"火煅醋淬七遍,研水飞,甘寒无毒"。及"诸石火炬红,入醋堪研末"视其目的是去寒及利用矿物加热,突然冷醋淬,使其变脆易碎。现代亦有人认为代赭石含氧化铁,加醋可以化合成醋酸铁增加溶解度,可以进一步证实。

18. 磁石　是镇静药,炮制方法古今大致相同,目的与代赭石同,易于粉碎,磁石之成分亦是氧化铁,有人认为可形成部分醋酸铁,帮助溶解,亦可进一步研究。

19. 自然铜　是一种散血止疼、破积消瘀药,炮制方法古今相同,入火内煅至无蓝火,取出醋淬,取其易于粉碎,现代也认为有增加溶解度之作用。

20. 赤石脂　是一种清肠止泻药,其炮制方法是将赤石脂研成细粉后,用醋合匀作成饼,煅透后取出,古代只是研细水飞,也有煅的。其炮制目的只是粉碎,现代方法,仅利用醋作粘合剂用,易煅透。

21. 乳香　是调气活血,舒筋止疼的药物,其炮制在古代主要是为了粉碎,其方法有"置窗隙间、良久研即不粘"或"微炒杀毒则不粘"、"加灯心或糯米数粒,或加少许酒研细"。并不用醋处理,现代则用醋喷炒,可能借加热后以冷醋喷,也易粉碎,并起一定辅助药效的作用。

22. 没药　其炮制法与目的同乳香。

23. 鸡内金　是一种消食药,古代炮制并无醋炒用的,现代用醋喷炒,可能与去腥有关。

24. 龟板　是补心肾,滋阴潜阳的药物,古代的炮制法是炙酥、炙黄用,也有用醋炙的,其目的是酥后易于粉碎,且炙后体积膨胀,易于煎剂。现代则用砂烫趁热倒入醋中,易于粉碎是相同的,且也有去腥的意义,今人有谓醋炙后易于溶解,可以试验。

25. 鳖甲　其炮制法与目的同龟板。

26. 山甲　是散血通络、消肿止疼、下乳的药物,有小毒。炮制目的除易于粉碎、增加疗效外,又有解毒作用。

27. 硇砂　是一种消肿软坚化痰的药物、外用为眼科药。古代记载"水飞去秽,重汤煮干,则杀毒。"即是水溶解之后,在水浴上加热至重结晶,是一种精制方法,硇砂为天然产氯化铵,杂质可以重结晶除去。现代方法又增加醋,加强其杀毒作用,今人有分析认为净制之后是氯化钠,可以研究。

九、中药酒炒类炮制的研究*

酒炒是中药常用的炮制方法之一。传统炮制经验认为,中药经酒炒后,可以"酒制升提","引药上行",至今沿用此说。近人亦有不同看法。认为:(1)中药拌入酒后,经过加热炒干,酒已挥发,起不到"引药上行"的作用。(2)虽酒已挥发,但酒炒能帮助药物溶解,增加煎出量。上说目前皆未见到研究证实。

为了探索酒炒对中药质量的影响,我们考查了酒炒的历史沿革,作了部分实验研究,希望对酒炒作用存在的不同看法加以证实,为统一认识、改革酒炒炮制工艺提供一点科学依据。

（一）酒炒的历史沿革

我国最早用酒治病的记载见于《内经》。宋代的《证类本草》对酒的作用已有完整的总结,说酒"大热""主行药势、杀百邪恶毒气""通血脉、除风、杀腥"等,

---

* 冯宝麟等:《中药酒炒类炮制的研究》,载《山东医药》1978年第4期,第41~43页。

并有用酒煮或加酒同服的记载。酒炒炮制则始见于唐代,如唐《银海精微》中,收载用酒炒的中药有大黄、栀子、黄连、黄芩等,宋《圣济总录》,记有石斛、皂荚、石南叶、全蝎、败龟等。

酒炒的作用,元代始正式提出,元《汤液本草》提到:"黄连、黄芩、黄檗、知母病在头面及手梢皮肤者,须用酒炒之,借酒力以上腾也"。这一提法即后世"酒制升提""引药上行"的原始。元代之后,历代对酒炒作用又有新补充,如明《本草纲目》提到酒炒香附可以"行经络",酒炒白芍可以"避中寒",但这些说法都不如"引药上行"普遍。

综上酒炒历史沿革来看,中药酒炒是在用酒的基础上发展起来的,其目的是欲借用酒力以期增加中药的特殊作用。

(二)实验部分

酒炒是"借酒力"而起作用,酒是否存在则是能否起到"引药上行"作用的关键。因此我们选择了几种常用的、有代表性的酒炒大黄、酒炒黄芩、酒炒黄柏作了含醇量测定;针对酒可以帮助药物溶解、易于煎出的说法,作了大黄等生、炒制品的水煎出物量的比较;为了证实煎出物成分组成是否有改变,作了煎出物的纸层析比较;为了证实药材生品与酒炒品上要成分是否有改变,又作了三种药材生品与酒炒品的主要成分含量比较,其结果如下:

1. 酒炒品含醇量测定　经过试验,三种中药的酒炒品皆测不到醇。为了对比,又将酒炒品再拌入一定量黄酒,则可以测出醇。试验足以说明,酒炒品加热炒后,酒已不存在(表1)。

表1　酒炒(黄芩、黄柏、大黄)醇含量表

品名	取样量	黄酒含醇量(%)	样品加入醇量(%)	实测含醇量(%)
酒拌黄芩	40 g	11.4	1.23	0.67
酒炒黄芩	30 g	14.8	1.20	0
酒炒黄芩另拌入黄酒20 ml	30 g	14.8	2.96	2.03
酒炒大黄	30 g	14.8	1.71	0
酒炒大黄另拌入黄酒20 ml	30 g	14.8	2.96	1.69
酒炒黄柏	30 g	14.8	1.71	0
酒炒黄柏另拌入黄酒20 ml	30 g	14.8	2.96	2.04
黄酒1	30 g			11.4
黄酒2	30 g			14.8

样品:取自山东中医学院附属医院药房。

制法：药材加黄酒拌匀后炒干而得。黄酒用量，黄芩为27%，大黄和黄柏为38%。

测定方法：取样品30克，用适量水浸泡2次，合并两次滤液约为150毫升，再按1963年版药典醇含量方法测定。

2. 生、炒、酒炒品水煎出物比较　经试验，三种中药的生、炒、酒炒品的水煎出物量没有明显差异（见表2）。

表2　水煎出物量

品名	煎出物%	品名	煎出物%	品名	煎出物%
生黄柏	22	生黄芩	43.81	生大黄	45.7
炒黄柏	22.58	炒黄芩	44.41	炒大黄	44.57
酒炒黄柏	23.98	酒炒黄芩	42.44	酒炒大黄	43.75

样品同上，制法系选同一样品，分为三份，一份生用，一份炒，一份酒炒。

测定方法：按1963年版药典方法。

3. 水煎出物层析比较　三种药材的生、炒、酒炒品水煎出物纸层析其成分组成，没有明显差异。

（1）黄柏纸层析：如图1。

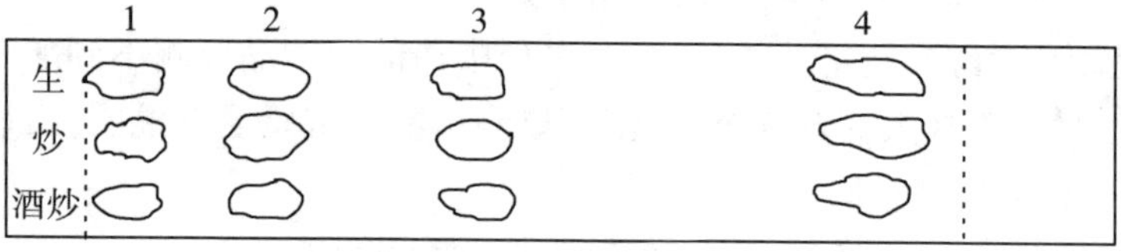

图1　黄柏纸层析

材料：华德曼NO.1滤纸（25 cm × 5 cm）。

样品：上述黄柏（生、炒、酒炒）1∶2水煎液，加定量乙醇沉淀，滤出上清液点样。

展开剂：10%氨溶液，上行展开。

Rf值（荧光下）：①0.051，鲜黄色；②0.21，暗黄色；③0.42，暗兰色；④0.89，亮兰色。

（2）黄芩纸层析：如图2。

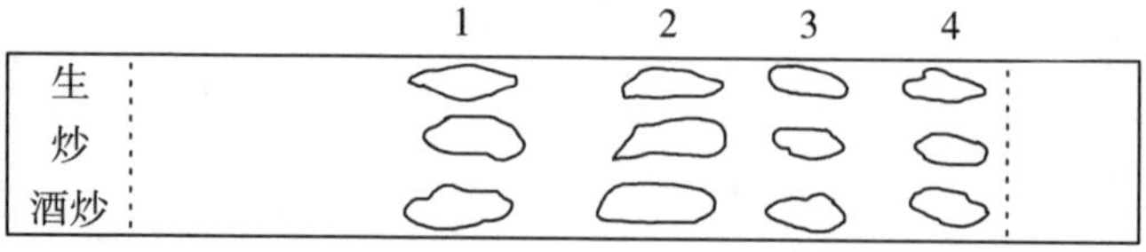

图2　黄芩纸层析

材料、样品(黄芩)作法同上。

展开剂:正丁醇:醋酸:水为6:1.5:2.5。

Rf值(荧光下):①0.36,紫色;②0.60,棕红色;③0.75,棕红色;④0.92,棕红色。

(3)大黄纸层析:如图3。

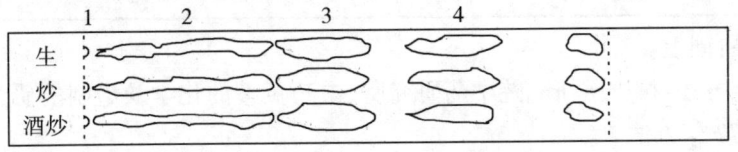

图3 大黄纸层析

材料、样品(大黄)做法同上。

展开剂:氯仿:甲醇:醋酸为3:2:0.5,水饱和。

Rf值(荧光下):①0.00,棕色;②兰色;③0.46,橙红色;④0.70,淡橙色;⑤0.95,黄色。

4.主要成分含量比较 经测定,生和酒炒黄柏(主要成分小蘗硷),生和酒炒大黄(主要成分总蒽醌和总游离蒽醌),生和酒炒黄芩(主要成分黄芩贰),三者含量没有明显差别。

(1)生和酒炒大黄总蒽醌及游离蒽醌含量测定(表3)。

表3 生、炒大黄总蒽醌及游离蒽醌含量表

品种	总蒽醌含量%	游离蒽醌含量%
生大黄	2.483	0.355 2
酒炒大黄	2.264	0.379 9

样品:同上。

测定方法:按药学学报1963年12期720页方法,但比色用72型分光光度计,在510毫微米波长处测定。

(2)生和酒炒黄柏小蘗碱含量测定(表4)。

表4 生、炒黄柏小蘗碱含量表

品种	小蘗碱含量%
生黄柏	0.539 0
酒炒黄柏	0.554 5

样品:同上。

测定方法:按中草药通讯1976年3期23页方法。但所用滤纸为华德曼NO.1,比色用Uniconsp500分光光度计。

(3)生和酒炒黄芩黄芩甙含量测定(表5)。

表5　生、炒黄芩黄芩甙含量表

品种	黄芩甙含量%
生黄芩	5.93
酒炒黄芩	6.18

样品:同上。

测定方法:按中医研究院中药研究所,中药黄芩的化学及炮制的研究(内部资料)1972年方法。

(三)讨论

1.酒炒的目的,传统经验认为是借用酒来引导中药发挥"上行"作用,因此酒是起这种特殊作用的关键物质。试验证实酒炒后的中药根本不存在酒。而且中药炮制后尚需经过储存或制成汤、丸、散等剂型,其间经干燥、粉碎或煎煮,更不可能有酒存在。因此我们认为酒炒欲借酒力使中药发挥"上行"作用是不可能的。

2.试验证实,生品与酒炒品的水煎出物量并无明显差异,水煎出物的成分组成没有显著改变,同时生品与酒炒品的主要有效成分如大黄中的蒽醌、黄柏中的小檗碱、黄芩中的黄芩苷含量均无明显改变。既然酒炒不影响中药的水煎出量及其成分组成和主要有效成分含量,因此酒炒后不可能另外增加中药的"升提"作用。

3.综上试验,我们认为酒炒起不到"酒制升提"、"引药上行"的作用,除去防腐、矫味者外,中药炮制似可省去酒炒法,既节约人力物力,又便于生产。如欲用酒发挥引经作用,则可药、酒同服或服用酒剂,更易达到预期效果。

十、中药蜜制沿革探讨[*]

(一)中药蜜制的起源

在中药蜜制出现之前已有了蜂蜜单方药用和参与配伍的记载。医圣张仲景的蜜煎导方,晋·《肘后方》中"目生珠管,以蜜涂目";"汤火灼已成疮,白蜜涂之。"等均为单方用蜜。蜜参与配伍,有蜜药同服和参与制剂两种形式。汉·《伤寒论》中泻热逐水破结的大陷胸丸用蜜水煮服。晋·《肘后方》中救卒死尸厥"真丹方寸七,蜜三合和服"等方,是通过蜜服药参与配伍。经方中乌头汤、大乌头煎、乌头桂枝汤、甘遂半夏汤、大半夏汤、甘草粉蜜汤、猪肤汤等,是由定量蜂

---

[*] 冯宝麟等:《中药蜜制沿革探讨》,载《中成药研究》1986年第1期,第18~19页。

蜜参与配伍的汤剂。肾气丸、薯蓣丸等补益之剂，是用蜜制备的丸剂。单方用蜜或参与配伍，均是利用蜜的治疗作用或蜜与药物的配伍作用。如蜜煎导方，是用蜜润肠导便。大陷胸丸蜜水煮服是用蜜的益气补中作用，使"峻药不急下行，毒药不伤肠胃"（《伤寒论类方汇参》）。乌头汤等温经祛寒、除湿止痛之剂配用定量蜂蜜煎汤，是因"白蜜甘缓，能解乌头毒。"（《伤寒论讲义》）。补益剂以蜜为丸，不仅是取其赋形作用，还有增效之意。

中药蜜制最早见于南北朝刘宋时期的《雷公炮制论》。用蜜炮制单味药材，继承沿用了早期的用蜜原则。与用蜜配方目的相同，均在于利用蜂蜜作用与药物发生协同或相约配伍，以适应辨证论治之需要。如早期款冬花与定量蜂蜜混合用熏法疗久咳（宋·《证类》），与百合制成蜜丸治痰嗽带血（宋·《济生方》），是用蜜与药物相须配伍。因蜜甘平入肺"和营卫润脏腑"（《纲目》），能治肺燥干咳，肺虚久咳。后世款冬花、百合用蜜制增强润肺止咳作用，也是取蜜与药物的协同作用。又如宋代用百部治暴咳是"捣自然汁和蜜等分沸汤煎成膏。"天门冬补虚劳治肺劳……是"去皮心入蜜煮之。"（《证类》）。近代发展为百部、天门冬用蜜制增强润肺止咳功能等等。由此可见，中药蜜制起源于蜂蜜药用，是蜜参与方剂配伍的沿变，是蜜药配伍的一种药用形式。

（二）蜜制品种与方法的沿变

蜜炙药物，始载于《雷公炮制论》的有九种，以后历代都有增加。至明、清时期，先后应用的蜜制品近八十种（《历代中药炮制资料辑要》）。主要应用于补气助阳等八类药物之中（见表）。至近代《全国中药炮制经验集成》一书收载各地应用的蜜制品种近九十余种。但应用较多的新增品种，主要集中于润肺止咳药中。《中国药典》1977年版收载蜜制药物十四种，其中入肺经，止咳平喘祛痰药近十种。如百合、百部、白前、枇杷叶、麻黄、桑白皮、款冬花、紫苑、旋覆花、马兜铃等。可见近代蜜制在其它药物方面的应用日趋减少。

蜜制方法，《雷公炮制论》中载有粉碎蜜浸法如杜若，蜜水浸后蒸焙法如菱蕤、五味子、紫苑；蜜浸阴干再涂蜜火炙法如檗木，蜜拌蒸法如芍药、大黄等。唐代以应用蜜涂火炙法较多。宋代蜜制方法日日臻完善。蜜炙法除蜜涂火炙法外（《圣惠方》），又有蜜浸炙法（《史载之方》）；蜜水炙法（《传信适用法》），蜜水浸焙法（《圣济总录》）等，另有蜜炒法（《局方》）；蜜拌蒸法（《证类》）等。以后各代蜜制方法基本承袭宋代，创新不多。近代则多用蜜拌炒法（蜜炙法）。

蜜的用量，历代医家大多有记述。《雷公炮制论》明确规定紫苑"凡修事一两，用蜜三分。"檗木"凡修事五两，用蜜三两。"宋·《传信适用方》载黄芪：六两，劈开揭薄，用白沙蜜不酸者一两，微入水中调解……搓匀，炙之微紫色。"明·《医学入门》载黄柏"每两炙尽生蜜六钱为度。"清·《外科证治全生集》载杜仲

"去皮,每斤用蜜三两涂炙,蜜尽为度。"等等。这些说明,前人用蜜炮制药物时,注意到根据临床需要定量用蜜的基本原则。

近代蜜制主要应用蜜炙法,在实际操作中各地又有先下蜜后加药,先炒药后下蜜,先蜜润后炒药等不同。用蜜量的标准多以药材吸蜜程度和外观是否"挂蜜"为度。有些品种的用蜜量与古代差异更大,如百合在唐代是"蒸过和蜜服"(食疗本草》)。宋代是"新百合四两蜜半盏,和蒸令软"(《圣惠方》)。近代用先炒药后加蜜的炙法,用蜜量很少。因此,蜜制中药中加蜜量的依据、标准、乃至工艺研究,还远远不够,亟待加强。

南北朝至清代蜜制药物分类表

类别	药物(出现年代)
补气助阳类(13种)	骨碎补(南北朝);黄芪、甘草、蛤蚧、鹿茸、杜仲、蛇床子、淫羊藿(宋代);白术、鹿角、胡桃肉(明代);紫河车、党参(清代)。
滋阴润燥类(11种)	黄精、芍药(南北朝);百合(宋代);益智仁、郁李仁、玉竹、沙参、熟地(明代);女贞子、石斛、天门冬(清代)。
止咳祛痰药(8种)	紫菀(南北朝);枇杷叶(唐);桔梗、杏仁、桑白皮、皂角(宋代);天南星(明代);款冬花(清代)。
苦寒清热药(11种)	黄柏、大黄(南北朝);黄连、栝楼根、石决明(宋代);知母、马勃、羚羊角、密蒙花、栀子(明代);龙胆草(清代)。
发散解表药(9种)	麻黄、紫苏(宋代);升麻、紫胡、薄荷、防风(清代);桑叶、桂枝、生姜(清代)。
收敛固涩药(6种)	五味子(南北朝);罂粟壳、石榴皮(宋代);桑螵蛸(明代);椿根皮(清代)。
祛风除湿药(9种)	附子、乌头(唐代);豨莶草、僵蚕、通草、虎胫骨(宋代);蜈蚣(元代);苍术、徐长卿(明代)。
行气止痛药(4种)	香附、陈皮(南北朝);露蜂房、鸡内金(宋代);石菖蒲、川芎、蒲黄(明代);益母草(清代)。
其它(8种)	杜若、贝子(南北朝);露蜂房鸡内金(宋代);石菖蒲、川芎、蒲黄(明代);益母草(清代)。

十一、陈嘉谟炮制原理(辅料制)适用范围的讨论*

陈嘉谟《本草蒙荃》记载的炮制原则中辅料制部分(酒制升提、姜制发散等),因叙述全而简明,便于记诵,明、清以来在中医药界广为流传。不仅可用其解释辅料制的作用目的,还可运用这些原则扩大使用范围,增加了炮制品种。

但陈氏的炮制原则也有其局限性,它仅代表辅料制的部分作用,并不能全部解释炮制的目的和作用。为此试作了一些考证和讨论。

(一)陈氏的辅料制原则,只能代表辅抖制的部分作用

从历史辅料的有关记载和《本草蒙荃》本书内容分析,辅料制的应用范围远超出陈氏原则,辅料制还有多方面的作用。

如《本草蒙荃》所载具体药材的炮制作用,就有与原则不同的内容,见表。其中酒制除升提之外尚有:能补能收、去毒、去砂石的作用,姜制除发散之外尚有:去痰、去毒、去刺激性等作用,醋制除注肝止痛外尚有:治虚火、去毒、帮助粉碎,外用等作用;童便制除劣性降下之外尚有治骨蒸劳热的作用,米泔除去燥性和中外还有去毒作用;蜜制除甘缓益元外还可治上焦、中焦的作用。

(二)同一辅料制、对不同药材所起作用不尽相同。

《本草蒙荃》中的不同记载

原则	药材	记载	方法	作用
酒制升提	白芍	能补能收,酒炒才妙。	酒炒	能补能收
		若补阴酒浸日曝勿见火	酒浸	补阴
	大腹	此树鸩鸟多栖,粪毒最能为害,先浸醇酒,后洗豆汤	酒浸	去毒
	五灵脂	多夹砂石,淘以酒	酒淘	去砂石
姜制发散	生干地黄	拌姜汁炒,不泥膈痰	姜炒	不泥膈痰
	当归	体肥痰咸,姜汁黄	姜浸	去痰
	半夏	生嚼戟喉……仍加姜制,才可投瓶	姜浸	去痰
	天南星	姜汤泡或火炮,并杀毒堪用	姜制	去毒
	黄连	火在上炒以醇酒……痰火姜汁	姜泡	去痰

---

* 冯宝麟:《陈嘉谟炮制原理(辅料制)适用范围的讨论》,载《中成药研究》1985 年,第 13~14 页。

（续表）

原则	药材	记载	方法	作用
醋注肝经且资止痛	黄连	火在上炒以醇酒……虚火酽醋	姜泡	虚火
	芫花	煮醋数沸，漉出浸水一宵，复曝干用，才免毒害	醋炒去醋	去毒
	赤石脂	火煅醋淬才研	醋淬	粉碎
	自然铜	宜煅醋淬末	醋淬	粉碎
童便制除劣性降下	草蒿	入童便熬膏，退骨蒸劳热	童便熬膏	粉碎
米泔制去燥性和中	仙茅	制浸米泔，去赤汁，毒出无妨	米泔浸去汁	去毒
乳制滋润回枯助生阴血	白术	入乳汁润之，制其性也	乳润	制燥性
	黄连	治赤眼，人乳浸蒸，或点或吞，立能去劫痛	乳蒸	眼疼
蜜制甘缓难化增益元阳	黄蘖皮	先渍蜜水，日际曝干，次除蜜糖，火边炙燥，……．治三焦，二制则治上焦，单制则治中焦，不制则治下焦	蜜制	治上焦，中焦

陈嘉谟根据元代《汤液本草》中黄芩、黄连、黄柏、知母等用于"头面及手梢皮肤者须酒炒之，借酒力以上腾也"的经验，提出"酒制升提"。但未收入《汤液本草》的防己酒洗去下焦湿热，地黄酒蒸则微温大补等。明代《景岳全书》中白芍酒炒、《医宗粹言》大黄酒蒸是缓和药性。不同药材酒制的作用并不相同。

又如《本草经集注》中记载半夏姜制是为了去毒。宋代《证类本草》中龙胆用姜制是去其苦涩之性，《本草衍义》中厚朴姜制是去棘人喉的作用。《本草蒙荃》中亦说天南星姜制是为了解毒。《医宗说约》中黄芩、黄连姜制用于治痢。其作用目的亦因药材而异，不仅是发散。

元·《丹溪心法》虽用童便制川乌是为了去毒，但明·《滇南本草》中香附用童便制则是滋阴。《医学入门》中牵牛童便制是治风气积滞，而栀子童便制是去虚火。

（三）同一辅料制，其炮制方法不同，作用亦不同

如酒制有酒浸、酒渍、酒洗、酒淬、酒炒、酒蒸。酒浸渍又有滤出酒与不滤出酒之分。方法不同作用亦不一。用酒浸或渍后滤去酒不用，则可溶出部分物质，因而可起到去毒，去燥性，去吐或便于粉碎的作用。如《千金方》中的菟丝子、

《雷公炮制论》中的常山，《局方》中的补骨脂，《医学入门》的白花蛇等，而酒浸不滤去酒，在《汤液本草》中的黄柏、知母等可以去寒，当归酒洗则可助发。《本草纲目》中酒浸可以行经络，《医学入门》中升麻酒炒可以补中，《汤液本草》中地黄酒蒸则微温大补。而《千金翼方》中鹿角酒淬则是便于粉碎。

又如醋制亦有醋炒、醋煮、醋淬之分。按《医学入门》认为"诸石火煅红，入醋能为末"。醋淬是便于粉碎，而《本草纲目》中的芫花花需醋煮十数沸去醋，则毒灭。同时认为醋炒的效果不如醋煮。也说明炮制方法不同效果亦不同。

米泔制在《新修本草》中是将鹿角浸软；而《雷公炮制论》中的苦参、白僵蚕则是浸后除去水面上的腥秽气等。在《证类本草》仙茅浸后去米泔汁才能去毒；《局方》中苍术要用米泔浸，逐日换水才能去燥性，这与现代的米泔拌炒亦不同。

盐制在元代以前多是用盐拌炒药材，去盐不用。是一种加热的方法，盐并不参予起治疗作用，并不是入盐去肾的意思。如《局方》中的补骨脂；《瑞竹堂经验方》中的厚朴、胡芦巴、破骨脂、茴香、水蛭等。

麸炒在宋以前也多是作加热介质，主要帮助药材受热均匀。如《外台秘要》中的杏仁；《医部总录》中的牵牛、大戟、山茱萸、贝母、桑螵蛸、草乌头、黄连、槐花、莲实；《局方》中的苍术、阿胶、金铃子、使君子等。不都是利用麸抑醋性。

（四）讨论

《本草蒙荃》是历史上第一次对辅料制进行概要原则介绍的书籍，因内容除全而简明所以至今广为流传，不仅用它来解释炮制作用，还推广到多种药材。但本书正是一本便于初学背诵的书，内容作了精减和归纳，不可能包罗全面。如李时珍说其内容"创成对语，以便记诵"、"便于初学名曰蒙荃，诚称其实"。陈嘉谟也说炮制"匪故弄巧，各有意存"，"大概具陈，初学熟玩"。陈氏炮制原则只是一个大概的介绍，只对一些药材是合适的。

十二、关于麦冬去心问题的探讨*

（一）文献整理及实验

临床用麦冬，按传统习惯，多数认为需要"去心"后入药用，有"不去心令人烦"的说法。1963版中国药典也规定有去心的炮制法。但近年来因"去心"费人工多，有的地区已不去心用，如北京、上海、我省各地的药房、药厂已均不去心。

麦冬应否"去心"？如果不"去心"影响疗效，则应保留此项炮制，以保证质量，如不影响疗效，则可删去此项炮制，以节约人工，便于生产。为此，我们对麦冬去心问题，从历史沿革、临床使用、成分比较等方面进行了一些探索工作，现分

---

* 冯宝麟等：《题目》，载《中医药研究参考》（内部资料）1978年第11期，第70~74页。

述如下：

关于麦冬"去心"的历史沿革：麦冬"去心"的历史比较早，也比较长。公元219年汉、张仲景的《伤寒论》《金匮玉函经》中就有"去心"的记载。但从历代医药文献记载来看，麦冬的炮制情况大致可分为三个时期：

1. 汉至宋（公元216~1116年）这一时期是"去心""薄切""捣膏""汁"几法并用。如《伤寒论》是"去心"，《本草经集注》是(1)"薄切"(2)"捣"，《备急千金要方》是(1)去心(2)薄切(3)取"汁"。"去心"提出最早，但未提出"去心"的理由。

2. 宋至明末（公元1116~1647年）自《证类本草》引用陶宏景的意见"用之汤泽，抽去心，不尔令、人烦。"之后，虽个别文献仍有"捣膏"的，多数记载是沿用"去心"的方法。

3. 明末至清代、近代（公元1647至今）"去心"与"不去心"两法并用，对"去心"与"不去心"的不同见解也很多。如《本草乘雅半偈》、《本草崇源》、《本草述钩元》、《温病条辨》、《女科要旨》都明确记载"不去心"用，《木草害利》也反映"……近时多连心用。"关于"不去心"的理由，《木草便读》提出"其心如人之脉络，一棵十余枚个个贯通，取其能贯通经络之意。"《本草述钩元》说"通脉不去心"。见表1。

综上，可以看出，由汉至宋不只是用"去心"一法，由明末至清是"去心"与"不去心"并用，"去心"提出较早，"不去心"使用时间亦不短。至于"去心"与"不去心"的理论，带心用取其"贯通经络"似属推测，不一定可靠，"不去心令人烦"也值得怀疑。

临床使用情况。为了搞清麦冬"不去心"是否"令人烦"，我们访问了我省中医院的药房和几位老中医，这个医院药房中的配方与制剂所用麦冬"不去心"已有近20年之久。老中医的意见认为临床处方用带心麦冬并未发现有"烦"的副作用，并多数认为可以"不去心"用。

由于临床多系复方，可能不易观察，我们又组织所内6位同志，服带心麦冬煎，每日五钱，连续5~10日，以及11位同志服麦冬煎浓缩液，每日相当原药一两，连续七日，亦未发现"烦"的表现。

成分的比较。为了进一步观察麦冬肉与心是否有区别，我们选用浙江进货的麦冬（百合科植物沿阶草 Pphiopoqen japonicus ker1 - Gaw1.）直接剥取肉与心，分别作了以下实验：

表1

	公元	著名	书籍	炮制法	备注
汉	219 219	张仲景 张仲景	金匮玉函经 伤寒论	去心 去心	
梁	502~536	陶弘景	本草经集注	(1)薄切 (2)烘捣	值阴雨亦以微火烘之即燥小停冷乃捣之
唐	652	孙思邈	备急千金要方	(1)去心 (2)切 (3)薄切 (4)汁	皆微润抽去心
宋	1116 1151	唐慎微 陈师文	重修证和经史证类备用本草 太平惠民和剂局方	去心 去心	用之汤泽,抽去心,不尔令人烦。——陶隐居
元	1249 1247 1298	李杲 王丹溪 王好古	脾胃论 丹溪心法 汤液本草	去心 (1)去心 (2)炒 (1)酒浸 (2)去心	行径酒浸,汤浸去心治经枯。
明	1406 1505 1578 1615	朱橚 刘文泰 李时珍 张景岳	普济方 本草品汇精要 本草纲目 景岳全书	去心 去心 (1)去心 (2)捣膏 (3)酒浸 (1)去心 (2)炒 (3)酒浸	 或以汤浸捣膏和药亦可。 滋补药则以酒浸搔之。

（续表）

	公元	著名	书籍	炮制法	备注
明	1622	缪希雍	炮制大法	去心	
	1637	李中梓	本草通玄	去心	去心,若入丸剂,汤润捣膏。
	1647	卢子颐	本草乘雅半偈	捣膏 酒浸 连心用	胃其寒者好酒浸捣。 入汤膏亦连心用,方合土德全体,今人去心,不知何所本也。
清	1663	张志聪	本草崇原	不去心	
	1666	杨时太	本草述钩元	不去心	通脉,不去心。
	1761	吴仪洛	成方切用	姜炒	
	1789	吴鞠通	吴鞠通医案	（1）朱砂拌 （2）米炒	
		吴鞠通	温病条辨	（1）连心炒 （2）去心	
	1820	陈修园	女科要旨	不去心	
		陈修园	时方妙用 时方歌括	酒润烘	
		陈修园	医学从众	炒焦	
		凌晓五	本草害利	（1）去心 （2）不去心 （3）米炒 （4）朱砂拌	……近时多连心用,恐滑肠者用米炒黄宁心用辰砂。
清	1863	费伯雄	医醇腾义	青黛拌	
	1887	张秉成	本草便续	（1）去心 （2）不去心 （3）青黛拌	……亦有连心用者,以其心如人之脉络,一棵十余枚,个个贯通,取其能贯通经络之意。

1. 肉与心的75%乙醇提取液、甲醇提取液和水煎出液的成分比较,结果肉与心的反应相似。见表2。

表2

	PH值	泡沫反应	碱式酒石酸铜	α萘酚	醋酐、浓硫酸	氯仿、浓硫酸	茚三酮	三氯化铁	%氢氧化钠	醋酸镁	碘、碘化铋钾	碘、碘化钾	碘、碘化汞钾	硅钨酸	3.5二硝基苯甲酸
水提取液 肉	7以下	+	+	+	+	+	+	+	-	-	-	-	-	-	-
水提取液 心	7以下	+	+	+	+	+	+	+	-	-	-	-	-	-	-
乙醇提取液 肉			+	+	+	+	+	+							
乙醇提取液 心			+	+	+	+	+	+							
甲醇提取液 肉			+	+	+	+	+	+							
甲醇提取液 心			+	+	+	+	+	+							

2. 肉与心75%乙醇提取液和水煎出液薄层分析,结果二者也相似。见表3。

表3 麦冬肉与心薄层分析比较

样品:1.4%麦冬肉水煎取液 2.4%麦冬心水煎取液。
吸附剂:硅胶 G 5×20 cm 105℃活化半小时。
展开剂:甲醇:丙酮:水(1:1:0.2)。
显色剂:茚三酮乙醇溶液,喷雾,105℃显色。
结果:1.(1)原点 淡紫色,(2)橙黄色,(3)淡红色 Rf 0.71。
2.(1)原点 淡紫色,(2)橙黄色,(3)淡红色 Rf 0.71。

样品:1.4%麦冬肉75%乙醇热提取液。
2.4%麦冬心75%乙醇热提取液。
吸附剂:硅胶 G 5×20 cm 105℃活化半小时。
展开剂:甲醇:丙酮:水(1:1:0.2)。
显色剂:茚三酮乙醇溶液,喷雾,105℃显色。
结果:1.(1)原点 淡紫色,(2)橙黄色,(3)淡红色 Rf 0.67。

2.（1）原点　淡紫色,（2）橙黄色,（3）淡红色　Rf 0.67。
3. 肉与心水浸出物比较,结果肉高于心。见表4。

表4　麦冬肉、心水浸出物比较

	1	2	平均	3	4	平均
肉	69.98%	70.50%	70.24%	74.25%	74.12%	74.19%
心	48.66%	44.21%	46.44%	50.99%	50.49%	50.74%

方法：按1963版中国药典附录58页水溶性浸出物热浸法。

4. 肉与心的重量比,心约占全麦冬的3%。见表5。

表5　麦冬肉与心重量比较

	1	2	3	4	5	6	平均
肉	96.5%	96.64%	96.7%	96.77%	96.78%	96.9%	96.71%
心	3.5%	3.36%	3.3%	3.23%	3.22%	3.1%	3.29%

上述试验表明肉与心的成分相似,肉比心浸出物多,但心只占全麦冬的3%,带心与否使用时差别不大。

为了观察带心麦冬的煎出效果,我们又对完整切碎和砸扁的麦冬作了煎出量的比较,结果见表6：完整麦冬煎出物较少,切碎与砸扁效果相似。

表6　带心麦冬水煎剂比较

	完整麦冬	切碎麦冬	砸扁麦冬
煎出物	48.85%	65.80%	65.65%
	47.85%	66.70%	67.10%
平均	48.30%	66.25%	66.41%

方法：样品20克,加水100毫升,浸泡1小时,回流煮沸半小时,放冷,补足失去水过滤,吸取20毫升,水浴蒸干,105℃烘干3小时,干燥器中放冷半小时,称重。

（二）讨论

1. 麦冬"去心"的历史较长,"不去心"用的年代亦不短,由汉至宋及明末、清、近代,"去心"与"不去心"二法并用,麦冬"去心"并非定法。关于"去心"的理论,始自宋《证类本草》引证陶宏景的意见,但陶宏景的《本草经集注》却未见到这样的记载,清代又有不同看法,"令人烦"的说法亦不是定论。

2. 经过访问长期使用带心麦冬的老中医,临床实践中并未发现"烦"的现象,并认为可以不去心用。同时经我们观察口服带心麦冬煎,亦未发现"烦"的现象。

3. 麦冬肉与麦冬心二者的75%乙醇提取物,甲醇提取物和水提取物的化学成分基本相似。麦冬肉的水浸物高于麦冬心,但心在全麦冬中约占3%,在配方中比重更少,对临床应用影响不大。

4. 根据以上情况,初步认为麦冬"去心"与"不去心"区别不大。可以不去心用,以节约人力,便于生产。

5. 如用带心麦冬入煎剂时,以砸扁者较妥。

十三、地黄炭的研究*

地黄是常用中药。全国不少地区有用生、熟地黄炭的,并有制炭可增强止血作用的说法。地黄炭的制法有炒炭法也有煅炭法,一般要求"存性",但存性程度往往随操作者经验不同而质量不一。

古今对地黄是否应制炭用有不同看法,制炭以何法为佳?质量应如何控制?均有待研究解决。为此,我们对地黄炭的历史沿革作了考证。认为用地黄制炭增强止血作用是不对的,用地黄止血不宜制炭用。

1. 以地黄炭入药在历史上极少见,而且不是用于止血。从汉代至清代仅个别中医药文献有地黄炭的记载。据《历代炮制资料辑要》收集的166种中医药文献中的炮制资料看来,用地黄炭的极少,在宋代《太平圣惠方》、《圣济总录》有地黄炭;明代《济阴纲目》、清代《得配本草》有熟地黄炭,另外,清代叶天士《临症指南医案》生地炭,熟地炭用的较多。从汉代到清代的历史过程中以地黄炭入药是不多的。

2. 在这不多的记载中,用地黄炭的目的亦不是加强止血作用。宋《太平圣惠方》用地黄"烧炭"治疗"心神狂乱";用地黄"烧断烟""贴于齿根上"治疗"牙齿宣露"。《圣济总录》用有地黄的"乌金散""入罐子内……烧赤,冷取出,研末和匀调贴齿上"治疗"齿断肿"。明代《济阴纲目》用熟地黄的"黑龙丹""纸筋盐泥固,火煅过"用于治疗"难产胞衣不下"。清代《得配本草》用熟地黄炭"补脾胃炒炭存性",都不是用于止血。清代用地黄较多的叶天士,在其《临症指南医案》中,曾用生地炭、熟地炭,但是多用于治疗虚劳,大小便失禁,温热多痰,泻痢,痉厥,脱肛等的方剂中。偶见用于止血,也不是加强止血作用,对不同的吐血方用不同炮制的地黄,如对干咳有血用鲜生地;寒热身痛而有吐血的用生地;对阴分不足痰中带血的用生地炭。对失血后久咳食少便溏的用熟地炭。如陈修园(见《十药神书》)陈修园按语评论叶天士所以用地黄炭、金银花炭、枸杞炭、菊花炭、白术炭等的意图是用于"久病虚人"。再则"叶天士居江苏,该处人腠理较薄,外邪易入而亦易出,不用仲景正法",所以用炭药,其目

---

* 冯宝麟等:《地黄炭的研究》,载《中成药研究》1984年第1期,第14~15页。

是在于缓和药力。

3. 地黄炭用量增多，并加强止血作用的说法始于近代。据我们查到的全国各地炮制规范有生地炭、熟地炭规定的有上海、山东、北京、浙江、云南、重庆、河南、贵州等，明确指出炭增强止血作用的有北京、河南、山东、重庆、贵州等。《中国药典》1963版也收载生地炭、熟地炭；1977版则只收载了生地炭，但未说明用途。

现代一般临床均有地黄炭增强止血作用的看法，追其原因可能是受叶天士虚人多用炭药的影响。以及受元代"血见黑止"的影响，而误传误用的。

4. 关于地黄炭的其他用法是否妥当？清代仍有不同看法。清代《本草从新》曾说"市医尝将熟地、枸杞炒作炭用，是甘润养阴之品变而为苦燥伤阴之物，非徒无益，而又害之矣！"；《女科要旨》中评论叶天士用炭药不当说"时行《临症指南》其药惯用生姜泽，泡淡附子，地黄炭……一及一切药炭，皆为无气无味之类"。所以地黄这一炮制品是否妥当？历史上尚无定论。

通过以上的考证，我们认为将地黄制成炭来增强止血作用，没有历史依据，可能是误传误用。生地黄本身有凉血止血作用，制炭后其损耗很大，又无增强止血的作用，这一炮制法是不合理的，不宜使用。地黄炭缓和药力的用法仅是清代个别医生的经验，历史上对此用法有争议，临床使用时亦应慎重。

十四、川乌炮制工艺改革的研究[*]

我省生产的中成药关节炎丸（由川乌、五灵脂等量组成）。省内有两个厂生产，但两厂川乌的炮制方法不同，一为1963年版药典法，一为醋泡24小时（不换醋）磨粉生用。

为了统一产品质量，同时也为了寻找一简便的工艺，我们对两种炮制品进行了质量对比，并在试验的基础上，初步拟定了一简便的新工艺。

（一）两种炮制品及成品的质量比较：

川乌炮制的目的，传统记载是为了去毒。历史上曾用炮（直接加热）、浸漂及加辅料（甘草、黑豆）加热蒸煮等炮制方法处理。目前常用的方法为药典法，操作基本同后者。

炮制去毒的原理，现代研究认为：川乌的有毒成分生物碱是通过水浸漂以除去大部分生物碱和经蒸、煮等加热处理使毒性大的乌头碱类转化成毒性小的乌头原碱这两个途径达到去毒目的，而辅料对去毒的影响不大。

为此，我们以总生物碱含量和毒性为指标，对两种炮制品和制成品进行了比

---

[*] 冯宝麟等：《川乌炮制工艺改革的研究》，载《中成药研究》1980年第2期，第32～33页。

较。其结果如下:

1. 生川乌及不同炮制品总生物碱含量比较。

表1

	生川乌	药典法	醋泡法	关节炎丸 (含川乌50%)
总生物碱 含量%	0.628 1 —	药材站 0.024 81 自制 0.031 46	0.398 3 —	0.194 7 —

2. 醋泡对总生物碱含量的影响。

表2

	醋泡(不换醋)			水浸漂至 无麻辣味
	12小时	24小时	48小时	七天	
总生物碱 含量%	0.479 3	0.398 3	0.413 3	0.310 4	0.031 46

样品:除自济南药材站取得药典法炮制品和济南人民制药厂取得关节炎丸成品外,其余均系自制。

含测方法:按《药品规范》(上海药学会编)。

3. 生品及各种炮制品毒性比较。

表3

	生川乌	药典法	醋泡法	关节炎丸
服量	7.75 g/kg	7.75 g/kg	12.22 g/kg	25 g/kg
鼠数	—	10只	10只	10只
死亡数	—	0只	7只	0
死亡率	50%	0	70%	0%

样品:同上。

方法:用17~18克小白鼠,每组10只,口服生川乌粉(60目筛)的3%淀粉浆混悬液,求得 LD_{50} 为48.6 mg总生物碱/kg体重(7.75 g生川乌粉/kg体重),其他各种样品均按总生物碱含量计算给于 LD_{50} 量。其中药典法因总生物碱量过低,只给于7.75 g粉重/kg体重。

通过试验可以看出川乌两种炮制品和成品的质量是不一致的。

药典法炮制品,其总生物碱在水浸漂后已大部分除去,炮制品无毒。

醋泡法炮制品不能除尽生物碱,甚至浸七天总生物碱仍为生川乌含量的一半,炮制品毒性大(与生川乌基本相似)。

用醋泡法炮制品制成的关节炎丸,总生物碱量同醋泡法,但无毒性,说明毒性在制丸过程中又有降低(可能为制丸后需 90℃ 干燥 10 小时以上,加热使乌头碱转化而无毒)。

从含生物碱量高、毒性大的醋泡法炮制品制成成品无毒性看来,两种炮制品用于关节炎丸都可达到无毒的目地。且关节炎的服量以总生物碱量计算并不超过药典限度(按药典规定制川乌常用最小剂量为五分,我省内控制川乌总生物碱含量不得超过 0.1%,其总生物碱应为 0.001 56 克。醋泡法炮制品在关节炎丸中为 50%,服量为 2 分,总生物碱量应为 0.001 24 克,低于药典规定限度),亦说明醋泡法可以使用。但作为一种成品,川乌的炮制法还应统一。

(二)川乌炮制新工艺的探索

两种炮制法各有优缺点:药典法虽无毒性,但需长时间浸泡,加辅料蒸煮,操作复杂费工,收得率低,且川乌的主要成分生物碱几大部损失。醋泡法保留生物碱较多,操作简便,但毒性大,磨粉时时有刺激性,不能单独使用。

由于观察到成品经长时间加热能降低川乌的毒性,我们试制了以下几种加热炮制品:①川乌泡透、蒸 5 小时,②生川乌粉,90℃ 干或湿烘 10 小时,③生川乌个子,干或水润后 90℃ 烘 10 小时,④生川乌个子,100℃ 干烘 10 小时。并进行了总生物碱含量、薄层层析、毒性对比,其结果如下:

1. 各种炮制品的总生物碱含量及毒性对比。

表 4

		总生物碱含量%	服量	鼠数 分组	鼠数 总计	死亡数 分组	死亡数 总计	死亡率%
	生川乌	0.628 1	7.75 g/kg					50
药典法	煮前	0.031 46	7.75 g/kg		10		0	0
	煮后	0.036 19	7.75 g/kg		10		0	0
个子水润蒸透	润透	0.332 9						
	蒸 5 小时	0.351 9	14.7 g/kg		10		0	0
粉末 90℃ 烘 10 小时		0.394 5	7.75 g/kg	10,10	20	2,8	5	25
湿粉末 90℃ 烘 10 小时		0.429 9	7.75 g/kg	10,10	20	1,0	1	5

（续表）

		总生物碱含量%	服量	鼠数 分组	鼠数 总计	死亡数 分组	死亡数 总计	死亡率%
	10 小时	0.503 9	7.75 g/kg	10,10,10,10	40	1,0,0,0	1	2.5
个子 90℃ 干烘	7 小时	0.543 8	7.75 g/kg	10,10	20	2,0	2	10
	5 小时	0.452 0	7.75 g/kg	10,10	20	0,0	0	0
	3 小时	0.480 7	7.75 g/kg	10,10	20	7,7	14	70
	10 小时	0.488 9	7.75 g/kg	10,10,10,10	40	1,0,0,0	1	2.5
个子润二天 90℃ 烘	7 小时	0.450 1	7.75 g/kg	10,10	20	1,1	2	10
	3 小时	0.478 3	7.75 g/kg	10,10	20	6,6	12	60
	10 小时	0.525 1	7.75 g/kg	10,10	20	0,0	0	0
个子 100℃ 干烘	7 小时	0.567 5	7.75 g/kg	10,10,10	30	0,0,0	0	0
	5 小时	0.504 9	7.75 g/kg	10,10,10	30	0,0,0	0	0
	3 小时	0.554 2	7.75 g/kg	10,10,10	30	0,0,0	0	0

试验方法同前。

2. 生川乌与加热处理的川乌的薄层比较。

（1）生川乌乙醚：氯仿（3：1）提取物，一定浓度时，在硅胶板上，可以得到 6 个部分。

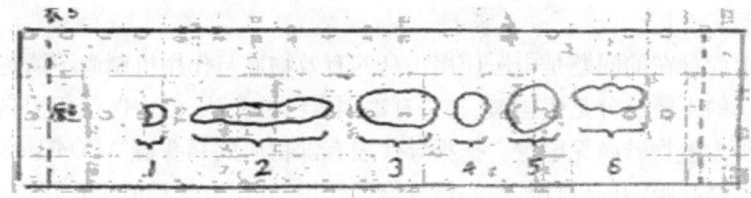

（2）标准乌头碱 ACOniTine（EMerCk）与生川乌提取物重复加样，可以看到标准乌头碱与生川乌第 3 部分相当。

（3）未加热处理的几种川乌炮制品（醋泡 12 小时、24 小时、48 小时，7 天。水浸漂至无麻辣味的川乌）其提取物在一定浓度时，均可得到与生川乌相同的图谱。

（4）加热处理的几种川乌炮制品（蒸、干烘 90℃7 小时、干烘 100℃3 小时及关节炎丸等），其提取物在一定浓度时，均可看到第 3 部分即标准乌头碱 ACOniTine 部分有减少。

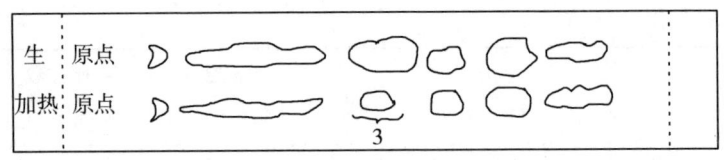

方法：

样品：生品及各种炮制品均用乙醚：氯仿(3：1)的提取物(蒸干)，按 0.05 克/ml 的浓度用氯仿溶解，定量加样 0.04 ml。标准乌头碱用氯仿溶解。

支持剂：硅胶 G(E. MerCk)80℃活化 1 小时。

展开剂：石油醚：氯仿：甲醇(1：2：1)。

显色剂：DragenbOrff 试剂。

通过试验可以看出几种加热的方法(蒸、干烘、湿烘等)多能降低毒性，而以个子100℃干烘 3 小时以上去毒效果最理想。加热对川乌总生物碱含量影响不大，多数只略有降低，毒性的降低与总生物碱含量无关，而与温度高低及时间长短有关，个子干热或湿热效果相似，药粉效果不好，加热减毒，通过薄层可以看出是毒性大的乌头碱含量有所减少的原因。

我们认为，以川乌个子直接100℃干烘的方法，去毒效果好，方法简便，粉碎时无刺激性，保留生物碱亦较多。古代亦曾用直接加热"炮"的方法去毒，此法所用温度亦不超过现有药典法，可以达到传统炮制的去毒要求，是可以作为一种新炮制法应用的。由于试验中看到 100℃烘 3 小时的炮制品有个别动物有轻度恶心、呕吐的反应，我们认为生产时如能用 100℃烘 5 小时，则更为安全可行。

目前尚存在的问题是中医使用川乌的有效物质与作用机制尚不清楚。

川乌的主要成分是生物碱，它是有毒因素已经公认，但中医使用川乌的有效物质是否为生物碱尚无定论。据报导代表有毒物质的乌头碱 ACOniTine 小剂量内服有兴奋呼吸、升高血压、使心博变慢等作用，外用有局部麻醉作用，草乌的提取物(总生物碱)注射有镇痛、锁静、解热作用。中医用川乌治疗风寒湿痹、历节风痛，是否与强心、止痛、解热等作用有关？所以除尽大部分生物碱是否损失药效亦值得考虑。我们认为川乌的炮制应在保证无毒的前提下，尽量保存生物碱，以免造成药材浪费，但生物碱是不是有效物质？服量应为多少？还应进一步搞清，则对川乌炮制的改进更有帮助，这方面尚待今后做工作。

十五、马钱子散生产工艺改进的实验研究*

历城制药厂生产的马钱子散(原名九转回生丹,由马钱子、地龙等组成),能祛风利湿,散寒通络,活血止痛;用于治疗因受风寒湿而引起的腰、臂、腿、周身疼痛及半身不遂、肢体萎废等症。多年来,畅销我省及东北各地,效果良好,深受广大群众欢迎。

马钱子是常用中药,始载于《本草纲目》。该药有大毒,须经炮制后入药。现在使用的炮制方法有砂烫及油炸两种,都是沿用百余年来的传统方法。其炮制目的一是易于粉碎;一是减其毒性。

马钱子的毒性主要是番木鳖碱即士的宁的作用,其毒性强弱与士的宁的含量成正比关系。士的宁有兴奋中枢神经系统的作用,由于使脊髓、延脑、大脑皮层兴奋,所以能增强骨骼肌的紧张度,改善肌肉无力状态,使呼吸加快,血压升高;还能增强嗅、听、视及痛觉作用。临床用子治疗运动神经麻痹,如半身不遂,肌肉软瘫,进行性脊肌萎缩等效果较好。但剂量过大则中毒,脊髓反射兴奋增高,出现脊髓性强直惊厥、甚则角弓反张,随后呼吸中枢麻痹而死亡。由于肌体对马钱子的药物敏感性不同,因之临床应用时应从小剂量开始,严格控制剂量,以免中毒。

现用马钱子散的生产工艺,存在许多缺点:①其中主药为油炸马钱子,炮制马钱子须耗用大量香油,而香油并无辅助疗效;②马钱子散剂量不易控制,③分装费工;④不便服用。为此,我们对马钱子的炮制方法和马钱子散的剂型,进行了初步改制研究。

(一)马钱子炮制方法的改进

马钱子的砂烫和油炸两种炮制方法,既然目的一致,如以砂烫代替油炸,则可节约大量香油。

马钱子的毒性,主要是士的宁的作用,其治疗作用除士的宁外,可能还有一些其他目前尚未弄清楚的有效成分,如止痛作用等。临床应用如能控制炮制品的士的宁含量,进而确定一次服用剂量,则既可达到治疗效果,又不致中毒。所以油炸改为砂烫的关键,在于探讨炮制条件(如温度、时间等),使之达到有效成分含量高,又容易去毛、粉碎、过筛。因此,我们组织有经验的药工师傅和技术人员一起,共同制备样品,测定了该厂马钱子(由南宁进货的云南马钱子)的生品和油炸品中士的宁的含量(见表1),以及砂烫的温度、时间、炮制程度,与去毛、粉碎、过筛的难易程度及士的宁含量的关系,进行了分析比较(见表2)。

---

* 冯宝麟:《马钱子散生产工艺改进的实验研究》,载《中草药通讯》1974年第6期,第35~37页。

表1　马钱子与油炸马钱子士的宁含量比较

样品	油炸温度、时间	士的宁含量测定结果%		
		第1次	第2次	平均值
带皮毛生马钱子	—	2.133	2.262	2.198
生马钱子皮毛(生刮)	—	0.356	0.313	0.335
带皮毛油炸马钱子	250~260℃,3分30秒	1.683	1.918	1.801
油炸马钱子皮毛	250~260℃,3分30秒	0.187	—	0.187

表1说明：①马钱子中士的宁的含量较高，但其皮毛部士的宁的含量颇低，所以据传皮毛毒性大之说，是没有根据的；②油炸马钱子中士的宁的含量有一定降低，此与油炸降低毒性目的一致。不过油炸后，马钱子的皮毛部吸附有油，致使称样不准确，对含量测定有一定干扰和影响。

表2　砂烫马钱子情况比较

砂烫温度与时间	经验鉴别	去皮毛	粉碎	过筛	士的宁含量测定结果%平均值
300℃,3分	老(表面棕黄色 内部黑褐色)	容易	容易	较易	0.875
300℃,2分25秒	适中(表面深土黄色 内部深棕黄色)	容易	容易	较易	1.416
300℃,1分25秒	嫩(表面土黄色 内部棕黄色)	较易	较易	容易	1.755
180℃,10分	老(表面淡黄白色 内部深棕褐色)	容易	容易	较难	1.484
180℃,8分30秒	适中(表面淡黄色 内部深棕色)	容易	容易	较易	1.935
180℃,7分15秒	嫩(表面土黄色 内部棕黄色)	较易	较易	容易	1.946

表2说明：①砂烫在同一温度条件下，时间越长，程度越老，马钱子中士的宁的含量也越低；②砂烫后马钱子皮毛自行鼓起，甚至部分自行脱落，用电动礠刷去毛，比较容易和方便；③砂烫在300℃左右，时间在3分钟以上或温度在180℃左右，时间在10分钟以上，烫"老"后，虽然容易去毛也较易粉碎，但士的宁含量降低较多，又因马钱子中脂肪油渗出，致使过筛困难，不便生产；④砂烫如在180℃左右，烫至适中程度，其中士的宁的含量较高，也易于去毛、粉碎和过筛。

我们认为以砂烫代替油炸，可以达到同样炮制目的，温度以180℃烫至"适中"为宜。

我们认为如果能将马钱子散改为片剂，则可克服散剂的缺点，达到剂量准确，分装简单，服用方便，提高生产，降低成本。但砂烫后的马钱子具弹性，本方中又无其他辅料药物,用一般方法不易压片,所以改制的关键在于选择适宜的赋形剂。在试制中曾使用①5%~10%的微晶纤维素与原料药粉混合均匀,干粉压片;②8%~15%的淀粉,制浆作粒;③50%~80%的糖,制浆作粒,均达不到片剂的硬度或光滑度等要求。最后利用马钱子散原粉,加60%~75%的干糖粉(100目筛以上),用稀乙醇喷雾制粒,压片成功,产品符合中国药典(1963年版)片剂规定要求。其生产工艺为:原混合药粉,加入70%干糖粉(120目筛),过40目筛混合均匀,喷以60%乙醇制粒,60~70℃干燥或自然干燥,加入1%硬脂酸镁,混合均匀,压片,包装。

因本法用糖和乙醇量较大,曾试加60%以下干糖粉,用50%以下乙醇,喷雾制粒,均达不到片剂质量要求。又改加60%以上干糖粉,喷水制粒,片子硬度尚可,但喷水制粒时,水很快被糖粉吸收溶解,则发粘成块,致使颗粒大小不均匀,并且硬度较大,片子出现斑点。

(二)结语

马钱子的毒性主要是士的宁的作用,因此,严格控制片剂一次服用剂量中士的宁的含量,可达到治疗目的,又不致引起中毒。因此我们认为:

(1)改油炸为砂烫马钱子,能得到同样炮制目的,可以节约大量香油,疗效不减,经济方便,切实可行。

(2)砂烫马钱子的温度和时间,约在180℃,8分钟左右为宜,烫至马钱子表面鼓起,内部略变棕黄色为度。有效成分含量高,容易去毛、粉碎、过筛,便于生产。

(3)马钱子散改制成片剂(改名为复方马钱子片),可使成品剂量准确,分装简单,节省人力,提高产量,便于保存和服用,确保安全有效。

(4)本法用糖及乙醇量较多,尚待进一步改进。

十六、神曲炮制研究小结(1961年)*

神曲中医用作消化药,从它的制造方法考虑,曲霉本身含有淀粉酶,用于造酒,目的使淀粉水解糖化。考虑其帮助消化之作用,即是淀粉酶水解淀粉的作用,经过试验确有此作用。同时试验由于淀粉酶100℃破坏,水煎剂效力损失很大,今将材料叙述如下。

神曲用于消食,文献记载有"消食下气……"。(本草纲目)"调中、温胃"。(黄宫绣本草)"丸曲蘖主消化食积"(本草经)。

神曲的制法是将面粉100斤,豆2斤(作成豆泥),杏仁2斤,与青蒿6两、辣蓼10两、苍耳草2两之浸出液混合成团块,用荷麻叶包起,一定温度下至生出绿

---

* 冯宝麟等:《神曲炮制研究小结》,载《中医药研究参考》(内部资料)1978年第11期,第23页。

色菌丝。切成方块,干后,炒或麸炒入药用。其制法除加有少量药物外,与普通之酒曲制法相同,其用途作用亦应相同。

酒曲所以能制酒,由于曲霉含有淀粉酿,与淀粉作用能水解淀粉为糖,与淀粉在人体之消化过程相同。神曲之帮助消化作用亦是淀粉晦之作用。经过试验神曲确有水解淀粉之作用。每1克神曲1小时能水解淀粉0.5克(实验方法同麦芽等炮制研究方法)。

由于作用物质为淀粉酶,考虑用于煎剂效力有损失。经试验,效力较粉剂损失至少4倍。

炒神曲	每1克神曲能水解淀粉克数	
	粉	煎液
	0.5	0.125以下

小结:

1. 神曲帮助消化的作用物质是淀粉酶。
2. 每1克神曲1小时可水解淀粉0.5克。
3. 煎剂效力有损失,较粉剂效力最少降低4倍。

十七、山甲炮制法初步分析(1961年)[*]

山甲炮制方法,古代或炮、或酥制、土炒、蛤粉炒……,皆不生川。现代习用砂烫醋淬,即将细砂土在锅内炒热,将山甲倒入,迅速翻动,至颜色变黄胀起,取出,筛去砂,趁热倒于醋中,冷后捞出,晾干。现代改用砂烫醋淬是否合理,我们作了部分实验研究,现归纳说明于后。

从炮制过程及生熟煎液情况观察,炮制后主要使山甲充分膨胀,体质变疏松,易于粉碎,帮助煎出。山甲砂烫醋淬并不生成醋酸钙而是去山甲之腥味。

(一)炮制方法观察

取细砂土,置锅中炒热(至成自由流动状),测其温度在300℃左右,此时放入山甲片,拌炒,则山甲迅速膨胀,表面亦变成黄色,迅速取出,过筛,倒入醋中,在醋中无变化。

(二)生山甲与烫山甲之比较

取生山甲片侧其长度、宽度、厚度与烫后比较。一般长与宽皆膨胀1.5倍,厚度增加4~5倍。烫后失掉韧性而变松脆易碎。

(三)生山甲片、烫山甲片、醋淬山甲片煎出物比较

用定量的山甲片,水煎30分钟(沸后),过滤,滤出液调至一定量,吸取一定

---

[*] 冯宝麟:《山甲炮制法初步分析》,载《中医药研究参考》(内部资料)1978年第11期,第28页。

量110℃烘干后,称其重量,结果如下。

生山甲　煎出物平均值0.003%。

烫山甲　煎出物平均值0.013 9%。

砂烫醋淬山甲　煎出物平均值0.013 2%。

(四)初步讨论

由试验之结果说明,山甲砂烫之目的,主要利用热砂能得高温(300℃)并能均匀加热,使山甲体积膨胀,变成多孔之疏松体,易于粉碎,煎煮时煎出物质较多。用醋淬不是生成醋酸钙而助溶(有人认为山甲之主要成分为Ca^{++},加醋生成醋酸钙)。因醋淬与否煎出物相近。醋之作用是去山甲之腥味。

十八、醋煅磁石的初步分析(1961年)*

(一)实验

磁石的炮制一般是醋煅法,古代记载与现代习惯方法没有什么变迁,皆是将磁石锤成小块后,在炉火内煅至赤热,趁热投入醋中。古代记载也有不醋煅的,仅单纯的碾成细粉,水飞过用。

磁石的炮制目的,是易于粉碎,现代亦有人认为磁石之成分是氧化铁,高温煅赤时,投入醋中可生成醋酸铁帮助溶解。

经过我们的初步分析,认为磁石之炮制目的,主要是易于粉碎,并不生成醋酸铁,初试结果如下。

1. 物理性质比较(样品皆取自省中医院药房)。

生磁石:赤褐色,块状,坚硬,研磨时不易粉碎。

煅磁石:黑灰色,块伏,用手易掰分成更小碎块,易于研碎。

从物理性质上观察,煅磁石性质已变疏松易碎。

2. 炮制条件观察　我们将磁石置高温炉中,视其达到赤热之温度为800℃左右,据老药工经验,只可煅至赤热,不可煅至白热,白热则更不易粉碎。这条经验是很有道理的,达到白热,温度超过1 600℃,可能有部分还原铁生成,则更不易粉碎。将煅赤之磁石块倒入醋中,颜色变成黑褐色,但内部尚未变色,还坚硬,需反复3~4次,方可完全变成黑褐色,坚硬度始改变。

3. 煎出液含铁量比较　取生磁石与煅磁石细粉(皆经过同号筛),加水煮沸半小时后,过滤,滤液加入HCL及$KClO_3$,置沸水浴上30分钟后,稀释至一定量,加入NH_4CNS溶液,使生成红色,根据颜色情况及用光电比色计测其透光度。

---

* 冯宝麟:《醋煅磁石的初步分析》,《中医药研究参考》(内部资料)1978年第11期,第29~30页。

	透光度	颜色
生磁石	89%	略浅
锻磁石	72%	略深

由透光度及颜色比较,煅磁石溶解度略大。

4. 醋酸根检查　按药典方法,未发现有醋酸根之特征。

(1) 取煅磁石加稀硫酸 1 毫升,加热无醋味(正反应有醋味)。

(2) 煅磁石加稀硫酸,加醇,加热,无乙酸乙酯味(正反应有乙酸乙酯味)。

(3) 煅磁石加 $FeCl_3$ 溶液,不呈红色(正反应深红色);煮沸后无沉淀(应有棕红色沉淀)。

(二) 初步讨论

认为磁石之醋煅,主要利用磁石在高热情况下,骤然冷却而凝集快慢不同形成蜂窝,改变了其坚硬性,使之疏松易于粉碎。从古代不醋煅只单纯碾成细粉来看,醋煅法是帮助磁石研细之方法改进。煎煮时虽溶解略多,但并未发现有醋酸铁生成。溶解略多之作用,可能与粉末较细有关,与醋酸铁无关。

煅磁石之温度,所谓赤热约在 800℃ 左右。一般需煅 3~4 次,始能完全煅透。

十九、巴豆霜炮制方法的初步探讨(1962 年)[*]

我们曾迁到使用巴豆霜制剂的病人,产生强烈呕吐和泻下以至虚脱。经分析其原因是由于巴豆霜质量问题所致,引起我们对巴豆霜炮制的注意,经研究改变了炮制方法,始克服了这一中毒现象。近代各地巴豆霜炮制方法并不尽同,质量不一。我们所解决的问题或能对巴豆霜的炮制原理和正确的炮制有所帮助,故提出讨论。

巴豆是一种泻药,中医认为大寒有毒,习惯上需要压去油后应用,称之谓巴豆霜。为什么要压油?经查考历代有关巴豆的记载,处理方法最初是生用,以后始注意到熬或煮,最后才发展到压去油制成霜,有关记载如下。

神农本草经:下品,有毒。

名医别录:仅提到"去心皮"。

本草经集注:提到"凡丸散用巴豆,皆先熬令赤黑,别捣令如膏"。

陈藏器:提到"去壳,无令膜破"。

雷敩提到"敲碎以麻油并酒等煮干研膏用"。

---

[*] 冯宝麟等:《巴豆霜炮制方法的初步探讨》,载《中医药研究参考》(内部资料)1978 年第 11 期,第 32~33 页。

大明:"凡入丸散,炒不如去心膜,换水煮五度"。

李时珍:始提出"有研烂,以纸包,压去油谓之霜"。这是正式制巴豆霜的记载。

从以上记载可以看出,古人是用①生用时不使膜破;②用熬膏或煮(水煮,酒煮);③压去油取霜这几种方法来控制巴豆的寒性和毒性的。

巴豆的毒性是什么?作用有效物是什么?

结合现代的认识是这样的,巴豆的有效泻下物质是巴豆油,含量30%~45%(带种皮)。巴豆油分解后产生巴豆油酸及巴豆油中含有少量的巴豆树脂能刺激肠蠕动而致泻,其剂量是巴豆油0.01~0.05克。但大量的巴豆油引起激烈泻下而致死亡,致死量油1克。这是有毒的一个原因。另外巴豆含有一种有毒的巴豆毒蛋白,但它经加热处理之后可以破坏。

由此可以看出,巴豆的有效物质(泻下)是巴豆油,量过大则有毒,另外一种有毒物质是加热可以破坏的毒蛋白。所以要控制巴豆的毒性,必须控制巴豆油量及毒蛋白。

古代虽未能分离出有效和有毒物质,但从经验已能用不破膜减少油外出的办法,及用加热的办法以控制毒性和压出部分油以减少剂量来缓和其泻下作用,这些都是古人在巴豆应用上的宝贵贡献。

但近代巴豆霜之炮制方法,各地有所不同,其含油量情况,毒性情况不一,其.方法不同点有三。

1. 种仁压碎后(已去外壳及种皮)用草纸包起,用砖压于炉台上,不断换纸,至纸上不再有油痕为止。

2. 种仁压碎后直接用压榨机压油。

3. 种仁先经蒸30分钟后,用纸包或压榨机压去油。

几种处理法压出之油量相差很大,我们曾按一般脂肪油提取方法,对不同方法制的巴豆霜含油量进行分析。

品名	含油量
巴豆(去种皮)	平均58.8%
巴豆霜(纸包法自制)	平均54.24%
巴豆霜(纸包法药库制)	平均52.57%
巴豆霜(蒸后机压)	平均36.22%
巴豆霜(北京规定)	平均10%以下

由这几个结果可以看出,纸包砖压的办法能压出含油量很少,蒸后用压榨机也只压出一少半油,如按北京市中药饮片切制经验的规定10%为准,则含油量

的相差约为 5∶3∶1,最高相差 5 倍。

巴豆油是起作用和可能引起毒性的物质,方法不同引起的含油量不同与治疗和中毒有很大关系。

另外近代制巴豆霜多不经煮、熬等方法处理,但这些加热方法也是古人找到的去除毒性的办法,压油前如能蒸过还是比较妥当的。

由于压法不同,含油量亦不同,在北京地区虽有控制含油量在 10% (以巴豆含油量 10% 计算其剂量五厘至一分五厘,服用油量约为 0.015 5 ~ 0.046 5 克,符合巴豆油之剂量)但巴豆中含有之有效物质,油有 $\frac{5}{6}$ 废弃不用也很可惜。

我们采用的方法是,将去种皮之巴豆蒸 30 分钟后研碎,测定含油量,用神曲粉稀释至 10% 含油量,应用于临床上,避免了强烈的呕吐和泻下的现象。

讨 论

古人从经验中认识到巴豆油的激烈作用与巴豆的毒性,采用了压去油及加热等方法以控制毒性,现代研究也证实这一点,这些炮制方法是古代用巴豆的宝贵贡献。

但现代巴豆霜炮制法各地有所不同,因无测定方法,其含油量很不一致,纸包压法能压出油量最少。剂量不易掌握,且压油时多不注意加热处理,会影响疗效,易于中毒。巴豆霜之制法,我们体会应以加热之后,并控制其含油量为 10% 为妥。

但单纯压出油,控制含油量在 10%,有 $\frac{5}{6}$ 的有效物质废弃也属浪费,经试验以神曲粉稀释临床应用可得同样效果,可供参考。

二十、杏仁炮制理论探讨及压油后新剂型的试制(1961 年)*

山东地区杏仁炮制方法不一,其制法大体分为二种。(一)杏仁用开水稍烫至皮胀,搓去皮,晾干,簸去皮尖,炒至杏仁表面有黄色斑点或全部黄透,即得。(二)杏仁水泡 5 ~ 7 日(夏季 5 日冬季 7 日)搓去皮尖,煮透,晾干,炒至黄色。

中医认为杏仁有毒,经炮制后可去毒,但方法不统一,各执一说,故为了更好的发挥药物的治疗作用,对为什么要炮制及如何炮制合理,进行了整理及试验。

杏仁中医用为镇咳药,古代记载认为可治"欬逆上气……"(本草经),"欬逆上气喘促……"(甄权)。现代医药上也用杏仁的制剂杏仁水为镇咳药;中西医是一致的。

据现代研究,杏仁的治疗作用是由于杏仁中含有苦杏江甙,苦杏仁甙被杏仁

---

* 冯宝麟等:《杏仁炮制理论探讨及压油后新剂型的试制》,载《中医药研究参考》(内部资料)1978 年第 11 期,第 60 ~ 62 页

中含有的苦杏仁酶作用,或在人体内作用而分解,产生氢氰酸,少量的氢氰酸有镇静呼吸中枢的作用,而起镇咳的效果。苦杏仁甙的分解必须有酶存在始可进行。酶经加热即失去作用。其化学反应如下:

$$C_{20}H_{27}O_{10}N \xrightarrow[\text{苦杏仁酶}]{H_2O} \text{野樱皮甙} \quad C_6H_{12}O_6$$
（苦杏仁甙） （野樱皮甙） （葡萄糖）

$$\xrightarrow{H_2O, \text{樱叶酶}}$$

$$HCN + C_6H_5CHO \xleftarrow{\text{加热}} \text{苦杏仁晴} + C_6H_{12}O_6$$
（氢氰酸） （苯甲醛）

中医与现代制剂使用之不同点是:杏仁水为直接利用氢氰酸的制剂;中医使用者为溶于煎剂中的苦杏仁甙,服后在体内缓缓分解出氢氰酸而起治疗的作用。

杏仁的毒性,亦是氢氰酸的作用。氢氰酸是一种原形质毒,大量对呼吸中枢先兴奋后抑制,呼吸加快加深后即陷于呼吸停止而死亡。中医使用时,由于少量之苦杏仁甙在体内缓缓分解,不至中毒。

杏仁治疗作用是杏仁中苦杏仁甙的作用,故从苦杏仁甙含量的情况来进行分析。

1. 杏仁去皮尖问题　杏仁炮制,古代及现代皆去皮尖用。但有人实验去皮尖与否其有效成分含量改变不大。

	生杏仁去皮尖	生杏仁去尖	生杏仁
氢氰酸含量	0.216%	0.294%	0.28%

我们曾作过其分解试验,发现带皮尖的杏仁,其苦杏仁甙仁的分解较缓慢。

	生杏仁去皮	生杏仁带皮	生杏仁带皮尖
分解时间（苦味酸钠试纸开始变色）	平均12分钟 最快10分 最慢15分	平均30分 最快18分 最慢50分	平均40分 最快30分 最慢70分

可能皮尖有抑制苦杏仁甙分解的作用。中药人员亦有带皮杏仁储存不易变质的经验。可能皮抑制苦杏仁甙正常分解,中药炮制时去皮,使之能在体内正常水解。

2. 杏仁水浸泡　我们取杏仁水浸泡七日（冬季）苦味已极少,杏仁的苦味是苦杏仁甙所致,苦味消失,苦杏仁甙之含量亦减少,并曾试验其水解时间也有改变。从含量上看,损失颇大,毒性是降低但疗效也降低。

	生杏仁(去皮)	泡杏仁
氢氰酸含量	平均0.226 7%	0.03%
水解时间	平均12分钟	平均60分钟

3. 杏仁炒　杏仁经炒后,因为酶的作用消失,苦杏仁甙分解不进行或能力降低,但其有效成分含量并不改变。

	生杏仁	炒杏仁(炒黄点)	炒杏仁(炒黄)
氢氰酸含量	0.226 7%	0.225 2%	0.231 8%
水解时间	平均12分钟	除一组30分后有反应,全部未水解	全部未水解

由此可以说明,炒可以去毒并不是将成分破坏,而是将酶之作用破坏,而不使苦杏仁甙迅速水解,在体内缓缓分解后则不至中毒,而且杏仁酶被破坏后,在煎药时,也不至使部分苦杏仁甙水解而随蒸汽馏出,而减低疗效。

过去有人试验其煎出液及馏出液内含量比较,说明苦杏仁酶未破坏时,有效成分可随蒸汽馏出,损失很大。

	馏出液氢氰酸含量	煎液氢氰酸含量
生杏仁冷水煎15分钟	0.219 2克	0.006 8克
生杏仁冷水煎30分钟	0.226 0克	0.000 1克

说明生杏仁冷水煎30分钟、煎液中含有效成分已极低。但经炒后,或加热之后,酶被固定,苦杏仁甙不水解则完全可保留于煎液中。

	馏出液氢氰酸含量
炒黄点煮沸30分钟	0.003 2%
炒黄透者煮沸30分钟	0.000 6%

说明炒过杏仁,炒黄者酶已完全破坏、煎药时有效成分损失很少。

通过以上的材料分析,我们认为:①杏仁皮尖有抑制苦杏仁甙分解之作用,其有效含量相差不大。不去皮尖可防止药物变质,应用时去皮尖,去其妨碍苦杏仁甙分解的因素。②杏仁炮制时,水泡则有效成分损失过大,毒性减少,药效亦失,故以不泡为佳。③炒杏仁为了使煎药时成分不至分解而损失,而将酶的作用破坏。炒的程度炒至有黄点及全黄皆可用,以全黄为最妥。所以杏仁之炮制以第一法为妥当。

4. 杏仁压油后的新剂型　杏仁中含有杏仁油约30%。并非止咳之成分,似油却为有价值之出口滑润剂,可以综合利用。有人实验证明,压榨杏仁可得油20%左右,同时其中有效成分并不改变。

	未压油	压油后
氢氰酸含量	平均0.224 1%	平均0.226 7%

故杏仁压去油后,其成分无大变化,疗效不失,又可得到有用之油料。但压油后剂量有变化,医生与调剂者换算较为不便,我们试验将压油后杏仁制成块状,每块相当一钱,既减少换算,又可免去称取手续。其方法如下:

取炒杏仁(按一法操作所得者)压榨去油,将压油后的残渣研碎,过32眼筛,加40%生粉浆制成软块,摊于本盘上,切成适宜块状,每块相当生药一钱,50℃烘干后备用。

附注:杏仁碎粒有韧性不能压片。压油后杏仁100克约用40%生粉浆45克即可。

二十一、超声波对煎药质量影响的探讨(1960年)[*]

省中医院代病人煎药,每天平均600余付,煎药人员在高温条件下,经常工作12小时以上,但往往仍不能满足需要,如何提高煎药效力与质量,促进了我们对这一问题的注意。近来超声波广泛的进行研究,在党委和领导的指示下开始了应用超声波能否提高煎药效率的研究。

首先,我们对单味药物,进行了普通煎煮与超声处理的比较,初步观察使用超声波处理能提高煎药效率3倍。又进一步用于成方,效果相同。最后用于实际煎药,可提高煎药效率3.8倍。如能广泛使用,对提高工作效率,满足病员的需要,是很有价值的。

(一)实验情况

声音是以波的形式传导的,一般人耳可以听到的声波频率在每秒20~20 000赫。超过20 000赫的波,即是人耳听不到的超声波。超声波在液体内,能够使液体微粒产生极大的加速度,使液体局部压强增加形成空泡。由于超声波这种机械的作用,对促进化学反应、溶解、沉淀、蒸发都有作用。我们考虑超声波用于煎药,可能帮助药物煎出。

仪器:超声波发生器 上海产 C.F.S-3X,其振荡之工作部位为荡锡器。其工作部位可达20 000赫以上之频率,也可以加热,我们即利用这一原理进行煎

---

[*] 冯宝麟:《超声波对煎药质量影响的探讨》,载《中医药研究参考》(内部资料)1978年第11期,第93~96页。

药试验。

方法:将一定量药物置烧杯中,加定量水浸泡一定时间,于振荡器上加热至沸,开始计算时间(此时单纯加热或超声波处理)不断补充水至一定容积,一定时间后,过滤置已知重量的坩埚内蒸干后(110℃烘4小时);称重比较结果。

装置见图

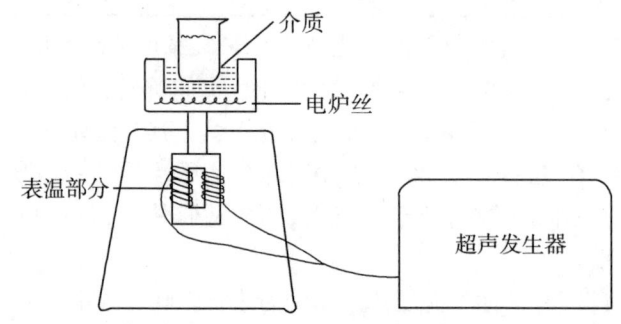

(一)单味药试验

1. 药物煮沸后,超声波处理10分钟,即可达到单纯煎煮30分钟的效果。

药名	方法	操作时间与药液浓度%					
		1分	3分	5分	10分	20分	30分
槟榔	单煎	5.153	5.574	5.547	—	—	6.453
	超声	6.12	6.157	6.08	6.35	6.65	6.28
柴胡	单煎	—	—	6.201			7.44
	超声	—	—	6.298	7.259	8.108	7.597
麻黄	单煎	—	—	5.193			6.247
	超声	—	—	5.33	6.723	6.277	6.387
大黄	单煎	—	—	5.820			6.325
	超声	—	—	7.101	8.704	11.626	10.32
桑椹	单煎	—	—	2.714			3.285
	超声	—	—	2.442	3.101	3.120	3.504

以上试验,超声波处理10分钟(同时加热),相当单煎30分钟。

2. 单独超声波处理不经加热不能完全代替煎药。

药名	方法	操作时间与药液浓度%			
		3分	5分	10分	30分
黄柏	单煎	2.313	2.575	2.938	4.584
	超声(不加热)	1.9	2.069	2.81	3.144

(续表)

药名	方法	操作时间与药液浓度%			
		3分	5分	10分	30分
甘草	单煎	—	8.77	9.967	10.43
	超声(不加热)	2.486	3.575	6.187	15.44
柴胡	单煎	6.375	5.55	6.49	6.822
	超声(不加热)	6.350	6.073	7.10	6.879

黄柏、甘草试验,大部超声波处理低于煎剂。唯甘草30分量反高,可能由于长时间处理产热有关。柴胡则二种处理其煎出物相同,可能与易溶有关。

操作注意:这些试验,必需控制试验条件,否则结果往往不能正确。①样品必需大小均否则结果变化很大。②处理必需补足水分,尤其超声波处理,其蒸发量很大,溶媒减少,煎出物也会减少。③药物在处理前先用水浸泡一段时间,可以帮助煎出物的煎出。

3.结果。

(1)煎药时通过超声波处理,可以缩短时间。

(2)单纯超声波处理(不加热),则不能完全代替煎药,某些物质的溶出与增加温度有关。

(3)药物扮碎愈细,煎前浸泡时间愈长,其煎药效率愈高。

(4)认为可以试用于实际煎药,观察效果。

(二)实际煎药的应用

单味药实验之后,又进行了几种合剂的试验,初步效果可提高工作效率3.8倍(与该院煎药时间对比)。

准备用于实际,第一是仪器如何适合于实际应用,第二如何快速测定其结果。

仪器改装:以前单味药试验,需将药物装于烧杯内,置于荡锡器上,实际应用则不能将过大的砂锅置于振荡器上,因此将其振荡器直接插入药物内(如图)。

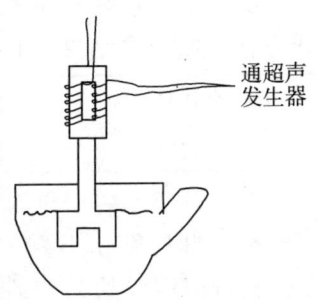

改装后试验效果良好,且可消除煎药时的跑锅(药液因沸腾溢出)及糊锅(部分药物烧焦)。

测定问题:单味实验利用称量法,手续多而费时间,需二天得一结果。又采用比色法,试验中观察的色泽随煎出量的多寡而变化,即在煎液过滤后,调至一定容积,取25 ml加水25 ml,用肉眼比色,很容易区别。最后直接用于实际煎药时,不可能这样比较,根据前一段试验情况,超声处理的效果是可以肯定的,在大量煎药时即根据煎药人的经验来判断,以药物已经煎透为准来计算时间。

几种合剂试验结果

名称	方法	时间	颜色	备注
一号合剂	沸后超声处理	10 分	较深	药物已透
	沸后煎煮	20 分	较浅	
二号合剂	沸后超声处理	10 分	较深	颜色区别不明显
	沸后煎煮	30 分	较浅	
三号合剂（煎前浸泡 15 分）	沸后超声处理	10 分	较浅	颜色区别不明显
	沸后煎煮	30 分	较深	
	沸后煎煮	10 分	较深	
四号合剂	沸后超声处理	10 分	较深	颜色区别不明显
	沸后煎煮	30 分	较浅	
	沸后煎煮	10 分	较浅	
五号合剂	沸后超声处理	10 分	较浅	颜色区别不明显
	沸后煎煮	30 分	较浅	
	沸后煎煮	10 分	较浅	

以上超声处理皆是 20 000 赫。

观察结果合剂与单味实验相符,因此直接用于煎药。

我们进行 19 个方剂的煎煮,初步得到结果为平均 13 分钟(最少 5 分,最高 24 分)一付,与现在速度平均 50 分(最少 30 分,最高 1 小时)效果一致。

试验方法:将药物加水浸泡 15 分钟,煮沸后用 20 000 赫超声处理至煎药人认为煎透为止,其结果如下:

煎透时间	5~7 分	10 分	12~14 分
付数	3 付	5 付	6 付

平均为 13 分钟一付,而省中医院之煎药平均约为 50 分钟。这样即可提高 3.8 倍。同时,利用超声波处理,煎煮时不溢锅、不糊锅。

处理时间较长的方剂,是由于方剂中有个别质坚或块大之药物,如杜仲(长、宽约 3~5 cm,厚 0.3~0.5 cm)、党参(长 2 cm,宽 1 cm)、麦冬(长 1.5 cm 椭圆形),及钩藤、枳壳、良姜、山药等质坚、块大的药物,如能将大块切小,质坚的打碎,皆会更提高效率。

(三) 小结

1. 我们对单味药物,进行单纯煎煮与频率 20 000 赫超声波处理后,进行了煎出物比较。初步认为,超声波处理 10 分钟即可达到煮沸 30 分钟的效果。

2. 单纯使用超声波,如不加热不能完全代替煎药。因有的物质煎出仍赖温度之增加。

3. 实际用于煎药,平均 13 分钟(最低 5 分、最高 25 分)即可达到单纯煎煮平均 50 分钟(最低 30 分、最高 1 小时以上)的效果。如能将个大的药物切碎,坚实者打碎,同时煎前浸泡则效果更会提高。

4. 煎药时用超声波处理,同时能防止跑锅、糊锅之现象。

5. 从药物煎出物、色泽、经验判断,超声波处理,完全能提高煎药效率,有推广之价值。

二十二、对《中国药典 1977 年版》中炮制项目的几点意见[*]

(一) 再版药典应增加炮制作用和用法的内容

炮制是为临床用药服务的,药材经炮制有它一定的作用目的:有的药材生品和炮制品均可入药,二者在药性上并无多大差异;有的药材生品和炮制品其治疗作用大不相同,用法也不同,有的药材只用炮制品,而不能用生品。对有些药材的炮制作用,各地的认识亦不甚一致。因此,作为国家药典,明确规定炮制作用是必要的。这样不仅统一了炮制品的应用范围和用法,而且也有了炮制品统一的质量标准。

但《中国药典 1977 年版》收载的 180 余种有炮制品的药材(净治与切制品除外),只是三七、干姜、石决明、石膏、白矾、灯心草、使君子、荆芥、首乌、莲子、荷叶、斑蝥、硫磺等十几种药材,在《功能与主治》和《用法与用量》等项目中说明了或部分说明了炮制作用。如使君子有直接捣碎和去壳用净仁二种炮制品,但规定了使用全使君子时需增加用量,这即指明了使君子的壳为非药用部位,在用药时不得计量;石膏生用清热,煅石膏只能外用,这即澄清了一些不同的认识,如有人认为煅石膏可以缓和寒性,其治疗作用与生石膏相同,均用于清热;其他如白矾生品可内服,煅后只作外用;石决明煅至灰白色时可内服,煅至白色只能外用;三七生品用于散瘀止血,消肿定痛,而熟品用于补血和血,荆芥生用解毒、散风透疹,荷叶生用解暑,而二者制炭后都用于止血等。以上这些炮制作用的规定和说明都是很必要的,它不仅使炮制品的用途明确,使用者有所遵循,也可澄清

---

[*] 冯宝麟等:《对〈中国药典 1977 年版〉中炮制项目的几点意见》,《中成药研究》1982 年第 3 期,第 18~20 页。

和统一某些不同认识,纠正一些错误用法,也是保证用药质量的重要问题。

但在《中国药典1977年版》中绝大多数药材的生品与炮制品的作用未加说明:如大黄既规定了生品,又规定了酒炒和制熟二种炮制品;黄连既有生品,又有酒制、姜制;吴茱萸有多种炮制品,附子有炮附片,又有淡附片;远志有生品,又有甘草制……其生品与不同的炮制品作用有什么不同?乌梢蛇有去头、鳞的,又有去头、鳞、骨的,还有肉加酒炒的,这些炮制品有什么不同?有些有毒中药如天南星、白附子、商陆……都规定有生品,生品是否可入药用?可否内服?都应加以明确规定,建议药典再版时应增加炮制作用和用法。

(二)药典收载的炮斜品和炮制方法应选用全国普遍使用者

由于历史上的多种原因,全国各地临床和制剂的用药经验不同,造成当前全国中药炮制品和炮制方法很多。又由于对传统炮制经验的整理和研究不够,直到目前对很多中药材的不同炮制品和炮制方法的效果尚难以得到确切的结论,取得统一的认识。而国家药典起着统一标准,统一用药,逐步纠正全国用药的混乱状况的作用。为此,我们认为现阶段药典收载的炮制品和炮制方法应具备以下两条:1.应符合中医中药的传统理论和经验,为大多数中医临床所公认,在全国使用比较广泛的品种和方法;2.经过现代的科学研究,符合中医药特点,又有可靠依据的品种和方法。至于各地的习惯用药,甚至仅在少数地区使用的个别品种和方法,在未取得可靠的依据之前,以暂不列入药典,而收入地方标准为宜。

我们认为本版药典有些品种和方法仍有商榷的必要。如熟三七粉,中药三七全国大多数省、市都是用生品。而药典所收载的熟三七粉,无论是品种和方法,都仅是个别地区的经验,全国其他地区很少使用。象这样的品种似暂不载入药典为宜。其他如炒桑枝、姜草果仁也都不是全国普遍使用的品种。山楂,药典收载有生品、炒品、炒焦三种,但常用的为生品和炒焦两种。乌梢蛇收载有去头、鳞和去头、鳞、骨及乌梢蛇酒炒三种,但常用者为去头、尾及酒炒。艾叶收载有生品、醋炒、醋炒炭、炒炭四种,全国以生品、炒炭最为普遍。巴戟天收载蒸去心、盐蒸去心、甘草蒸三种,全国以去心和盐炒较常用。

在炮制方法上如大黄、山茱萸、首乌、熟地、肉苁蓉药典都收载了炖法,炖法仅是京津一带的经验。就全国范围来讲炖法并不是常用方法,应用更为普遍的是蒸法,蒸法简便易行不需要特殊设备,况且至今还没有科学实验证明炖法的炮制质量优于蒸法。所以再版药典仍以收载全国普遍应用的方法为妥。

(三)药典中收载的炮制品应统一工艺

药典是保证用药的标准。在当前对多数炮制品无法制定严格质量检查指标的情况下,严格控制炮制工艺,对于保证药品质量起着关键作用。但本版药典中有些炮制品收载两种不同的工艺,有的辅料用量规定的范围也过宽。如制半夏,既收载了姜、矾腌制法,又收载了姜、矾煮制法,这二种方法不仅工艺操作不同,所用辅料量亦不一致;醋元胡收载了醋煮法与醋炒法两种,巴豆有研碎生用的,也有研碎加淀粉稀释的,熟地黄收载了酒炖法和单蒸法两种;制虎骨既收载砂烫法,又收载油炸法;煅金礞石有直火煅法,又有加火硝煅法,制山甲为砂烫法,但又有醋淬与不醋淬之分……

一种炮制品其作用是一个,两种不同的炮制工艺其炮制效果是否一致?有的即便是效果相同,生产工艺也有简有繁,有用料多少的问题,还是应通过研究选择一种工艺为好。

本版药典规定的辅料用量的差异过大,如在炮制通则中麸炒的用麸量为5%～10%;酒炒的用酒量为10%～15%;酒制法的用酒量为20%～30%;醋炒法的用醋量为10%～15%;醋制法的用醋量为20%～30%;蜜制法的用蜜量为25%～30%;某些品种既有酒炒,又有酒制(如大黄)或既有醋炒又有醋制(如元胡),其辅料用量的范围也在10%～30%之间。还有熟大黄的用酒量为30%～50%;醋炒甘遂的用醋量为30%～50%;醋京大戟、醋狼毒的用醋量亦为30%～50%;制天南星的用矾量为12.5%～25%……。辅料用量范围差异过大,作为国家药典来说是不妥当的,难以达到保证全国用药质量一致的目的。

(四)对药典其他个别炮制品的看法

除以上三项外,药典中还有一些炮制品和炮制方法的有关规定,也尚存在一些不妥之处。现分别提出如下:

1. 大枣　应在《用法与用量》项中增加"入煎剂临用劈破,入丸散去核。"因完整的大枣不易煎出有用物质,枣核为非药用部位。

2. 王不留　药典规定"炒至大多数爆开白花"不够确切。应根据实际操作规定爆开白花的百分数,如不得少于80%。

3. 马钱子　药典规定为烫法。现已有研究证实温度超过270℃,士的宁即开始破坏,受热时间越长其士的宁的破坏越多。既然药典规定烫后测定含量使用,则最好规定合适的砂烫温度,如180℃烫至膨胀。这样既不损失成分,又便于粉碎。另外既然按士的宁的含量使用,亦不必加淀粉稀释。

4. 白矾　药典规定枯矾照煅法煅至松脆。但通则的煅法只要求煅红,通则的规定对煅枯矾来说并不适用,应增添煅枯矾的具体方法。(白矾置锅内,加热融化后,缓缓蒸去水分,形成蜂窝状固体。中间不能断火)。

5. 芒硝　药典只规定含量测定方法,但常用的药用芒硝含杂质较多,往往需要精制,因此,对含一定杂质的芒硝,仍应规定提制法(芒硝加水煮溶化后重结晶法)。

6. 远志　传统要求去心,药典根据现代研究结果未规定去心。但远志心与皮的比例为1:4,心占的比例较大,所以如不去心,应增加用药剂量。

7. 杜仲　药典规定盐杜仲要炒至表面焦黑色。按传统经验杜仲炒的目的是为了"断丝"。现已有采用砂烫法者,砂烫杜仲比炒杜仲受热温度均匀,可达到"断丝"的目的,又能减少损耗,药典似可考虑采用。

8. 石韦　传统要求去毛,但药典未收载去毛。目前在未有研究能证实没有必要去毛的情况下,仍应遵照传统去毛为宜。

9. 苦杏仁　药典规定生用,"用时捣碎"和"宜后下"。主要考虑到入煎剂后下,可以破坏苦杏仁酶,不致在浸泡和煎煮时使苦杏仁甙酶解损失,以提高有效成分的煎出量。这种方法仅适用于煎剂,但苦杏仁在丸散中亦是常用的品种,如制水丸,有粉碎、加水泛丸、烘干等一系列的过程,并且中成药从生产到临床投药还有一个相当长的周转期,如果苦杏仁酶不在投料前使其失活,势必造成苦杏仁甙在生产、贮存过程中分解损失,影响药品质量。所以中成药仍应规定破坏酶的方法,以采用焯法或蒸法为宜。

10. 益智仁　药典规定为盐益智仁,方法是先烫使益智仁膨胀,再用盐水炙。传统认为益智仁经盐制后增加入肾的作用,但普遍的炮制法是盐炒法,该法操作简便,没有必要收载繁琐的先烫胀再盐水炒法。

11. 鹿茸　药典规定有鹿茸片和鹿茸粉二种,但鹿茸片当前应用并不普遍,以鹿茸粉冲服者为多,此法亦节省药材,故不论是入煎剂冲服或入丸散等制剂均可使用鹿茸粉,不必再切片。

12. 阿胶　烫阿胶珠适用于制丸散时便于粉碎,入煎剂则烊化即可。此点药典应加以说明。

13. 川乌　药典根据近年来的研究结果,制定了新的炮制工艺,并增加了薄层方法检查乌头碱的限量,这无异是一大提高。但据了解使用该工艺损耗率较大,且不便于切片,尚待进一步改进。此外,亦应增加炮制品总生物碱最低含量指标,这样不仅可以保证安全,而且能保证有效。

14. 斑蝥　药典收载米炒法,米炒法的原意是利用与米共炒借米的颜色观察炒的程度,而药典方法则成为在热米巴上加热,与古人的意图不一致。

(五) 其他

有些通用的炮制方法,如果目的明确,应考虑根据实际生产的多数情况制定标准。如制霜法(千金子、柏子仁、木鳖子等)都是去一部分油,应尽可能规定含油量,以求质量统一。研究证明,地黄单蒸与酒蒸其效果一样,应考虑逐步统一认识,统一炮制品。

总之,药典规定的项目起着控制药材质量的作用,因此药典的规定必需严格、统一。

二十三、制备中草药注射液的点滴体会*

在蓬勃开展的中草药群众运动中,我们配合临床研究,制备了部分中草药注射液,经过临床实践,初步发现了一些有一定疗效的药物。但制作中草药注射液是一项新工作,由于多数中草药有效成分不明,在制备过程中遇到一些问题,如中草药注射液极易产生沉淀、混浊、注射疼痛,如何提取制造才能保留有效成分,保证质量,提高疗效,须要研究解决。

(一)制作方法和质量

现在多数成分不明的复方或单味的中草药注射液为水溶液,提取方法多用水煎,个别也有水蒸气蒸馏(含挥发油的)及不同浓度的乙醇迴流煎煮或渗漉;再经过处理,除去易沉淀物制成澄明的注射液。

这些方法主要是根据植物成分的通性处理的,植物成分大体分为:

1.生理作用较强的(称为有效物质)有生物硷类、甙类(氰甙、黄酮甙、蒽醌甙、强心甙、皂苷等)挥发油等。

2.生理作用不明显的(称无效物质)有蛋白质、淀粉、糖类、粘胶质叶绿素、色素、树脂、鞣质、无机盐等,多是造成沉淀的因素。

有效成分不明的情况下,这些提取和处理方法的设想都是以保留有效物质,除去无效而易生成沉淀的物质为基础的。这样制选虽有一定效果,但也有缺点。

(1)能保留一些有效物质。如生物硷类在杭物体内多以炊的形式存在,可以溶于水中,也可溶于不同浓度的乙醇中;甙类多数也能溶于水和醇;挥发油也能少量溶于水。临床实践也证明,这样制造的注射液,有些确有一定的疗效。

(2)排除一些无效的易沉淀物同时,一些有效物质也可能被排除。注射液中的易沉淀物多是所谓的无效物质。但有效、无效的概念随病的不同而改变,也随科学的发展而逐步认识。如中药用于收敛的五倍子,有效成分是鞣质;有活血止痛作用的乳香、没药是树脂;现在发现有引产作用的天花粉,有效成分是蛋白质类物质;叶绿素有杀菌作用等,若不作分析的除去,就有可能抛弃了许多有效物质。

(3)处理不当,有效物质也能损失。有些处理沉淀的方法不仅能除去无效物质也能除去有效物质,如醋酸铅能沉淀某些甙类。活性炭能吸附生物硷,如果处理不当有效物质也被吸附或沉淀而丢弃。

因此,成分不明的中草药制成注射液,盲目性较大,不易保证质量。也容易发生浪费。

---

* 冯宝麟:《制备中草药注射液的点滴体会》,载《中草药通讯》1973年第1期,第56~58页。

(二)沉淀原因及其处理方法:

中草药注射液,往往在短期或数月后会出现混浊或沉淀。有沉淀的注射液,注射后能引起疼痛,局部发炎或坏死,甚至引起全身高热,不能作注射用。现在中草药注射液的制造过程,很大部分工作是排除沉淀,使溶液达到澄明,所以能不能排除沉淀,几乎成了制造中草药注射液成败的关键。

导致注对液沉淀的几个因素:①中草药本身含淀粉多,含糖多;②提出液粘稠,色深或有绿色;③经处理后的溶液透明度不好;④高压消毒,冷冻,长期放置,安瓿漏气。

处理沉淀池方法很多,如加沉淀剂,吸附剂,降低浓度,改变酸硷度……但需注意各种方法虽能排除沉淀,也可能排除有效物质,因此在制备注射液中,应根据各法的特性合理配合,不能为澄明而澄明,应全面考虑,妥善处理。

常用的方法及其特点如下:

1. 加沉淀剂　目的是促使易沉淀物早期沉出。常用的有乙醇,醋酸铅,明胶溶液。

含50%以上的乙醇溶液,可以沉淀出蛋白质、淀粉、粘胶质、无机盐等。而生物硷和甙类等有效物质大都可以保留。其制法是将溶液分别调至含醇量为50%,70%二次沉淀即可。个别药开始即用较高浓度沉淀效果更好,有的尚需反复数次,始得合格的澄明液。此法用的最多。

醋酸铅:对颜色深的溶液较适合,能沉淀色素,有机酸,树脂,鞣质,蛋白质等,但因也能沉淀某些甙类;同时沉淀后,必需除尽多余的铅(铅有毒)。此法较繁琐,故不常用。

10%明胶洛液,主要用以沉淀叶绿素,鞣质。沉淀后还需用乙醇将明胶除去。

2. 加吸附剂　目的是将易沉淀物吸附,不使进入溶液,常用的有活性炭,尚有滑石粉,硅藻土。活性炭主要用于吸附色素,细菌,热源,效果较好,不过也能吸附生物硷和甙类,应加注意。

硅藻土、滑石粉对色素、粘胶质能吸附。对于粘稠的溶液,过滤效果好,但吸附力弱。

3. 过滤　常用多层滤纸或滤纸浆或砂滤心。滤纸、滤纸浆只能滤除明显的沉淀物及吸收部分色素,对粒子较细的胶状物效果不好,而砂滤心效果较好。缺点是易造成阻塞。一般用于其他处理后的辅助过滤。

4. 离心　对细微混浊排除比过滤法简便,对胶状物,极细的混浊物效果仍不佳。一般用2 000~3 000转/分钟,离心10~15分钟,可得澄明液,但单独用此法处理,长期放置仍可能有沉淀,可作辅助方法用。

5. 浓溶液长时间放置,适用于大分子易聚合的物质。配成最高浓度,经其他方法处理后,放置数周或数月,滤去沉淀物后,再配成稀溶液用。一般效果好,但费时间较长。

6. 改变温度条件　促使能分解的物质分解,能聚合的聚合,早期沉淀。一般反复高压再冷冻,将沉淀物滤去,必要时反复数次,有一定效果。缺点是反复高压能破坏一些成分。

7. 调节酸碱度　利用一些成分在某一 pH 值下能生成沉淀或溶解度加大的特性,帮助沉淀溶解。缺点是成分多时易干扰,如生物碱在酸性时稳定,溶解度大,有些甙在酸性中易沉淀,互相矛盾。pH 值偏高或低,对局部有刺激性,甚至造成坏死,故一般控制在 pH4~9 之间,但仍以接近 pH7 最好。

8. 加助溶剂　常用的有吐温-80,吐温-60,丙二醇,甘油等。主要起助溶和提高药物溶解度的作用。缺点,吐温本身有轻微溶血作用,应慎用! 吐温对某些生物碱、鞣质的助溶作用亦不理想。丙二醇不宜超过 60%,以免有刺激性。

以上各法,如配合得当即使不加助溶剂,也可维持注射液半年至一年不产生沉淀。

(三)注射疼痛和解决方法

造成注射疼痛的原因有:①药物本身有刺激性,如鞣质,对肌肉有刺激,甚至引起肌肉坏死;②有沉淀,局部不能吸收造成刺激;③溶液过浓吸收不好,也引起刺激疼痛;④附加剂不当,如 pH 值偏酸、偏碱,也能引起疼痛。

解决疼痛的方法:一般注射液和浓度适当,澄明度好,无鞣质,pH 值接近7,注射时一般不会产生疼痛。如个别药物本身有刺激性,可加止痛剂。

常用的止痛剂:有 1%~2% 苯甲醇,0.5% 三氯叔丁醇或 0.5%~1% 盐酸普鲁卡因。这些都是短时间止痛剂,只能维持 1~2 小时,如药物仍未吸收,仍然疼痛,盐酸普鲁卡因有过敏反应,用时应注意。

(四)讨论

1. 注射液不一定是中草药最适宜的剂型:

注射液具有吸收快,发生作用快的特性,多是在需要急速发生作用或肠胃道不能吸收的情况下使用的。一般能口服的,多不作注射用。由于注射液发生作用快,为了保证安全,剂量要求准确,生产条件控制比较严格。目前的中草药注射液,多是在有效成分不明的情况下制作的,排除物质很多,不一定保证有效物质完全提出,也无法控制质量,盲目性较大,制造注射液还需要一定技术条件和设备,应用时也不如口服方便。口服能达到同样效果的药物,不一定作成注射液。

2. 成分不明的中草药注射液,澄明度是需要保证的,但不能为澄明而澄明,必须紧密配合临床,观察疗效,不使造成浪费甚至否定了有效药物。

3. 对人体有害或有刺激性的附加剂,应尽可能的不加入,如过多的酸、碱、吐温类,醋酸铅等,以免对人体产生不良影响。

4. 有一定疗效的注射剂,应进一步整理提高。中草药成分的含量,常随品种、产地、采集时间,加工方法的不同而不同,不易保持稳定的质量,还需进一步寻找有效物质和可能的鉴定方法,改进制法,稳定质量,进一步提高疗效。

二十四、柴胡药用部位的探讨*

柴胡是常用中药,自古以来以根入药。目前全国大多数地区只用根,仅江、浙等南方几省除用根外尚有用全草入药的习惯。

近年来,因药源紧缺,我省亦有"如能用柴胡全草代替根入药,则可扩大药源,保障供应"的想法,但缺乏依据。为此我们对柴胡的药用部位进行了探讨,作了部分实验,结果:柴胡根与茎叶的主要成分(柴胡皂甙、水蒸汽蒸馏部分和挥发油)是不一样的。根与茎叶成分不一致,似不能代用。

(一)实验及结果

样品:柴胡按1963版药典规定有南柴胡、北柴胡两种。①我们此次实验所用样品,购自济南和泰安药材站,经本所鉴定为南柴胡 B - upleurum scorzoneraefolium. 全长5~20 cm,根与茎叶重量之比约为4∶6,茎叶占全草重量的一半以上。

实验指标选定:中医用柴胡发表和里、升阳解郁。以治疗寒热往来、胸满、胁痛、口苦、耳聋、头眩、呕吐、疟疾、中气下陷、脱肛、月经不调、阴挺等。

现代研究柴胡根含有柴胡皂甙、甾醇(豆甾醇、菠菜甾醇等)和挥发油。柴胡皂甙是一具强生物活性的成分,有镇静、镇痛、镇咳、解热等中枢神经抑制作用和抗炎作用。柴胡水蒸汽蒸馏部分(柴胡注射液)对感冒发热有缓和的解热作用。

这些成分和作用与柴胡性味功能虽不完全吻合,但柴胡皂甙生理活性强、使用已较普遍,故选柴胡皂甙、水蒸气蒸馏液和挥发油以及解热实验几项,作了根与茎叶的对比。

1. 根与茎叶的皂甙比较　柴胡根与茎叶分别按赤崛氏方法,提取了粗皂甙,进行了板层展开比较。结果:根含有皂甙,而茎叶不含皂甙。见图一。

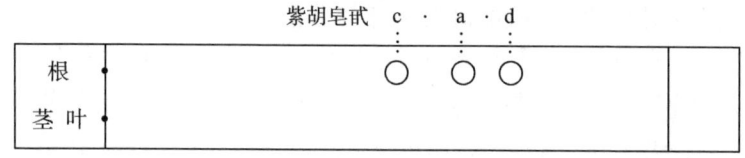

图一

---

* 冯宝麟等:《柴胡药用部位的探讨》,载《山东中医学院学报》1979年第2期,第59~62页。

方法：柴胡样品(根或茎叶)自然干燥后，粉碎，称取 7 g，用含 2% KOH 的甲醇回流提取，反复数次至提取液无色。甲醇液合并，减压浓缩至糖浆状，用少量水溶解，用水饱和的正丁醇提取，正丁醇提取液减压浓缩至成糖浆状。加甲醇溶解，加入乙醚使沉淀，滤过，沉淀物自然干燥，即得粗皂甙。

板层析：粗皂甙用甲醇溶解，点样于硅胶 G(E. Merck)板上，用醋酸乙酯：乙醇：水(8:2:1)展开，用碘蒸汽显色，皂甙为棕色斑点，用水喷雾皂甙为白色斑点。

2. 根与茎叶水蒸汽蒸馏部分、紫外吸收曲线比较　根与茎叶分别按湖北省药品标准柴胡注射方法，制得水蒸汽蒸馏液，经紫外测定，其吸收曲线亦不相同，说明二者不是一种物质。见图二。

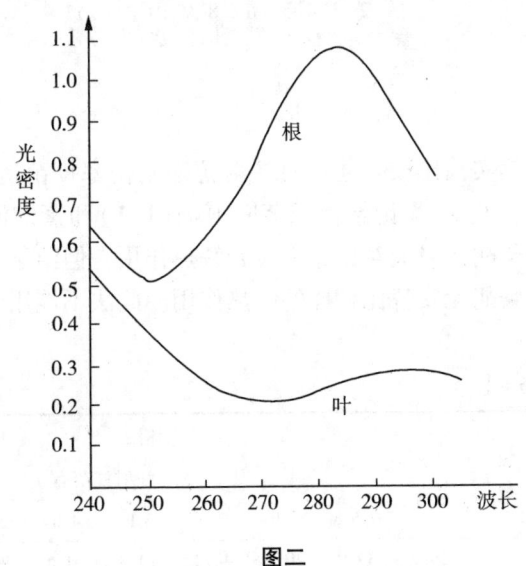

图二

方法：柴胡粗粉(根或茎叶)100 g，加冷水浸半小时、80℃保温 1 小时，水蒸汽蒸馏，收集馏液 400 ml，再重蒸馏收集 100 ml，加吐温 0.5 ml。即为蒸馏液。(本实验未加氯化钠，亦未调整 pH)。

精密吸取上述蒸馏液 5 ml，置 50 ml 容量瓶中，加水至刻度，另外精密吸取 5 ml 置蒸发皿中，水浴上蒸干，加水溶解移于 50 ml 容量瓶中，加水至刻度。将上述两稀释液分别置 1 cm 比色杯中，以后者为空白，在波长 200～300 nm 间测定光密度。(按湖北方法，其根液最大吸收峰在 276 nm。我们作的最大吸收峰在 285 nm)。

3. 根与茎叶挥发油的比较　按 1963 版药典方法，提取了根和茎叶的挥发油。并作了板层比较，结果根含挥发油量较少，茎叶的挥发油约为根的 3 倍。二者的挥发油经板层比较成分组成亦有不同,在等量点样的情况下,根的6、7、8、9、10斑点很少,只有隐约的颜色,而茎叶则非常明显。见图三。

方法:样品(根或茎叶)200 g,用挥发油测定器,提取12小时至油层不再增加为止。得挥发油量根约为0.1 ml,茎叶约为0.3 ml。

板层:挥发油分别用乙醇溶解,点样于硅胶G(E. Mcerck)板上,用石油醚:醋酸乙酯(9:2)展开后,以香荚兰醛硫酸液喷雾显色。

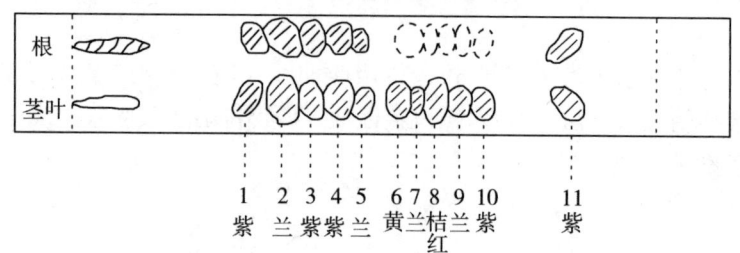

图三

4. 根与茎叶解热实验比较　通过对注射仿寒副伤寒疫苗造成的发热家兔,给于各种柴胡制剂。发现,无论给根或茎叶煎剂(1:1)和蒸馏液均未看到解热作用。用市售品柴胡注射液对比亦未看到解热作用。但给于安替比林则解热作用非常显著。故柴胡无安替比林样的解热作用。此法不能用于比较柴胡根与茎叶的质量。

结果见表一、图四。

给药情况	兔数	正常	注射疫苗后							
			0.5 h	1 h	2 h	3 h	4 h	5 h	6 h	7 h
疫苗发热	3	39.3	39.9	40.3	40.1	40.8	40.6	40.3	39.8	39.5
疫苗发热后服水	4	39.0	39.6	40.1	↓39.8	40.3	40.2	40.1	39.7	39.4
疫苗发热后服安替比林	2	39.3		40.6	↓39.6	39.1	38.8	38.2	38.1	
疫苗发热后服柴胡根煎	6	39.0	40.0	40.5	↓40.3	40.9	40.5	40.2	39.7	39.3
疫苗发热后服柴胡叶煎	5	39.3	40.1	40.6	↓40.1	40.7	40.2	40.0	39.5	39.2
疫苗发热后注射根蒸馏液	3	39.6	40.3	↓40.6	40.9	41.1		40.8	40.3	40.0
疫苗发热后注射叶蒸馏液	3	39.4		40.4	↓40.5	41.1	40.9	40.3	39.7	38.4
疫苗发热后注射市售注射液	4	39.0		40.5	↓40.8	41.3	40.9	40.3	39.8	39.6

注:↓箭头为给药时间。

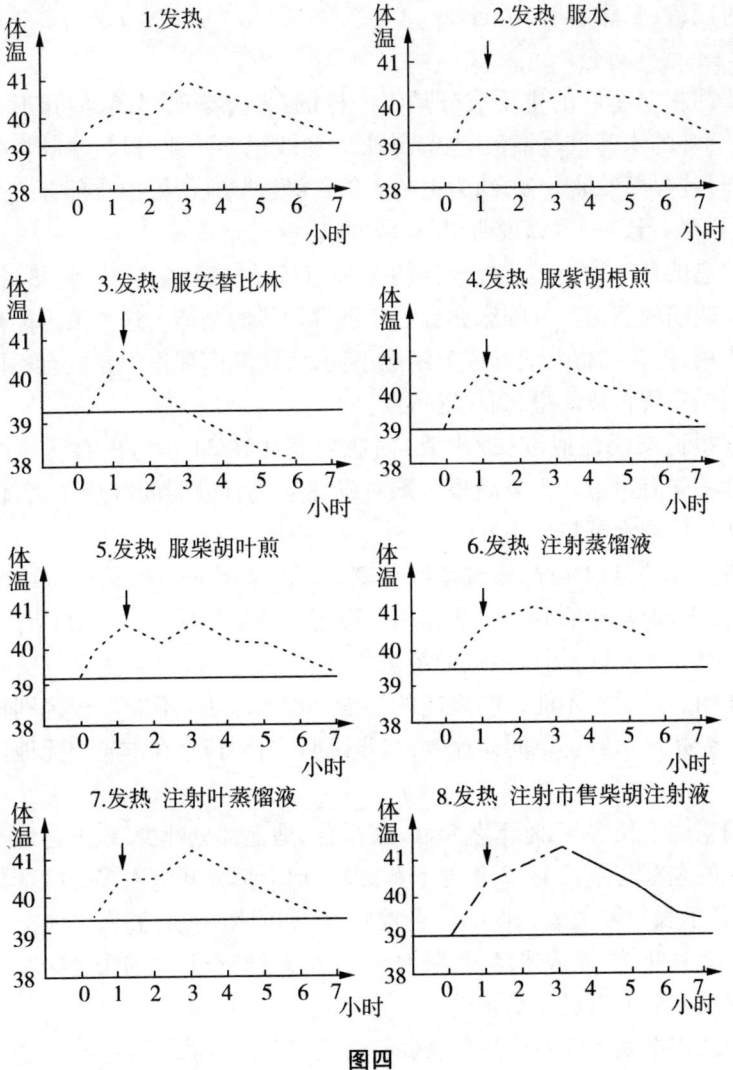

图四

方法：

动物：家兔选取预测体温稳定，正常体温在38.5~39.6℃者。发热：耳静脉注射过期伤寒副伤寒混合疫苗（上海生物制品研究所，批号7602-7）0.5 ml/kg。试验前测量正常体温二次立即注射疫苗。

给药：注射疫苗一小时后家兔已发热，立即给药。

剂量和用法：①1:1 柴胡（根或茎叶）煎剂，系经煎煮三次，煎液合并浓缩至1:1。

口服16 ml/kg。柴胡（根或叶）蒸馏液，（按湖北药品标准，柴胡注射法）肌肉注射1 ml/kg 市售柴胡注射液得自山东省药检所，为嵩山县制药厂出品。

③空白对照,口服蒸馏水 16 ml/kg。

(二)小结和讨论

1. 柴胡根与茎叶的主要成分是不一样的:根含柴胡皂甙,茎叶不含柴胡皂甙;根与茎叶的水蒸汽蒸馏液,其紫外吸收曲线也不一致;根与茎叶挥发油含量亦不一样,叶含挥发油量多,约为根的 3 倍;挥发油组成,根中有部分成分含量很微少(点样量一致)。足以说明根与茎叶的质量有差异。

柴胡皂甙是一种生物活性较强的成分,有镇静、镇痛、镇咳、解热、抗炎等药理作用。柴胡根蒸馏部分临床亦有治疗感冒发热的报道。这些虽不能全部代表柴胡的作用,但柴胡根与茎叶成分组成不同,肯定其药理作用亦应有不同处。因此以柴胡全草代替柴胡根,尚缺乏依据。

2. 据报道柴胡注射液(馏出液)对感冒发热在 24 小时内有缓缓的解热作用。药理实验有报道认为柴胡根煎剂对发热家兔有微弱的解热作用,但亦有报道认为柴胡煎剂无解热作用。

经我们试验,1:1 柴胡根或茎叶煎剂,口服达 16 ml/kg,柴胡根或茎叶蒸馏部分,肌注 1 ml,均未看到有解热作用。市售品柴胡注射液亦无解热作用。但口服安替比林 0.5 g/kg,则有很强的解热作用。因此可以说柴胡没有安替比林样的解热作用。此试验不能说明柴胡的功能,此种试验尚不能用于区别根与茎叶的质量。兖州产白颖苔草同样疗效,初步说明,白颖苔草在本省内无地区疗效的差异。

我们采用生长多年,地下茎粗壮,紫褐色,地上部分叶少,地上与地下部分重量为1:3 的老草与生长 1~2 年地下茎细软,地上部分叶嫩而多的嫩草分别水煎服,观察到生长年限久者,甘味轻、苦涩味重,利尿作用强,健胃力大,疗效高;生长年限短者甘味重,涩苦味轻,利尿力小,疗久差;春季开花前采者味苦,汁浓,疗效好。对此今后应再进一步研究。

3. 中医用柴胡治疗寒热往来、胸闷、胁痛、口苦、耳聋、头眩、呕吐、疟疾、中气下陷、脱肛、月经不调、阴挺等。目前尚无现代科学证明,柴胡的作用是否与镇痛、镇静、提高某些生理机能、改善代谢、抑制感冒病毒或抑制疟原虫生长有关?都待进一步研究。

我们仅就现代研究比较清楚的主要成分作了比较,提供一些线索,但也可以看出古代用根而不用茎叶入药,仍是有其实践经验和道理的,在目前尚无可靠依据及临床观察的情况下,茎叶又占全草一半以上,其成分既然不一致,作用亦应有区别,似不宜直接以柴胡全草代柴胡根使用。

二十五、柴胡药用部位的探讨[*]

柴胡为常用中药,自古以来以根入药,目前全国大部分地区仍然如此,但也有少部分地区有全草入药的习惯,个别地区单用夏季采收的地上部分入药。究竟柴胡地上部分与根部所含成分是否一致,能否以全草入药,本文结合古代有关文献记载及近代化学分析结果,提出一些意见,供有关方面参考。

(一)柴胡药用部位的本草考证

柴胡始载于《神农本草经》,列为上品。唐代《千金翼方》中有柴胡使用时"去苗"的记载,后世医药学家一般皆照此沿用。窦汉卿在其《疮疡经验全书》中收载有"硬柴胡"和"软柴胡"。柴胡品种虽有"软"、"硬"之分,但入药修治时均须"去芦"。可见,两种柴胡皆用其根。明代李时珍对柴胡的药用部位有更明确的记述:"柴胡生山中,嫩则可茹,老则采而为柴,故苗有芸蒿、山菜、茹草之名,而根名柴胡也"。考证历代诸家本草,基本上都有"去芦"、"去苗"的记载。此外,《千金方》中最早记载有"苗汁治耳聋,灌耳中";明代《滇南本草》亦记载有"发汗用嫩蕊,治虚热、调经用根",其中的"嫩蕊"似指"嫩苗"。这些记载说明,苗与根的作用是不一样的。在我们所查证的历代本草中,未见有全草入药的记载。依此看来,以柴胡全草入药不符合传统的用药习惯。

(二)当前柴胡的应用情况

《1977 年中国药典》收载的北柴胡 Bupleurum chinese DC. 和南柴胡 B. Scorzoneraefolium Willd. 皆春、秋采挖,以根入药。但是,当前全国各地对柴胡的应用情况仍不统一。长江以北地区及南方大部分省、市均以北柴胡根入药为主,而江、浙、滇、黔、川等省则以南柴胡全草入药为主。山东有些地区有用芽柴胡(又叫春柴胡)的习惯,即以春季苗高 1~2 寸时采挖的带嫩苗的柴胡入药,但其药用部位仍以根为主。近年来,山东部分地区亦以柴胡全草入药或用柴胡全草制备注射液。此外,四川、江苏一些地区,是在夏季柴胡生长旺盛时,采集其地上部分入药。北京、浙江、昆明的中草药炮制规范中规定,北柴胡用根切片,南柴胡用根切片,南柴胡全草切段供用。

(三)柴胡根与茎叶中所含成分的比较

柴胡的主要成分为皂甙,还含有甾醇、脂肪油、挥发油、葡萄糖等,茎叶含芦丁等。为比较柴胡根与茎叶主要成分的异同,山东省中医药研究所曾作过南柴胡根与茎叶成分(皂苷和挥发油)的比较,山东省药品检验作过南、北柴胡根及苗中挥发油成分的比较,结果如下。

---

[*] 冯宝麟等:《柴胡药用部位的探讨》,载《广西中医药》1980 年第 1 期,第 44~46 页。

1. 柴胡根与茎叶皂甙的测定　据冯宝麟等报道,南柴胡根与茎叶分别按赤崛氏方法提取粗皂甙,进行薄层层析比较,根可以看到三个斑点,而茎叶无斑点,说明根含皂甙,而茎叶不含皂甙。

2. 柴胡根与茎叶所含挥发油的比较　据冯宝麟等报道,南柴胡根与茎叶分别制得水蒸汽蒸馏液,经紫外分光光度法测定,其最大吸收峰根在 280 nm 附近,茎叶在 290 nm 附近;最小吸收根在 250 nm 附近,茎叶在 270 nm 附近。其吸收曲线不同,说明二者不是一种物质。

冯宝麟等还作了南柴胡根与茎叶的含量测定和薄层层析比较,结果根中挥发油的含量少,茎叶中挥发油含量较多,约为根的 3 倍。根与茎叶中的挥发油,经层析比较,二者皆可分出 11 个斑点,但其中根的 6~10 斑点含量较少,说明根与茎叶的挥发油。有些成分是一致的,有些则不一致。

山东省药检所曾作南、北柴胡水蒸汽蒸馏液的紫外图谱,认为南、北柴胡根与茎叶均有三个吸收峰分别在 276 nm、234 nm 和 208 nm 附近,根在 247 nm、茎叶在 265 nm 有最小吸收。在 276 nm 与 234 nm 吸收处,其吸收度比值,根大于苗。说明 276 nm 处成分的含量根多于苗。由此可知南、北柴胡的根与苗所含挥发油的各种主要成分比例是不相同的。

又从山东省药检所作的气相层析看出,南,北柴胡根与苗的挥发油,其主要组分的保留时间是相同的,经多次实验说明 2 时 40 分出现的峰是挥发油的主要组分,而在 8 分 30 秒时出现的峰,茎叶比根要明显得多,中间的其他组分则根与茎叶有所不同。

上述实验证明,南柴胡根中含皂甙,茎叶中不含皂甙;根中含挥发油量少,而茎叶中含量多;南、北柴胡根与茎叶所含挥发油的组成成分亦不相同。

(四)关于柴胡药用部位的讨论

根据历代本草所载,古人使用柴胡一般是以根入药。因此,以柴胡全草,尤其以苗代根入药是不符合中医传统用药经验的。

根据化学分析的结果,柴胡根与茎叶的主要化学成分不同,根含皂甙而茎叶不含皂甙;根与茎叶挥发油含量不一样,其组成成分亦不同。说明根与茎叶的质量有差异。据文献报道,柴胡皂甙有镇静、镇痛、镇咳、解热等药理作用 10。这些虽不能完全代表柴胡的作用,但说明柴胡皂甙是一种生物活性较强的成分。既然柴胡茎叶中不含皂甙,其药理作用肯定和含有皂甙的根部有所不同。这就说明历代医家用柴胡根而不用其茎叶入药,是有其道理的。因此我们认为,在目前尚无可靠依据的情况下,似不宜直接以柴胡全草代替柴胡根入药。

二十六、中药炮制作用的药理研究*

中药炮制研究是一项应用科学,现代药理学是炮制研究工作中不可缺少的重要手段之一。为能了解炮制作用的药理研究情况,促进炮制研究工作,特作如下概述。

(一)炮制作用的药理研究情况

1. 净制作用的药理研究　中药在配用前大都需要作净制处理,以除去其中的泥沙、杂质、有毒、质次及非药用部分,选取或分离不同药用部位,使之达到药物洁净、安全、效佳等炮制目的。

远志有养心安神、祛痰止咳作用,传统认为远志有小毒,其心可令人"烦闷",故要求去心。有报道用小鼠做了远志皮、全远志、远志心的毒性、溶血、祛痰、催眠、抗惊厥实验,其结果表明远志皮和全远志有祛痰作用,远志心无效,抗惊作用全远志最强,远志皮次之,远志心无效,三者均有一定催眠作用,其溶血和毒性作用的顺序为远志皮＞全远志＞远志心。从而说明全远志不仅毒副作用较远志皮小,而且镇静作用强,祛痰作用也不弱,加之远志心约占全远志重量的1/4,故不必去心,以减少加工工序,但宜适当增加用药剂量。连翘能清热解毒散结,传统有"去心"之说。通过老翘与老翘心、青翘与青翘心水煮液的抑菌及毒性实验,表明青翘与青翘心的抑菌力基本一致,老翘抑菌力小,老翘心有一定的抑菌能力。青翘和老翘的毒性比心大,青翘比老翘毒性大,说明连翘无需去心。桔梗用于宣肺祛痰、排脓消痈。传统要求去"芦、浮皮"后入药。经桔梗芦头的溶血实验,表明芦头的溶血指数高于根部,故桔梗似可不去芦用,其疗效可能更好。又经小鼠和家兔的溶血、毒性、祛痰实验,表明带皮桔梗与去皮桔梗的溶血指数相同,桔梗皮与韧皮部的溶血指数相同,均无明显毒性反应,带皮桔梗具有显著的祛痰作用,与去皮桔梗相当或略强。临床应用带皮桔梗饮片也未见不良反应。因而认为桔梗入药无需去外皮,但去皮有利于干燥,若为便于干燥可在产地趁鲜切片。古人有蛤蚧"毒在眼,效在尾"之说,故历代相传去头足。经用蛤蚧眼睛和头足作猴急性毒性和小鼠亚急性毒性实验,其结果均未见不良反应。因此蛤蚧入药无需去头足,若因头足不易粉碎而去之则是另一种情况。柴胡有透表泄热、疏肝解郁、清胆截疟等作用。自古以来以根入药,近几年有用全草入药者,经用柴胡根、茎、枝叶作家兔解热实验,表明根有明显解热作用,而茎叶无明显解热作用,说明根与茎叶不同,应以根入药。棕榈为收涩止血药,传统认为陈棕入药尤良。经新、陈棕板与新、陈棕皮的煎剂和混悬剂作小鼠凝血时间和止

---

* 冯宝麟等:《中药炮制作用的药理研究》,载《中成药研究》1984 年 7 期,第 32～34 页。

血时间测定,表明新棕板或新棕皮均无作用,而陈棕板或陈棕皮则有明显作用,尤其多年的破旧陈棕,其作用更为明显。传统经验认为当归头、身、尾功效不同而分别使用。有"头止血而上行,身养血而守中,尾破血而下流,全活血而统治"之说。曾用 Magnus 离体子宫试验法做了当归头、身、尾对子宫作用的比较,结果表明8%当归头、身、尾三种煎剂均有明显兴奋子宫平滑肌的作用,无明显差别。但没有说明头止血、身养血、尾破血、全活血的传统用法。

2. 不同炮制品的药理研究 传统炮制经验认为:中药炮制前后的作用不同,即使同一味中药由于炮制方法不同其作用亦不相同。如生枣仁治多睡,炒枣仁疗不眠。大黄为攻下药,生品竣泻,酒炒后泻下力较缓,清上焦之热,酒熟大黄缓和苦寒之性,能降上焦热,醋制后可消积化瘀,大黄炭则清热止血,清宁片用作

首乌补肝肾益精血,传统认为首乌有致泻的副作用,用于补益一般制熟用。实验研究证明,生首乌有一定毒性,蒸制可降低毒性,蒸制 60 小时其毒性已极小,蒸制 100 小时后则无泻下作用,可能因首乌中的致泻成分结合甙已水解减少。还有实验表明,首乌经炮制后能降低毒性而增加肝糖元。以上均说明制首乌是实用的。栀子能泻火除烦、泻热利湿、凉血止血,,炮制后可缓和药性,降低寒性。以黄疸、止血、解热、抑菌为指标对比研究生栀子和焦栀子水煎浓缩液的作用,结果表明对兔结扎总输胆管后的胆红素均有轻度抑制作用,生、焦之间差别不大。两者均能显著缩短凝血时间,在 0.75 g 剂量时生栀子有作用,焦栀子则无作用。生栀子与焦栀子均有抑菌作用,而生栀子作用较强,但对痢疾杆菌的抑制作用,焦栀子比生栀子略强。说明栀子炒焦后其解热、止血和抗菌效果均减弱或消失,可见焦栀子的成分有所破坏。酸枣仁为养心安神药,传统认为生、熟枣仁功效相反,即生用醒睡,熟用安眠。经生炒枣仁对青蛙、小鼠、豚鼠、家兔、狗镇静催眠作用的比较,表明生熟枣仁均有镇静催眠作用,无明显差别,因此可以轧碎生用。常山具有吐痰行水、杀虫截疟的功效,传统认为常山有小毒,生用力猛。经生、浸、清炒、酒炒常山的生物碱含量、毒性和疗效的比较,表明生物碱与毒性、疗效有关,毒性大小顺序为生常山>酒炒常山>浸常山>炒常山。对鼠疟抗疟效价的高低次序为生常山>浸常山>炒常山。从各自的 $LD_{50}1/2$ 用量对鼠疟的抑制率来看,常山用于治疗疟疾时以原药材饮片或粗末生用为宜。枳实能破气消积,行气除痞,古代有"理气宽胸枳实速而枳壳缓也"之说,传统认为枳实麸炒可缓和峻烈之性,枳壳麸炒能缓和药性。经枳实、枳壳中挥发油的离体肠实验,表明枳实中的挥发油可使肠蠕动频率显著增强,振幅显著降低。麸炒后挥发油含量减少约50%,必然减缓枳实、枳壳对肠道平滑肌的刺激。说明枳实、枳壳的炮制原理是减少其中挥发油的含量,以达到缓和药性的目的。

泽泻具有利水渗湿泻热之功能。传统经验认为盐泽泻能增强泄热利水作

用,麸炒可缓和药性。经以泽泻利尿作用为指标,对泽泻的盐、酒、麸制品以及由生泽泻和盐泽泻所组成的"五苓散"作了比较,表明生品、酒制品、麸制品均有一定的利尿作用,而盐制品几不显利尿作用,但五苓散中无论用生品或盐制品都有一定的利尿作用,盐泽泻未显示增强利尿的效果。黄连、黄芩、黄柏均为清热泻火燥湿解毒药,临床应用生品和不同的炮制品。经抑菌实验比较,其抑菌作用的强弱顺序为生黄连＞炒黄连＞焦黄连＞黄连炭。对白喉杆菌、痢疾杆菌等,蒸、煮黄芩的抑菌作用高于生黄芩,酒炒黄芩比生黄芩抑菌效果好。通过黄芩中和白喉毒素的效价比较,表明蒸、煮黄芩片比较冷浸黄芩片为佳。生黄柏与酒黄柏的抑菌作用极为相似。从抑菌效果来看,黄连以生用为宜,黄芩以蒸、煮,酒炒者为好,黄柏生品与酒炒品无明显差异。

传统认为生地性寒,为清热凉血之品,熟地则由寒转温,功能由清变补,具有补血、滋肾育阴作用。但熟地自古有加酒与不加酒两种制法。经动物实验和临床观察表明,加酒与不加酒的熟地均有降压、降低胆固醇、改善脑血流量、利尿、镇静作用,并对心肌劳损和冠状动脉供血不足有一定改善作用,两者无明显差异,从而认为熟地采用清蒸法即可。香附有理气解郁、调经止痛之功,传统认为香附醋制能增强疏肝止痛、消积化滞的作用,醋制工艺尚不统一。有人以大鼠离体子宫张力及小鼠痛阈变化为指标,对1977年版药典法及其改进法,上海法及其改进法作了比较,结果表明,上海法优于药典法,而上海法中又以改进上海法为佳,即先醋煮而后蒸法。

3.有毒中药炮制的药理研究　作统认为乌头有大毒,制后可降低毒性,保证用药安全。经辅料(甘草、干姜、双花、明矾、黑豆、豆腐、甘草黑豆)制川乌的毒性测定,表明辅料解毒作用不明显,减毒与辅料数量及其品优劣均无关系。乌头的毒性可随蒸、煮时间的延长而降低,且与其总碱含量无关,只决定于毒性强的乌头碱即双脂型乌头碱的分解程度如何。经对不同炮制品的药理研究,认为浸泡过的乌头的水溶液应弃去,目前以现行1977年版药典法较好。另有实验认为,川乌100℃干烘5小时,即可降低毒性,保证用药安全,或采用高压蒸制法代替药典法"。附子亦有毒盐附子的毒性比卤巴附片低,加压水煮和水煮附子的毒性与卤巴附片相似,而总碱含量比卤巴附片高,认为可用食盐代替卤巴炮制附子或单用水蒸亦可。传统认为半夏有毒,有"戟人咽,令人吐"之说。经动物实验表明,生半夏有一定毒性,能使豚鼠失音和鸽呕吐,而矾制半夏和煎生半夏均无毒性。生半夏的刺激作用可通过煎煮而除去,单纯水漂不能除去有毒成分,115～121℃加热可以消除,故入汤剂可以生用。动物实验证明,白矾或石灰浸制能消除半夏的刺激性,其他辅料皆无解除半夏毒之效。从而制定了半夏炮制新工艺。传统认为白附子有毒,炮制后可降低毒性,增强祛风止痉、逐痰的功效。

经白附子炮制前后药理作用的研究表明,白附子有一定镇静作用,且制白附比生白附的镇静作用强。但两者的祛痰作用都不明显,并均未显示抗惊作用,其毒性亦未见显著差异,甚至制白附的毒性有比生白附稍大的可能。制白附和生白附煎煮后麻辣感消失或大为减弱,而毒性并不降低,尚不能完全说明白附子传统炮制的作用。

4. 中药炭药的药理研究　关于中药炭药的传统炮制方法,现代沿用的有炒炭法和焖煅炭法两种,制炭程度要求为"存性",其理论为"红见黑止。"

中医用血余炭治疗各种出血症,实验证明血余炭煎剂给狗、兔服后,其凝血时间均缩短。血余炭药液液滴于狗或兔眼内,可见粘膜由红变白,血管收缩,蛙舌粘膜亦同。经测定,血余炭煎剂中有大量钙、铁离子存在,若除去钙、铁离子后则凝血时间延长,认为血余炭的止血作用可能与钙、铁离子有关。传统认为地榆有止血之功,地榆炭可增强止血效能。经家兔口服地榆炭煎剂实验,表明地榆炭能使凝血时间明显缩短,小鼠腹腔注射可使出血时间缩短,蛙后肢灌流可见血管收缩。地榆与地榆炭均能使动物凝血时间和出血时间缩短,两者之间未见明显差异,说明地榆炭确有止血作用。棕榈自古以来以炭入药而极少生用,用于多种出血症。经动物实验表明,陈棕炭对小鼠均有缩短凝血时间的作用,但陈棕煎剂无作用,认为棕榈炭有一定临床意义,应以煅炭后入药为宜。曾采用毛细管法(小鼠)、试管法、全血粘度时间测定法、纤维蛋白元含量测定法、(家兔)对棕榈、炒轻棕榈炭、炒适中棕榈炭、炒过棕榈炭、焖煅棕榈炭作了凝血作用的比较,结果表明,炒轻棕榈炭的止血趋势大于其他样品,并鉴于棕榈炭便于粉碎易于煎出,故认为棕榈入药以炒轻炭为妥。

另外,有人采用小鼠剪尾和毛细管法及平皿杯蝶法和平皿打洞法,作了30种中药炒炭前后止血和抑菌作用的比较,结果表明大多数炭药有缩短出血和凝血时间的作用,但多数原药材有抑菌作用,而炒炭后抑菌作用降低。由此看来,炭药的炮制工艺及其止血机理还有待深入探讨。

(二)讨论

1. 建国以来,运用现代药理手段进行炮制研究的已相继有50余篇报道,包括约60多味中药,取得了可喜进展。通过药理研究,为阐明传统炮制的原理和作用机制,改革炮制工艺,制定炮制质量标准,正确继承和发扬传统炮制经验提供了一定科学依据。研究情况大体可归纳为:(1)基本说明了传统炮制的目的。如柴胡、钩藤、远志、桔梗、连翘、蛤蚧等的净制问题,大黄、首乌、枣仁、常山、栀子、乳香等的炮制作用;乌头、半夏等的去毒方法;血余炭、地榆炭,棕榈炭等的止血效果。(2)说明了部分传统炮制的作用,如盐泽泻不增强利尿作用,黄连、黄芩、黄柏炒炭后抑菌效果降低,制白附子可消除刺激性而不能减毒等等。(3)有待继续研究阐明的传统炮制经验,如人参应否去芦,当归头、身、尾分用问题。枳实、枳壳的炮制原理,醋香附、熟地的制法和作用,生地炭、杜仲炭等多数炭药的炮制工艺及其作用机理等等,至今尚未得到充分阐述,有待进一步深入研究。

2. 炮制的现代药理研究设计需要改进和创新。有些药理研究结果,尚不能阐明或不能完全说明传统炮制经验,如远志应否去心问题的药理实验设计,基本符合中医用途和炮制意图,但远志心是否确能令人"烦闷"未加以证实。又如当归头、身、尾分用问题,仅以对子宫平滑肌的作用为指标,显然不能说明中医用途和炮制目的。黄连、黄芩、黄柏的抑菌作用,可能与其清热解毒有关,但还不能完全代表三者炮制前后的全部作用。熟地不仅滋阴养血,且可生精补髓壮骨,为补益肝肾之常用要药,药理实验指标不完全符合中医用途,因此加酒与不加酒的问题,尚待进一步研究后,才能得出有说服力的结论。杜仲为助阳药,具有补肝肾、强筋骨、安胎之功;主要用于腰膝酸痛、阳痿、胎漏等症。但药理实验设计以降压作用为指标,不符合中医的主要用途,不能代表杜仲的作用,因此也不能说明杜仲的炮制目的。生地与生地炭用作凉血止血,而药理实验结果表明两者均无止血作用,不能肯定生地炭有无止血效果,有待设计符合中医凉血止血的动物模型,再探讨其作用机理。其他炭药的炮制作用和止血机理都有待阐明。由此可见,炮制作用研究的药理设计需要改进和创新,即必须符合中医用途和炮制特点。

二十七、论炮制历史沿革研究中的几个问题[*]

就炮制历史沿革研究中的几个问题,试谈下述看法,请同道指正。

(一)要明确研究的目的

炮制历史沿革研究,主要是收集、分析古今炮制及其相关资料。其主要目的有二。

1. 弄清炮制的历史,为整理继承奠定基础。现在的炮制是由古代形成和发展而来的。但古代炮制的文献记载很分散,品种、方法及对炮制作用的认识,历代均有变化,并多有争议。历史上的和现在仍在沿用的炮制,均精粗真伪并存。因此,继承发扬传统中药炮制,不能割断炮制的历史,必须对散在的炮制资料进行系统的整理分析,去粗取精,去伪存真,为整理继承中药炮制奠定基础。

2. 探讨炮制的原意和演变规律,为炮制研究提供线索,整理炮制历史沿革不能局限于资料的罗列,搞出历代炮制的"流水帐"。也不能仅停留于历史悠久、

---

[*] 冯宝麟等:《论炮制历史沿革研究中的几个问题》,载《中国中药杂志》1992年第17卷,第9期,第566~568页。

内容丰富的结论而不作分析、取舍。而是要对相关资料群进行分析,挖掘出单一原始文献未能显示出来的学术意义,探讨出炮制的原始意图和演变规律,为现代研究提供线索,做到"古为今用"。因为任何一种药物炮制的产生和演变,均不是凭空而生的。或是为适应配方、制剂的需要。或是为降低毒副作用;或是为了改变或缓和药性;或是受某种理论以及传说、宗教、风俗习惯的影响;或是出于某种商业需要,甚或出自某些庸医、药商的故弄玄虚等等。而所有这些,又都在不同的历史时期,以不同的表现形式混在一起。弄清炮制产生的时代背景,探明其原本是想干什么?是怎样演变的?近代研究才能建立在前人正确经验的基础上,以便利用现代的技术手段,达到传统炮制的目的,把传统中药炮制提高到一个新的水平。

如龟板药用历史的研究,就是从严密的文献分析中,为恢复使用龟上甲提供了充分的文献依据,为实验研究奠定了基础。酸枣仁"生熟异治"的文献研究证明,此说可能是枣仁与酸枣作用不同的误传。经实验和临床验证,订正了这一长期流传的传统观念。水蛭炮制入药的历史十分悠久,但通过文献分析认为,其传统炮制的依据不足,现代似不必遵守旧法。这就为进一步实验,寻找新的合理制法提供了依据。总之,炮制历史沿革研究是炮制研究的基础工作,其结果应该也必须为现代研究服务,才有生命力。

(二) 要全面地掌握资料

资料是炮制历史沿革研究的素材。资料的质与量决定着研究的水平。全面地掌握资料至少要注意下述几点。

1. 正确地使用《历代中药炮制资料辑要》(简称《辑要》)和《历代中药炮制法汇典·古代部分》(简称《汇典》),准确系统地收集古代炮制资料。《历代中药炮制法汇典·古代部分》是目前研究炮制历史沿革的主要工具书,其学术价值以及对指导炮制研究所作出的巨大贡献是世人公认的。但进行炮制历史沿革研究,又不能仅拘于此书。因为两书所载资料多有疏漏笔误,必须核对原始资料,才能保证资料的准确性。其所收文献的范围,有时也不能满足具体研究的需要,其次中药的本草、类书在记载炮制资料时,多辑录以前的论述(其实有许多炮制方法在当时已不再使用),仅据两书看不出承袭关系和具体的演变。另外,炮制是和医方、剂型相伴而存的,综合分析才有利于探讨炮制的原意和演变规律,而两书不能也不可能反映这种联系。因此,要以两书为索引,去进一步查阅核实更为丰富的原始资料,并在此从础上涉猎更为广泛的相关学科的文献资料。如果一时查不到的文献,应注明引自《汇典》或《辑要》,不可徒事转引。

2. 要注意收集炮制相关学科的文献资料 炮制研究是中药研究的一个部分,其他方面的研究成果,往往可为其提供有益的借鉴。如木香自宋代即有煨制规格,并认为生用行气,煨用实肠。现中国药典中川木香、木香均有煨制规格,土木香生用(实际中三者均主生用)。本草考证认为,木香的正品系现在的土木香。那么历史上需要煨制的木香是哪种药材?现在应用的木香还有无煨制价值?进行炮制历史沿革研究时,就应注意其品种特征。许多近代研究资料,往往有助于对古代炮制资料的分析取舍。如水蛭的多篇临床报道,认为生用效优。此认识又与实验研究结果相吻合,这就为分析判断水蛭古代的炮制方法,提供了有利的佐证。

3. 要注意实地调查　全面地掌强资料,还应注意实际炮制情况的考察。以便获得直观的信息。如考察麸炒的过程,就会发现其最明显的作用是赋色矫味,使饮片美观洁净。但操作中的快速短时受热,似很难对药物的内在成分产生明显的影响。研究中如只着眼于从成分或药理作用上证明其变化和意义,或力图证明其增强健脾作用的成因,似乎难度很大。观察乳香的法定炮制方法,就会发现其存在的突出问题是不能有效地去除原药材中所粘附的杂质。另外,通过实地调查,还可发现许多虽然书上大量记载传抄,但在近代临床中已长期不制或不用的方法和品种,这对确定研究重点也多有帮助。

(三)分析制法演变时应注意的问题

在炮制历史上,一药多制是普遍现象。对制法演变的分析,一要抓主流,即虽表现形式不同,但本质相同的制法类型。二是要抓住演变,即新炮制思想和方法的出现。因为现代炮制研究,不可能也没有必要去重复和分析历史上出现的所有炮制方法。抓住主流和演变,也就抓住了现代进行研究的重点。

如苦杏仁的炮制,在历史上曾至少出现过30多种制法。尽管表现形式多种多样,但最主要的是汤浸搓去皮后,进行不同的加热处理,这是苦杏仁炮制的主流。同时还演变出压油制霜和"热水泡去皮尖,用砂钵捣烂,又入水同捣,澄去浊渣用清汁(明·《寿世保元》)这样两种主要炮制类型。但现代研究对其演变重视不够。如将苦杏仁加热破坏酶后,制得其粗提物的水溶液,经含量测定后使用,则既不失古意,又有利于临床定量给药,避免由于苦杏仁的品种、炮制、煎煮条件不同而造成的含量差异。

(四)分析炮制目的时,应注意的问题

1. 注意方药结合　多数药物的炮制目的,在有关炮制资料中没有记载,但往往可从具体方药应用中分析得出。如使君子在古代主用种仁炒后入药,但也有以果实炒后入药者。与方药结合分析可知,共入药部位和炮制与用法、剂型、患者有关。单味嚼服或研粉、小儿服用需炒使君子仁,复方入煎剂或入丸散,则可连壳炮制后使用。由于现代驱虫剂的使用,目前临床中已极少应用使君子单方驱虫。而主配方用于小儿疳积、伤脾、脾虚、食积诸症。因此现代使君子药用,就不必拘泥于强调用仁,似可统一为果实入药,经低温均匀加热炮制后应用为宜。通过方药结合分析,有利于弄清某些药物炮制的原始目的。随着疾病的变化和医疗手段的丰富和更新,原来的制法,有些可能在现在已失去了实际意义。弄清后有利于提高提高研究的针对性。

2. 要分析对待传统炮制理论　元明以后,随着以精炼药效、归纳药理为特征的本草学术体系的转变,对某些炮制方法的作用,也逐渐形成了一些理论上的概括,对后世制法和品种的演变影响至深。这种基于中医药基本理论,通过取象比类,抽象推演形成的理论总结,虽然在很大程度上反映了炮制的一些主要作用,但却容易导致对中药炮制作用解释的简单化。在这些理论指导下,推广形成的一些炮制品种,不可避免地掺有很多主观推理成分,不一定符合临床用药的实际。如历代医案证明,地榆生用有很好的止血作用,炒炭是在"血见黑止"理论之后发展形成的,以至近代地榆炭成了用药的主流。诸如此类的品种还有很多。炮制研究中必须分析对待传统炮制理论,不能把其视为绝对真理,只能验证,不能订正。

3. 要注意炮制中的非医疗性需要　中药饮片既是药品,又是商品。在炮制加工中不可避免地要考虑到商业需要。一些炮制方法主要是为了达到某些商品外观而设,并非出之医疗上的需要。由于医药分家、复方用药等原因,临床医生一般不关注药物加工方法的变化,难以从临床疗效的比较上确定饮片的正确加工方法。许多使饮片形色美观在商业流通中行之有效的方法,随作为传统被继承下来并发展下去,并与为医疗需要而设的制法混合在一起。因此,对中药炮制方法的研究,如都从临床需要的角度去研究,则不尽符合中药炮制的实际。拘泥于据传统理论对炮制目的作出的解释,也难以说明许多药物炮制的真正目的。应该注意到饮片炮制中的非医疗性需要。

二十八、从经方看中药炮制液体辅料的早期应用[*]

祖国医学的临床典籍《伤寒论》、《金匮要略》两书,载方360余首,其中有50余首以不同的方式使用了酒、蜜、醋、浆水、胆汁、姜汁、童便等液体药物。这些液体药物大多在后世被作为辅料广泛用于炮制药材,构成了中药炮制学的重要组成部分。本文试就方中液体药物的应用,作初步的归纳分析,以期对药用液体辅料炮制药材的整理研究工作提供参考,并求正于同道。

(一)酒

经方中用酒者计二十五方(汤剂十三方、丸散剂十二方)。应用于养血、活

---

[*] 冯宝麟等:《从经方看中药炮制液体辅料的早期应用》,载《中成药研究》1984年第9期,第16~17页。

血、化瘀、止痛类的十二方[注1]；补阳、摄阴、温经、散寒类的八方[注2]，用酒处理单味药材者，仅酒洗大黄一味，用于泻下热结的三承气汤和破血逐瘀的抵当汤四方中。另有消症化积的鳖甲煎丸方中鳖甲一味用酒煎取胶汁。

酒的用法，汤剂有酒煎（四方）、酒水合煎（三方）、酒浸取汁（一方）、酒洗入煎（四方）。除酒洗外，用酒量均有明确规定。丸散剂用酒，则以酒送服为主，其中侯氏黑散，以"温酒调服"。赤丸"先食酒"再"饮下三丸"送服。食酒的量没明确规定，以人而异，以适为度。

如上所述，经方用酒处理单味药材者较少，主要用一定量的酒作煎药、浸药之溶媒或直接饮用，送服丸散，参与整个方剂的配伍。应用于养血、活血、化瘀、止痛类和补阳、摄阴、温经、散寒类的方剂。这与酒"主行药势"、"通血脉、厚肠胃、除风及下气"、"明其性热独冠群物"、"主温中冷气，消食杀腥"的功效相一致。因此，经方用酒意在用其活血化瘀作用和辛热之性，与方中诸药配伍，增强方剂疗效。仲景用酒各法，能确保一定量的酒服入体内，为其疗效的发挥，提供了物质基础。

（二）蜜

经方中用者计八方（不包括作丸剂赋形剂者）。其中温经祛寒、除湿止痛的乌头汤、大乌头煎、解表里寒邪的乌头桂枝汤三方，用蜜二升（斤）煎煮乌头或水蜜合煎乌头，且煎时较长，以蜜"煎减半"或加蜜后"煎令水气尽"为度。和胃补虚润燥的大半夏汤水蜜合煎，煎时亦长。攻破利导的甘遂半夏汤以蜜半升加入药汁中煎服。治蛔虫的甘草粉蜜汤和润燥安中的猪肤汤则以蜜与药汁"搅和煎如薄粥"及"熬香，和令相得后服"，不需久煎。另外，尚有蜜煎导一方。

由此可知，仲景通过用一定量的蜜单煎毒剧药材取汁、与水、药汁合煎制备汤剂，使其参与整个方剂的应用。《神农本草经》载："蜜……益气补中，止痛解毒和百药"。经方中用于含毒剧药物方剂时，利用蜜的沸点较高作煎煮溶媒，久煎毒剧药材或水蜜久煎制备汤剂，意在用其解毒止痛之功。当蜜与药汁稍煎混合后用时，多入滋阴润燥之剂，用其润燥安中之效。

（三）醋（苦酒）

经方中用醋者计有五方，乌梅丸中乌梅用"苦酒渍乌梅一宿……"，涤痰消肿、敛疮止痛的苦酒汤及救卒死方，饮食中毒烦满治之方均以定量苦酒作煎煮溶媒。调营卫、散水湿的黄芪芍桂苦酒汤以"苦酒一升，水七升相和煮取三升"是以醋水合煎药物。上述诸方的作用与醋的"消痈肿、散水气、杀邪毒"及收敛之功效密切相关。可见，醋在经方中亦主要是以一定量作煎煮溶媒，从而参与整个方剂的配伍应用，发挥作用的。

（四）浆水

经方中用浆水者四方。治狐惑的赤豆当归散,治疟疾的蜀漆散及白术散症兼呕吐时,以浆水送服。温中止呕的半夏干姜散和治脚气冲心的矾石汤分别是以定量浆水做溶媒的煮散和外用洗剂。仲景用浆水送服丸散、煎药制汤使其参与整个方剂的应用,意在用其调中行气、通关开胃之效,加强方剂的止呕作用或消除蜀漆等药物的致呕副作用。

（五）姜汁

经方中生姜半夏汤用生姜汁一升与半夏煎液煎服,以辛散寒饮、舒胸中之阳气。干姜人参半夏丸用姜汁糊为丸,以温中益气、蠲饮降逆。都是使姜汁参与方剂应用,利用其辛散、止呕、解毒之效。

（六）童便、胆汁

经方中治马坠及一切筋骨损方用童便煎煮药物。白通加猪胆汁汤与药液兑服。是在温阳药中,反佐以咸寒苦降之品,使热药不致为阴寒所格拒,更好地发挥回阳救逆之效。

（七）其他

在"杂疗方""禽兽鱼虫禁忌并治"诸方中,仲景用饮服定量的大豆汁、人乳汁、盐汁、甘草汁、水浸豆豉绞汁、芦根汁等,解除某些食物中毒。如鸟兽有中毒箭死者其肉有毒解之方,服用大豆汁及盐汁;治郁肉漏腹毒方,治噉蛇牛肉食之欲死方等服用人乳汁;饮用甘草汁治牛肉中毒等等。可谓单味液体药物用于解毒的早期记载。

（八）小结

1. 中药炮制中的常用液体辅料,经方很少用其处理单味药材主要是在辨证论治,配伍组方思想指导下,作为整个方剂配伍中的一部分进行应用。

2. 液体药物的作用与其所在方剂的作用密切相关。经方使用液体药物的原意,在于用其本身的治疗作用。参与配伍组方。

3. 仲景使用诸种液体药物的方法,入汤者多以其为溶媒煎药、浸药、或兑服、饮用;入丸散者则以适为度的用其送服,从而使一定量的液体药物服入体内,确保其疗效的发挥。这与后世用其处理单味药材的某些效果是不尽相同的。

4. 经方对诸种液体药物的运用,在后世被推演、发展为主要用其处理单味药材形了中药炮制学中炙制这一重要内容。这些推演和发展的指导思想,仍然是经方中所体现的辨证论治、配伍组方的原则。

注1：胶艾汤、当归散、当归芍药散、防己地黄汤、当归四逆加吴茱萸生姜汤、炙甘草汤、炙甘草汤、红兰花酒、下瘀血汤、栝蒌薤白白酒汤、栝蒌薤白半夏汤、土瓜根散、大黄䗪虫丸。

注2：天雄散、白术散、薯蓣丸、肾气丸、九痛丸、赤丸及侯氏黑散、紫石寒石散。

二十九、从中药盐制沿革看盐制的作用及原意[*]

盐制系中药常用辅料制法。鉴于近代对其研究尚少，本文试从中药盐制的沿革，对其作用和原意作初步分析。

（一）从历代对盐制作用的认识，看盐制的原意

中药盐制始载于《雷公炮制论》。历代用盐炮制的药物有一百多种，明确记述其盐制作用的有三十余种药物。从中可初步看出盐制的原意主要有二。

1. 利用盐的治疗作用，配伍药用提高疗效，盐作药用远早于用盐炮制药物。前人所认识到的盐制作用如下。

（1）引药入肾治下　盐咸寒入肾，主沉降，可以增强药物入肾治下之功。如陈皮"理下焦盐水炒"。附子"助下行之功，入盐尤捷"。薏苡仁"引药下行盐水煮"等。

（2）增强疗疝止痛、缩尿之效　如小茴香"得盐则入肾，亦治寒疝"。吴茱萸"治疝盐水炒"。草薢"小便频，茎内痛……宜盐水炒"。益智仁"盐炒止小便频数"等等。这与盐引药下行，并具"疗小儿疝气"之功相吻合

（3）增强补肾作用　如杜仲"补腰肾盐水炒"。菟丝子"补肾气，淡盐水拌炒"。补骨脂"温腰膝酸痛兴阳固精，盐酒炒用"，这是用盐"暖水脏""补肾"之功增强药效。

（4）增强滋阴、清火、润燥作用　咸盐寒属阴，可增强药物清热滋阴之功，并能缓和某些药物的燥性。如知母"益肾滋阴，盐炒便入"，"盐水炒泻肾火"。黄柏"用咸水炒，使咸以入肾，主降阴火，以救肾水"。补骨脂"性大燥，一法用盐水浸一日，取出晒干，再同盐炒过用"。

（5）拮抗或调整药用，适应特定的临床需要药性皆偏，盐亦相同。盐制可以用盐之偏，调药之偏以更好地适应临床辨证论治的需要。如人参"肺家本经有火，右手独见实脉者，不可骤用，即不得已用之，必须咸水焙过，秋石更良。盖咸能润下，且参畏卤咸故也"。白矾用盐汤飞为"免结涩人肠也"。有些本不具涌吐作用的药物，盐制可具涌吐之功。如淡豆豉"得盐则能吐"。治霍乱腹痛，橘皮和盐炒后，水浸温服，涌吐获效。盐"益齿走血"，旱莲草乌须固齿须酒洗盐腌后，同汁炒存性研末，日川楷牙并咽汁。

---

[*] 冯宝麟等：《从中药盐制沿革看盐制的作用及原意》，载《中国中药杂志》1990年第15卷，第1期，第23～26页。

总之,盐制作用主要是盐与药配伍应用的结果,不同作用之间,不是彼此孤立的,而是互为联系的。

2.利用盐的物化性质,处理药物便于应用,盐的防腐、高渗、电解质等物化特性处理药物,使之便于应用,是盐制的另一原始意图。如《本草纲目》载:"云母一斤,白盐一升同捣细,入重布袋挼之,沃令盐味尽,悬高处风吹自然成粉。"盐制的目的似为了便于粉碎。《雷公炮制论》载吴茱萸"盐水洗一百转,自然无涎"。蓖麻子用盐水煮,似为利用盐水的高渗作用便于洗去粘液质和提高煮制温度以利去毒。《食疗本草》载菰根"盐醋煮食之"似用盐矫味易服。另外肉苁蓉、附子采后盐腌,陈皮用盐汤润透后去白,川楝子用盐汤浸去核等,似有用盐防腐之意。《本草蒙荃》所载制铁华粉法"系钢铁煅共作叶,盐水洒投干醋瓮埋阴处,自然生衣,刮研成霜……"。则是利用了盐水的电解质性质用以制备药物。

概而言之,盐制始于盐的药用,其作用与本身的性味、功效密切相关。原意在于利用盐的治疗作用或物化特性,但以利用盐的治疗作用,配伍药用,提高疗效为主。根据辨证论治的需要,某药在某症用盐制时,或取其引经,或取其咸味,或取其寒性,或取其功用等等,从而达到改变缓和药性,以利治疗的目的。因此,同一味药在不同的病症中,对盐制作用的解释可有不同。如香附盐制就有"入血分而润燥","滋肾水补腰膝","软坚止痛"等多种解释,但都以盐与药物配伍为基础。正如李时珍所说,"盐为百病之主,百病无不用之。故服补肾药用炒盐者,心苦虚以咸补之也;补脾药用盐炒之者,虚则补其母,脾乃心之子也,治积聚结核之者,盐能软坚也;诸痈疽眼目及血病用之者,咸走血也;诸风热病用之者,寒胜热也;大小便用之者,咸能润下也;骨病齿病用之者,肾主骨,咸入骨也;虫伤用之者,取其解毒也。"

(二)从盐制传统理论,看对盐制原意的概括性及局限性

在盐制药物广泛使用和对盐制作用不断认识的基础上,明代开始对盐制作用进行了理论概括。主要有:

1.补心肺说 明·徐彦纯《本草发挥》中据五脏补泻法认为:"心虚则盐炒补之……以盐炒补心肺。"这一概括与盐"久服伤肺喜嗽"等盐的禁忌症相勃,虽在历史上出现较早,却流传不广。

2.补肾说 以陈嘉谟"入盐走肾乃仗软坚",李梃"入肾用盐"的概括为代表,是后世解释盐制作用、扩大盐制品种的主要依据。

3.润燥说 以李中梓"盐制润下"和严西亭等"燥药以青盐水拌蒸或拌炒则润,亦能引诸药以入肾"的概括为代表。似主要概括了盐制的滋阴润燥作用。

盐制理论是概括某类药物盐制作用共性而形成的。不是具体盐制药物的作用,既具有一定的概括性,又具有一定的局限性。如上述盐制理论就未能概括盐制

疗疝止痛、缩尿、涌吐、防腐、矫味、拮抗或调整药用等作用。另外,也并非所有的入肾药、燥性药都需要盐制。因此,用某一传统盐制理论解释所有盐制作用,或据某一理论扩充推广盐制品种都具有一定的局限性和盲目性。对盐制作用的认识,应具体药物具体分析。

(三)从盐制方法的沿变看盐制的原意

见于历代文献记载的盐制方法,约计44种,可归属三类:

(1)盐炒去盐用 该类制法始于宋代。如川乌"……盐一两,炒黄去盐"。类似的尚有骨碎补、补骨脂、苍术、茴香、厚朴、黑牵牛、山药、莲子、川楝子、益智仁、僵蚕等。此类制法到明代后已较少使用。

(2)盐水拌后再行炒、炙、焙、蒸、煮等处理,少数品种有盐炒后和盐用者 系盐制方法的主体,应用于大多数盐制品种。近代主用盐炙法,为药典法定方法。

(3)盐与其他辅料共制 明、清时期,盐与其他辅料、药物共制一药的方法增多。涉及到的固体辅料和药物近20种,液体辅料近10种(略)。各种辅料经不同组合,构成的复制方法达27种之多。主要用于苍术、附子、黄柏、黄芪、香附、枸杞子、半夏、南星等药物的炮制。

不同盐制方法,对药物的影响不同。盐炒去盐用,盐主作加热介质,赋于药材盐的成分较少,似主要利用盐的物理性质。后两类制法,都可不同程度地赋于药材盐的成分,起到辅助治疗作用。尤其是盐炒后和盐用,以及盐与其它辅料、药物共制的方法,实质上类似于复方制剂,盐是起到一定配伍作用的。但有些药物如补骨脂、小茴香、川楝子、益智仁等在历史上是由盐炒去盐用,演变为用盐配伍制法的。有些药物在不同书籍、不同处方中盐炒去盐用与盐炒后和盐用并存。如茴香、川楝子等。这些演变的意义何在,制得进一步探讨。

(四)从盐制品种看盐制原意的沿变

以《历代中药炮制资料辑要》所收文献为据,历代盐制不重复的药物涉及到123种(见附表)。分属于祛寒、补肾、活血、行气、祛湿、收涩、滋阴、清热、补气、走血、祛痰开窍、解表、其他等13个类别,反映了盐制药物的广泛性。但明代盐制理论出现后,活血、止血类,大部分滋阴药及祛痰开窍药、解表药明代后已很少盐制。补气药近代已不盐制。入肾经的收敛固涩药从元代开始逐渐增多,如桑螵蛸、莲子、五味子、山茱萸等。清代新增了疗疝止痛药荔枝核、橘核;滋阴补肾药沙苑子、女贞子、旱莲草等。近代增加的盐制药物以补肾药和收涩药为主,如续断、狗脊、锁阳、韭菜子、金樱子、芡实、覆盆子等。可以看出,明代以后盐制品种的扩充沿用,明显受到了盐制入肾理论的影响。从宋代一直沿用至近代的盐制药物计有小茴香、补骨脂、益智仁、巴戟天、菟丝子、苍术、知母、黄柏、吴茱萸、石决明、牛膝等十几种,其中入肾药占大部分。

附表　历代盐制药物概括一览表

年代	沿用品种	新增品种
唐以前（7种）		蓖麻子、芜菁根、薏苡仁、白垩、吴茱萸、石决明、菰根
宋代（沿用3种，新增31种）	吴茱萸、白垩、石决明	天雄、川乌、草乌、附子、干姜、小茴香、补骨脂、益智仁、菟丝子、骨碎补、温肭脐、巴戟天、青桔皮、陈皮、红兰花、元胡、桃仁、牛膝、萆薢、牵牛子、木通、苍术、木瓜、甘草、黄芪、知母、黄柏、蝉蜕、云母、鳖甲、皂荚
金元（沿用10种，新增20种）	茴香、吴茱萸、草乌、附子、菟丝子、苍术、牵牛子、知母、黄柏、黄芪	荜茇、艾叶、杜仲、胡芦巴、香附、厚朴、橘红、川楝子、生姜、白芷、地黄、菖蒲、猪牙皂、甜瓜子、水蛭、苏木、牡蛎、金刚骨、大青梅、卷柏
明代（沿用29种，新增25种）	川乌、草乌、附子、艾叶、吴茱萸、小茴香、杜仲、补骨脂、益智仁、巴戟天、厚朴、苍术、陈皮、橘红、川楝子、香附、元胡、水蛭、知母、黄柏、石决明、甘草、黄芪、芜菁、薏苡仁、牵牛子、云母、卷柏、地黄	高良姜、八角茴香、蛇床子、鹿茸、川芎、地龙、全蝎、当归、芍药、天南星、半夏、麦冬、天冬、桑螵蛸、肉豆蔻、独活、人参、山药、白术、莲子、栀子、黄连、升麻、侧柏叶、蝼蛄
清代（沿用26种，新增20种）	附子、吴茱萸、小茴香、八角茴香、杜仲、补骨脂、菟丝子、益智仁、人参、山药、黄芪、香附、陈皮、川楝子、黄柏、莲子、薏苡仁、萆薢、牵牛子、元胡、地龙、牛膝、地黄、半夏、云母、蝼蛄	花椒、胡椒、女贞子、旱莲草、石斛、乌梅、五味子、山茱萸、沙苑子、泽泻、车前子、大戟、荔枝核、砂仁、橘核、枳壳、杏仁、零陵香、蚕砂、蜂房
近代（沿用37种，新增21种）	巴戟天、沙苑子、补骨脂、菟丝子、胡芦巴、杜仲、益智仁、香附、砂仁、枳壳、川楝子、荔枝核、橘核、陈皮、知母、黄连、黄柏、栀子、石决明、干姜、吴茱萸、花椒、小茴香、苍术、白术、泽泻、车前子、怀牛膝、川牛膝、白芍、桑螵蛸、山茱萸、五味子、女贞子、枸杞子、侧柏叶、黄芪	续断、狗脊、锁阳、金樱子、芡实、覆盆子、冬葵子、玄参、白茅根、乌药、大黄、地榆、槐花、草豆蔻、草河车、刺蒺藜、木蝴蝶、紫贝齿、酸枣仁、莱菔子、韭菜子

年代	沿用品种	新增品种
中国药典1985年版（13种）	巴戟天、杜仲、补骨脂、益智仁、小茴香、荔枝核、韭菜子、橘核、胡芦巴、泽泻、车前子、知母、黄柏	

（五）讨论

1. 盐制始于盐的药用。原意为利用盐的物化性质或治疗作用,但以利用盐的治疗作用,配伍药用提高疗效为主。传统盐制理论是由某类药物盐制作用总结而形成的。既具有一定概括性,又具有局限性。仅以某种理论解释全部盐制作用是不全面的,也是不可能的。盐制的作用要具体药物具体分析。

2. 盐制品种据某一理论扩大、推广具有一定盲目性。盐制研究应注意在历史上长期沿用者、作用有争议者及制法有明显转变者。仅以现代品种为据,具有一定局限性。

3. 盐制方法宜根据炮制原意和目的进行研究,入某药盐制是用盐配伍药用,那么辅料用量多少为佳,加热与否是否必要等等,都应研究统一。

4. 盐制的原意分析提示,盐制主要是取盐与药配伍应用之意,并不一定是使其化合。因此,盐制的现代研究,不宜仅着眼于盐制前后的整体作用、药理作用以及微量元素的作用等方面。

三十、新中国成立以来中药炮制整理和研究的进展(1963年)[*]

新中国成立以来,在党的中医政策正确的指引下,中药炮制的科学整理和研究工作得到了蓬勃的发展。中药炮制是我国独特的一门传统制药技术,是适应于中医用药的要求而积累和发展起来的,与临床有密切的关系。但长期以来,这一技术多在药工师徒之间以口传心授的方式,各地区分散继传着。缺乏系统的科学整理和交流,当前各地区的生产实际经验均有所新的发展。

为了更好继承和发扬这门传统技术,各中药生产单位和有关科研部门,展开了一系列的科学整理和研究工作。

（一）中药炮制继承整理方面

传统的中药炮制技术,历史悠久,传授分散,1954年以来,始见有系统的整理和交流。

---

[*] 冯宝麟等:《新中国成立以来中药炮制整理和研究的进展》,载《中医药研究参考》1978年第11期,第13～20页。

炮制的传统经验的交流,初期多侧重于常用的单味药。刘仲农、董振初(等报道了半夏、炮姜等的炮制经验,并结合临床用药经验提出了半夏以姜、矾制为宜;对半夏长期浸泡及仙露半夏等则认为在治疗上意义不大;炮姜在火候控制上应以微焦存性为度,过火成炭则有失药效。其他单味药的经验介绍有马钱子等十几种药材。

继起,辽宁省药材公司、天津市药材公司等系统的介绍了当地区所沿用的炮制经验,叙述了各种药材的炮制工艺过程和质量的要求。

在中药炮制的历史沿革方面、冉小峰对中药炮制的发展,基本原理和现代一般沿用的操作技术等作了简要介绍。朱颜、赵思竞等报导了神曲、半夏等炮制的历代文献记载,说明神曲在清代已有大量应用;半夏在汉代入汤剂为生用,要求洗去滑;宋代开始姜、矾制;仙半夏清代才开始应用。王孝涛等结合现代研究分析了附子等炮制要求,认为附子入药大量用于内服是中医用药的特点,其毒性主要在炮制时加以控制。结合整理历代炮制技术的发展,赵桔黄、冉小峰等对雷敩的专著《雷公炮制论》的内容和年代等方面作了考证,有认为《雷公炮制论》不是刘宋时代(五世纪)的作品,而是唐末宋初(约十一世纪)时代的作品。

在学术交流的基础上,逐步显示出中药炮制与医疗用药质量有密切的关系。1959年在卫生部领导下,组织有关部门,大力协作,有计划地对常用中药500余种的现有传统炮制技术作了一次整理,近年来北京、上海、杭州等28个省、市、自治区都陆续整理编写了有关炮制经验资料。在各地的炮制资料的基础上,卫生部中医研究院中药研究所等单位补充了有关古代主要炮制资料编写成《中药炮制经验集成》一书(1963)。这项工作已将长期分散的中药炮制技术初步作了一次全国性的整理,这给中药炮制技术的交流和科学研究工作提供了丰富宝贵的资料。

(二)实验研究方面

中药材经过炮制以后与临床疗效有直接关系,不同的炮制对其内含物质及其医疗作用均有一定的影响。这一事实引起了学者的重视,为了探索炮制对药材所起的变化,1958年以来全国各地有关科研单位及药学工作者,先后采用了化学、药理、临床等途径对60多种药材进行下列几方面的探索性研究。

1. 中药净制切制对药材的影响　中药的入药部位、个体大小,坚实程度等等均有所不同。在炮制的过程中,首先经过净选、软化后再切制成一定规格的饮片。传统的软化方法有水浸泡、水漂、热水浸煮等。

刘国声等,在槟榔、大黄、黄柏等炮制研究中,发现某些主要成份,由于浸泡软化过程中有所损失,经过化学测定如生槟榔片所含缤榔碱比生槟榔约减低18%~30%,大黄水浸后切片,其中总总蒽醌含量损失约10%,黄柏经水浸后切丝,其中小药硇流失约50%,可以看出药材经过水浸,虽然达到软化的目的,而对药材本身的质量是有影响的。

天津市药材公司等为了提高和保证药材固有的质量,曾根据药材的不同质地、分别试用了"喷淋滋润法""少泡多闷法""泡透汤尽法"对传统的浸泡软化法加以逐步改进,得到了较好的结果,这一改进对保证药材质量是有价值的,值得深一步的研究。

在不同入药部位及净治方而,陈亨贵、王幼卿等曾对钩藤、枇杷叶等作了研究,说明了钩藤的钩其降压作用高于钩藤的老茎枝,认为传统经验老茎不入药用是有道理的。但在枇杷叶的去毛问题上,认为枇杷叶的绒毛在煎煮时并不易脱落,脱落后亦可被细筛滤去,即使有少量残留绒毛并不引起咳嗽,在汤剂中去毛与否似无影响。此外对当归头、尾、身,白糖参的参与芦等不同部位问题,经过动物试验和化学分析,初步认为不同部位之间亦无显著差别。入药部位问题仍有研究商榷的必要。

2.炮制去毒类药材灼研究 药能治病早为中医临末经验所证实,传统经验对一般有毒药材入药前均需经过一定方法炮制,严格控制一性以达到安全用药和治疗的目的。

几年来,对传统毒药的炮制作了较系统的研究,初步阐明了附子(乌头)、半夏、马钱子、杏仁等的炮制原理,证实了中药炮制去毒是具有科学意义的。

(1)附子(乌头):赵幼祥、史久良等在附子、乌头的研究中,分析了附子等炮制的历史沿革,最初是火制法(炮);宋以后改为水制法(水漂);明代以后改为水共火制(蒸、煮等法),现代附子炮制需经泡卤旦、漂、煮、切,等工序。

结合炮制工艺过程,通过化学和药理的研究,初步证明附子等经过炮制后能使其毒性大大减弱,其有毒物质的乌头硇含量可降低78%~82%。其毒性降低尚与乌头硇的水解后乙酸基含量降低有关。这说明炮制不仅使药材内含物质起到量变,而且起了质的变化。

研究中证实水漂泡、蒸煮、加入辅料(甘草、黑豆、金银花……)等均有降低毒性的作用。对全国各地所采用的各种辅料的解毒作用作了比较,如甘草、生姜、明矾制(厦门);甘草生姜制(重庆);甘草、银花制(山东);甘草制(山西);甘草、皂角制(西安);甘草、黑豆制(内蒙);黑豆制(天津);豆腐制(上海);生姜、豆腐制(苏州);甘草、醋制(河南;生姜醋制(广东);生姜制(江西)等,结果均有相似降低毒性的作用,初步认为黑豆制及甘草、金银花制其去毒效果校好。沈阳医学院又证实甘草、蜂蜜均有较好的解毒作用,甘草比蜂蜜解毒作用大。

以上均能一说明古人认为附子的炮制目的在于"去其毒"是正确的。

此外赵幼祥在寻伐炮制附子所用的卤旦巴代用品时,认为食盐、硫酸铵、氯化钙较能达到泡炙的目的,而其中以食盐代卤旦巴的可能性较大。

(2)杏仁:传统经验认为杏仁有毒。古杏仁入药要求经过去皮尖、水烫、炒等方法炮制的。张春林,胡民鸿等分析了中医使用杏仁的医序作用,结合传统炮制、服用剂型等特点,通过化学分析及动物试验,以探索其炮制的原理,初步认为杏仁的有毒物质与有效物质皆为杏仁所含之苦杏仁苷水解产物氢氰酸的作用,初步证明了杏仁经过炮制其目的是在于破坏苦杏仁酶,而保留苦杏仁苷,可使之不因苦杏仁晦的存在,致使大量水解而中毒或在蒸煮过程中使大部苦杏仁水解而挥发散失。

试验证明,杏仁尖的一片杏仁苷含量略高,相应的其毒性亦强,此证明古人要求"去皮尖"是有道理的,但杏仁皮中不含有苦杏仁苷,尖在药物中比例较少,不是毒性主要因素。

李清华报导苦杏仁含油量达30%,去油后对其氢氰酸含是并无影响,油有经济价值,可以考虑杏仁油的综合利用。

(3)半夏:生半夏入药能刺激咽喉,早为古人所认识,古来半夏入药均要求洗漂、姜、矾等辅料炮制以达解除毒性的目的。

上海医药工业研究所、南京中医学院等经动物试验阐明生半夏确对咽喉有刺激作用,出现不同程度的失音。明矾、姜等辅料制半夏能起不同作用,明矾有解毒作用,不出现失音现象,而姜对半夏的镇吐,镇咳呈有协同作用。

(4)马钱子:李距泉、哈尔滨药检所等报导马钱子制剂中毒与有毒成份士的年有关。马钱子入药需经过炮制用,但炮制方法很多,经过炮制的士的年含量有所降低。如原生药含士的年为1.18%;油制的为0.58%;砂烫的为0.89%;马钱子炭中的士的年全部破坏。对各种炮制方法,控制士的年含量方面尚待进一步的探讨。

(5)硫黄和甘遂:沈阳药学院分析了硫黄的炮制目的"去其猛毒"可能与砷的含量有关,实验证明硫黄各种炮制品中含砷量均有所降低,生品为29.8. p.m.;萝卜制为17.88p.p.融熔法为8.9p.p.m;油炙法为2.98p.p.m。初步说明了炮制的道理,指出其中以油炙法含砷量最低。中医研究院中药研究所,实验证明醋炙甘遂,其毒性与泻下作用均比生甘遂为低。

3. 制炭类药材的研究　中药材经制炭后入药是中医用药的特点,古人曾有"红见黑才止"的说法,在药材炮制;的程度上一也有严格要求,很早就提出"烧(炒)炭存性"的要求。

屠文彬等临床证实大黄炭。血余炭等确有止呕血等作用。西安医学院、南京中医学院等报导经动物实验说明血余炭确有加速血凝作用,能使兔眼粘膜毛细管收缩。血余炭煎剂中含有大址钙、铁,除去钙、铁后的煎剂其凝血作用就有降低。认为钙、铁可能为血余炭止血作用有影的物质。内服陈棕、陈棕炭、藕节、藕节炭、侧柏、侧柏炭、槐花炭；体外实验山查炭，蒲黄炭等均有较满意的凝血作用，初步阐明中医用炭药的"红见黑则止"的止血作用是有道理的。

但同一试验中发现槐花炭体外试验，荆芥与荆芥炭内服，反而使凝血时间延长，因之，尚不能说任何一种炭药都具有同等的止血作用。

苏丽华、刘美兰等报导了黄连、黄芩，地榆、焦山枝等炭药的抗菌作用，一般较生品为低。但山枝、地榆对痢疾杆菌反而有所提高。

宋之琪、赵伟康等报导大黄、黄连、槐花等制炭后对某些主要成均有所降低，唯有槐花炭中鞣质含量反而增加4倍。赵伟康又对地榆、大黄、侧柏、牡丹皮等含鞣质炭药作了测定，发现鞣质含量均较生品为低，认为鞣质不是止血的主要成份。

北京中医学院对茜草等17种炭药作了毛管象分沂，证明炭药并未完全成为炭，其中出现有新的成分，可见炭药经高温处里共主要成分不仅在量上有变化，而在质上也起了变化。目前对炭药的作用、成分等尚未得到统一的认识。

4. 加辅抖炮制药材的研究　中药炮制常加入一定甩的辅料如醋、酒、盐、蜜等，以达到医疗目的。

（1）醋制：陈大成等报导了延胡索醋制后，其煎液中延胡索总生物碱含量比生。品增加一倍，共镇疼作用亦强。经醋制的甘遂、乌头均有降低毒性的作用，醋制皂矾能降低对喉舌粘膜的刺激性，醋制自然铜或针砂能增加其脆性，有利于粉碎，可以看出醋制药材的作用随药材不同而作用亦有不同。

（2）酒制：刘美兰等报导黄芩酒制后其主要成分黄碱素比生品有所增高；抑菌作用亦有加强。而酒制黄柏与生黄柏在成分上和抑菌作用上并无显著区别。

（3）盐制：刘国声发现盐炒缤榔子其槟榔碱含量较生品降低约1/2。史久良等报导泽泻生品对实验动物有利尿作用，盐制品则无此作用，但在五苓散中，生品与盐制品又均呈有利尿作用。

（4）泔水制：沈阳药学院报导米泔水制苍术其挥发油量确有减少，认为"米泔浸去其燥"的说法是合理的。

5. 炒制类药材的研究　中药材经过加热炒制的种类较多，曾育"逢子必炒"的说法。

刘国声等报导炒制对滨榔、黄柏的主要成分生物碱均有降低，北京中医学院认为当归、青皮等经炒制后其挥发油含量亦有所降低、陈廉、庄立品等报导麦芽、谷芽等助消化药材的淀粉酶活力，随炒制程度而有所降低。

但在王默均等报导杜仲经炒制后其降压作用反比生品为强。孙侃在酸枣仁的研究中生品与炒制品均呈有镇静安眠作用，此与传统说法并不一致。炒制对不同药物的作用亦是不同的。

(三) 中药炮制工作几点意见

综观上述,中药炮制的科学整理和研究工作,虽然时间不长,但在各方面进行了不少工作,尤其在继承整理方面,全国各地分散的实际生产技术经验,初步得到了整理和交流。通过实验研究也阐明了部分炮制的基本原理,反映出不同炮制方法对不同药物是起着不同的作用。这些不仅说明了中药炮制内容丰富、而且显示了炮制的科学意义。

炮制的科学研究,当前还是一项新的工作,尚缺乏较成熟的经验和途径,因此工作中还不是很系统和深入。我们初步认为尚有待于从下列几方下苗深入研究。

1. 深入继承整理古今炮制传统技术　已整理的炮制技术资料,多侧重于地区性的生产经验,叙述内容也较简单,对当前炮制的工艺规程所存在的"各药各法、一药数法"的现象尚未加以综合和统一,散在民间及秘传的炮制方法尚急待加以继承收录,这就仍有必要要求科研人员继续深入生产雏地,认真地与老药工一起,更系统全面地调查生产经验,忠实地记录炮制的工序、工具和规格要求等,并在交流的基础上逐步地加以综合统一。

目前对历代炮制有关文献尚缺乏科学整理,大量的传统技术和理论知识,还是零散在历代医药书籍中;为了进一步了解炮制的起源、沿革和理论知识,掌握炮制的全部内容实质、为科研提供技术资料和线索,这一工作也有待于系统地进行搜集和整理。

2. 结合临床、结合生产进行研究　几年来,许多学者运用了现代科学方法进行了多方面的研究,能结合中医临床经验和生产工艺进行了一系列的探讨,做得较好,阐明了部分问题,找出了一些宝贵苗头,如在附子、杏仁、半夏、槐花等,著者能深入调查了临床应用和古今生产工艺的特点,通过实验研究,阐明了两者之间关系,这不但可保证用药质量,而对生产改革是有指导性作用的,但从已有资料看来,工作还有待于深入。

必须指出,有个别工作在讨论和结论中很少与中医临床和中药生产实践相结合,这在今后工作中还是值得注意的问题。

当前中药炮制生产仍停留在传统经验和手工生产阶段,各地工艺规程和质量控制标准差异很大,今后如何统一工艺规程和质量标准,并在原有基础上逐步改变手工生产状况,进行技术改革,以适应大生产,特别在生产单位已经取得改革经验如浸泡软化方法的改进和机械生产的改革等是应加以重视的。

3. 中药炮制理论的研究　中药炮制是在中医用药的基础上发展起来的,长期来积累了丰富的技术经验和理论知识,炮制理论早在元明时期已经形成;传统经验认为"酒制升提而制寒,醋制注肝而收敛,蜜制甘缓而润燥……。"为了更好使理论指导于生产和临床,探讨阐明其理论实质这方面工作尚待展开。

此外炮制研究途径问题,当前以能采用化学、药理、抑菌、临床等方面,或单一或综合地进行研究,看来在有关学科综合进行研究,较能清楚地说明问题;由于炮制是项新的工作,还未取得较成熟经验,今后如何更好地运用现代科学的成就,摸索出适应中药炮制研究特点的道径;亦是不可忽视的。

4. 加强组织和技术交流　中药炮制研究工作,是项综合性研究课题,须要有关学科相结合有计划地进行研究,才更能说明问题,从已有的资料看来,研究问题比较分散,从事此项工作人力不多,单靠科研人员力量显然不足,今后如何组织有关方面如临床方面的力量和生产单位的力最,是必不可少的。特别是临床用药的经验总结,比较分析生品和炮制品的药效关系问题和生产单位的技术革新的经验等等,能及时地加以交流,无疑是能大大泥进科研工作的进展。

(四)结语

中药炮制是祖国医药学宝库的组成部分,内容丰富。具有科学意义的,有待我们进一步发掘和提高。

科学研究工作必须价序前进,由于炮制的系统的研究、整理、继承工作当前仍处于创立阶段,目前仍有大量的继承和科学整理工作,急待进行。为了发扬炮制技术,必须运用现代有关学科的成就,在原有的基础上继续探索,寻找出适应中药炮制的研究途径,使炮制研究成果能更好地为临床为生产服务。

炮制的研究及其原理的阐明,将不仅能提高医疗效果和生产效率,亦将为中医理论研究提供线索及物质基础。

为了更好完成中药炮制的研究工作,把这门传统技术提高到现代科学水平,医药学工作者,在党的正确领导下与各有关学科共同努力,是可以实现的。

本文承江美玲、刘美兰、屠哟之同志提宝贵意见,谨谢。

三十一、有关中药炮制的历代文献简介(1963 年)*

中药炮制是将中药材按医疗上或成药配制上的不同要求,而制造成一定规格的"饮片"或"药料"的一门传统技术。

记述炮制的专书,最早是《雷公炮制论》(雷敩),原书早已散失,现存为后人复辑本。

明清以来,虽继有《炮制大法》(明　缪希雍),《修事指南》(清·张仲严),但

---

* 冯宝麟等:《有关中药炮制的历代文献简介》,载《中医药研究参考》(内部资料)1978 年第 11 期,第 1～12 页。

其所录内容不足反应炮制技术的全貌,而主要的炮制技术资料多散在历代医药古籍中。

为此,我们初步对现存历代主要医药文献中有关炮制的资料,作一简介,以供系统整理和研究工作中参考和补充。

(一)唐代以前

1.《黄帝内经》战国至西汉,约公元前305～240年。

(1)《黄帝内经素问》明·顾以德刻本,人民卫生出版社影印,1956。

(2)《灵枢经》明·赵府局敬堂刻本,人民卫生出版社影印,1956。

《内经》是我国最早的一部医学文献,包括《素问》与《灵枢》。

本书没有提到较多的药物方剂,只在药性认识,毒药,汤液醪醴,方药配伍等方面见有记载。

在炮制方面如[寿夭刚柔篇]作药酒时,将药先制成"㕮咀"(后世为饮片)[邪客篇]半夏汤中要求用"制半夏"等,这些可以认为是中药炮制最早的材料。但具体操作方面,尚未见记述。

2.《伤寒论》汉·张仲景著,公元204年,明·赵开美刻本,人民卫生出版社影印,1956。

3.《金匮要略方论》汉·张仲景著,明·赵开美刻本,人民卫生出版社影印,1956。

4.《金匮玉函经》汉·张仲景著,清·康熙间刻本,人民卫生出版社影印,1955。

张仲景原著《伤寒杂病论》早已散失,经后世分辑为《伤寒论》和《金匮要略》;而《金匮玉函经》是《伤寒论》不同体裁的辑本。《伤寒论》有113方,约80多种药物,《金匮要略》有262方,其中炮制的记载,多在方剂药物品名的脚注,已有70种之多。书中提到的炮制方法有"炮""炙""炒""熬""烧""炼""蒸""姜制""酒制""蜜制""酒洗""去核"。在炮制程度上提到"烧炭存性""熬黄""熬黑"等要求。

在《金匮玉函经》的论治总例中论及"治诸草石虫兽法则""……有须烧炼炮制,生熟有定""又或须皮去肉,或去皮须肉,或须根去茎,又须花须实,依方拣采,治削极令净洁"等。并对半夏的炮制作用上提到"半夏汤洗滑尽,不熟有毒也","石韦去毛尽,不尽令人淋"等意见。

5.《神农本草经》汉(公元前200～公元200),魏·关普等述,清·孙星衍、孙冯翼,商务印书馆,1955。

《神农本草经》是我国最早的本草书,它总结了汉代以前药物知识,可认为是众医所创造。原书早已亡失,现所见多是明清辑本。书中提到的炮制方法有

"炼""蒸""酒煮""火熬""煎汁""烧"等,如桑螵蛸需蒸,露蜂房火熬,猬皮用酒煮。并提出乌头之汁煎之射罔,用于毒兽。对乌头毒性部分已有充分认识。并在序例中论及"有毒宜制""……阴干暴干,采造时月,生熟,土地所出,真伪陈新,并各有法。"皆为后世制药的依据。

6.《肘后备急方》晋·葛洪著(公元281~341),明·刘自化刻本,人民卫生出版社影印,1966。

本书是一部实用的方书,有关炮制方面提到的有烧为末、烧灰、熬、炒焦等。如桑白皮烧为灰、干漆熬烟绝等。其中烧制品的品种,大有增加,达24种以上,这可能与后世所沿用炭药有一定关系。在"诸药毒救解方"中,曾提到生姜汁解半夏毒,大豆汁解附子毒,这又是后世用姜制半夏,用黑豆、豆腐制附子等炮制方法的依据。常山、牛夕酒渍服,可为后世酒制常山、牛夕的起源。

7.《刘涓子鬼遗方》南北朝·龚庆宣撰,(公元483年)徐乃昌宋·本刻,人民卫生出版社影印,1956。

本书是我国现存最早的一部外科专书,书中所记的炮制方法,仍散见于药物品名的脚注,基本与前人相同,炮制方法略有发挥,如姜制半夏,干地黄蒸,鹿茸烧灰。

8.《本草经集注》梁·陶弘景,(公元500年)敦煌石室藏六朝写本,群联出版社影印,1955。

本书是近代自敦煌石窟发现的序采残卷,卷中对入药质量极为重视,可以看出当时在成药制造技术上有了很大发展。在"合药分剂料治法"中,已较系统的提出制造成药的需要,对原药材的纯度、炮制等,均有一定的要求,并按不同要求,逐条加以讨论,如"生姜""射干皆薄切""杏仁、桃仁揉挞去皮""犀角、羚羊角皆作屑、诸齿骨并炙捣碎""天雄、附子、乌头、乌啄,侧子皆塘灰炮……""巴豆、杏仁、葶苈、胡麻有膏脂药,皆先熬黑黄"等,并讨论了"口父咀"改成细切,其原理在于利于药力煎出或利于干燥、粉碎;姜制半夏"取其所畏,以相制耳"。此外又提到干地黄渍酒良、菟丝子得酒良等可为后世酒制干地黄、酒制菟丝子的起源。

(二)唐代

1.《新修本草》唐·苏敬等撰,(公元656~660年)唐卷3本,群联出版社影印,1955。

本书是我国第一部国家组织修订和颁行的本草,全书共53卷,约自北宋即亡失,现仅存本草残卷。

残卷中所见方法有炼、煮、烧、熬、提净等并有新的记述如芒硝的提净法"以暖汤淋扑硝、取清澄煮之减半,出着木盆中,经宿即成,状如白石英"。对批把叶所要求的去毛,其理由在于防止其"射人肺令咳不已,又主呕逆不下食"等。

此外提及杜仲断丝之说"折之多白丝为佳……削去上甲皮,横理切令丝断也。"这里所说断丝的要求是切而不是"炒"。

2.《备急千金要方》唐·孙思邈著,(公元652年)北宋刻本,人民卫生出版社影印,1955。

3.《千金翼方》唐·孙思邈著,(公元682年)文政十二年依元大德堂刊,人民卫生出版社影印,1955。

《千金方》《千金翼方》是孙氏前后期的论著,其内容包括医方、医理、本草、针灸等方面知识,可为唐代现存较全面医方书之一。

书中对炮制技术有了较详细的记述,并将炮制方法归纳列条集于"和合篇"中作了讨论,全书提到炮制品种达170多种,在炮制技术上有新的发展如水飞、蜜制、酒制、醋制等。对熟干地黄酒蒸法、钟乳石水飞法等过程有详细记述,在炮制操作程度的控制更加严格,如炒制中其火候程度分为微炒、炒令微焦、炒令焦、炒令烟断等。熬制中又分为熬变黄、熬令紫色、熬令烟断、熬焦、熬如脂、熬令香、熬令黄末、熬令汗出等,在烧制中分为烧炭、烧灰、烧令赤等。

4.《食疗本草》(敦煌石室古本草)孟诜撰,(公元73~739年),大东书局排印,1931。

本书为近代敦煌石窟发现的残卷,原书早已损失。书中虽然提到炮制方法不多,但有其独到之处,如蒸制黄精,九蒸九曝……若生则刺人咽喉、地黄以蜜煎或浸含之或入酒饮……生则寒;蜀椒以面裹作馄饨、灰中炮之,使热熟断开口……。梨……以面裹于热火灰中煨令熟,出停冷等,可为后世面煨法起源。此外,百合蒸过和蜜等可为后世蜜炙百合的起源。

5.《外台秘要》唐·王涛撰,(公元752年),歙而槐塘经余居藏板,人民卫生出版社影印,1955。

本书是一部集唐以前有关医、方的类书,从众保存了许多已失传的古方书内容。

有关炮制记述,仍见医方注,基本与当代相同。其中如杏仁麸炒黄(近效方);枇杷叶蜜炙(崔氏方);高丽昆布白米泔浸(广济方),牡蛎煅(延年方);竹沥的详细制法(小品方)及乌豆汤浓缩时用铜钵重汤煮……。可为新的内容。

6.《食医心鉴》唐·咎殷撰,(公元853年)东方学会排影本。

7.《经效产宝》唐·咎殷撰,(公元853年)光绪十四年重校刊本,人民卫生出版社影印,1955。

《食医心鉴》为食疗专书之一,载有食医诸方。《经效产宝》为论述妊娠、难产、产后诸疾的产科专书。

两书中所载炮制内容多沿用前人方法，为数不多，有石膏煅制法，厚朴姜炙法，鹿角酒淬法，诃子皮酥炙令黄，蒲黄安石器内炒赤色，棕榈炭等新记述。

前应用较广的熬法，此以后已少见，似由"炒"法所代替。

8.《颅囟经》唐末(失名)，(公元907年)，明永乐大典中辑出，人民卫生出版社影印，1956。

本书为现存最早的小儿科专书，全书分上、下两卷，上卷医方脚注有炮制资料。

书中所载炮制品约30余种，增有陈桔皮醋浸法、大黄湿纸裹煨法，枳壳麸炒法，鳖甲醋炙法，白矾煅制法(由烧改成煅)等新内容。

9.《银海精微》唐·孙思邈，(公元682年)，上海千顷堂书局印行，1930年再版。

本书是一本较好的眼科专书，经前人考证，其著作年代疑为宋以后，著者似为托名。

从炮制内容来看，所述方法和辅料与明清时期相类似，如大黄、黄芩、黄连、黄柏酒制，阿胶蛤粉炒，黄芪蜜炙，菟丝子酒洗蒸并，木贼童便浸，炉甘石火煅用黄连水淬七次，珍珠用豆腐蒸制……。均为当代少见的新内容，其中酒制品达18种之多，在医疗上提出"大黄实者生用，虚者酒蒸"的经验。

10.《仙授理伤续断秘方》唐·蔺道人著，(公元946年)人民卫生出版社据(明)，洪武刻本并核对道藏本校勘后排印，1957。

本书为现存较早的一本中医伤科专书，其中炮制品达85种以上，新增的有：天南星姜汁浸，草乌姜汁煮或醋煮，自然铜火煅醋淬七次，苍术、续断米汁浸，白姜、白芨、南星面裹煨，何首乌用黑豆同蒸，当归、芍药酒浸，乌豆用糯米炒黄，牵牛、南星用石灰炒等。

本书作者及年代，按序文上说是唐会昌间，蔺道人所撰，但以所记述的炮制内容来看，与唐有所出入，疑为后世作品或为后所增刊，但其炮制法仍多为后世所沿用。

11.《华氏中藏经》公元234(?)清·孙星衍校，商务印书馆据平津馆丛书本印，1956。

《中藏经》相传为华佗所著，经后人考证，其成书年代、有认为六朝或宋人所托。

本书下卷"诸病药方六十道"中脚注有炮制内容，如大黄、三棱湿纸裹煨、鳖甲醋炙；枳实麸炒，杜仲炒令断丝，川乌、何首乌水浸制法；硫磺精制法；朴硝提净法等，从炮制上来看，多与唐末宋初时期相近。

（三）宋代

1.《雷公炮制论》清·张骥辑成都义生堂刻本。

据考证本书作者是十一世纪的人，故列于此。

《雷公炮制论》原书早已散失，后人自宋代本草书中辑出。包括药物277种。一部分炮制方法与前代及后代皆不相同，如甘草凡使须去头尾尖处酒浸蒸从巳至午，取出曝干锉细用。磁石用五花皮、地榆东流水煮三日夜……。部分至现代仍沿用，如远志去心用甘草汤浸一宿曝干或炒干用，地黄蒸后再蒸……。

这是一本最早的炮制专书。现代多以为据，是一本中药的炮制参考书。

2.《博济方》宋·王衮，公元1047年。

本书为王衮收集的验方秘方，方中药品脚注有炮制方法，如荆三棱醋炒、醋煮。巴豆去皮以纸去油尽。半夏水浸三日每日换水，取出令自干等。方法很详细。

本书烧炭技术有发展，如棕榈不拘多少，烧灰，才火着，急以盆盖，阴令火住，可能是炭药闷煅之始。

3.《苏沈良方》宋·沈括、苏轼，公元1015年，人民卫生出版社影印，1956。

本书有炮制方法，方法上也有发展，如乌头用沸汤以物盖之，候温更泡，满十四遍去皮切焙，书中又有完整的自小便中提取秋石的方法。

4.《旅舍备要方》宋·董汲，公元1086年，千顷堂石印本。

本书所载炮制方法基本与当代同，有发挥的如黄连入生姜同杵炒紫色，可能为近代姜制黄连之始。

5.《本草衍义》宋·寇宗奭，公元1116年，商务印书馆，1957。

本书作者对药物性味、作用、鉴别、炮制作用及方法都有新见解有参考价值。

如"今人用巴豆皆去油讫，生用，欲避寒，不知寒不知避。当避其大毒，刻本经全无去油之说，故陶居隐之熬令赤黑然亦太过，曰华子云，炒之不如去心膜煮五度换水各煮一沸为佳"又"杏仁……亦不需汤内煮其器，使自干，杀其毒去其秽。"现代仍基本沿用此法。

书中又有"厚朴味苦不以姜制则戟人喉""地黄生与干常虑大寒，故后世改用熟者"。在炮制作用上亦有发挥。

6.《太平惠民和剂局方》，公元1107~1110，宋太平和剂局编，人民卫生出版社，1959。

本书是宋代政府设立的专买药品的"和剂局"的制药规范，有专章讨论炮制，收集药品180余种，可以代表宋代炮制的概括，炮制方法很详细，也涉及炮制作用及急用的变通炮制方法。

如苍术米泔浸……不浸……但稍燥尔。蒲黄破血消肿即生使，补血止血即炒用。当归补血使头……止疼破血使尾。大黄蒸用……若取猛利,则生焙干用。赤白石脂煅赤研水飞,如缓急则研令极细不飞亦得。茴香酒浸曝干炒用,如缓急只炒亦得。

7.《伤寒总病论》宋·庞安石,公元1042～1099,商务印书馆,1956。

本书有专卷论修治药法,有药200多种,大体同惠民和剂局方。有发挥的如杏仁,去皮尖麸炒黄,如汤不炒。附子炮,唯汤生用等。

8.《小儿证治直诀》宋·钱乙,公元1107年,人民卫生出版社,1955。

是一本小儿科的主要书籍,药品脚注有炮制。有发挥的有天南星腊月酿牛胆汁中白日阴干,可能为胆南星之始。大豆黄卷,水浸黑生芽也。等。

9.《重修政和经史证类备用本草》宋·唐慎微,公元1108,人民卫生出版社,1957。

本书集宋以前本草大成,是宋代的代表著作,一直到李时珍的《本草纲目》以前时期,一直是研究本草的范本。

本书载有药品1740多种,炮制上重辑了(千金方),(雷公炮制论),(日华子诸家本草),(本草衍义)宋代各家的记载,是炮制有价值的参考书。

10.《史载之方》宋·史堪,公元1085年(宋人医方三种)商务印书馆,1955。

本书炮制记载大体与当代同,个别发挥的有大黄(醋煮)。芫花醋煮炒令烟去。黄连煅炭。

11.《圣济总录纂要》公元1118年,上海大东书局,1937版。

圣济总录是宋政和把秘府所藏禁方,秘方两万多加以收集,本书根据残本删去道家及神仙服贰部分纂成,炮制方法大体同当代。个别有乳香炒去油等。

12.《全生指迷方》宋·王贶,公元1085年,商务印书馆,1955。

本书炮制方法与当代大体相同,个别杜仲用酒拌炒焦法有发挥。

13.《普济本事方》宋·许敬微,公元1132年,上海科技出版社,1959。

本书有专卷讨论治药制度物例,收有90多种药物的炮制方法,在炮制上有发挥的有:菟丝子酒浸曝焙干,用纸条子同碾,即便为末;乳香风干研或用人指甲碾或以乳钵坐水盆中研,五灵脂水淘洗去砂石等。

14.《妇人良方》宋·陈自明,公元1237年,上海卫生出版社,1956。

本书是妇科专书,其中炮制酒制及醋制类品种增多,如白芍、续断、芫花、黄柏、防己等酒制,莪术、枳实用醋制。又蟾酥干者酒化,现代仍沿用。

15.《济生方》宋·严用和,公元1253年,人民卫生出版社,1957。

是一本中医常用的方书,炮制上有记载的如黄芪蜜炙,桔核盐炒,炉甘石黄连水煮研,藕节、莲蓬烧灰等。现代亦沿用。

16.《洪氏集验方》宋·洪遵辑,公元1170年,商务印书馆。

本书在炮制上较当代有发挥的是黄连吴茱萸共炒,在赤痢则服黄连,白痢则服吴茱萸,可能为现代黄连制吴茱萸、吴茱萸制黄连之始。安息香酒浸晒三日去渣研如膏,乳香酒少许化开等。

17.《三因极一病症方论》宋·陈言,公元1174年,人民卫生出版社,1957。

本书在炮制上的发挥有:烧竹沥法;半夏汤洗去滑,米醋煮令透;杏仁用牡蛎粉炒黄去牡蛎;糯谷炒作爆蓬等。

18.《传信适用方》宋·吴彦夔,公元1180年,人民卫生出版社,1956。

本书炮制与当代情况大体相同。

19.《卫生家宝产科备要》宋·朱瑞章,公元1184年,人民卫生出版社,1959。

本书集宋以前妇产科大全,炮制方法大体同当代。

20.《易简方》宋·王硕,公元1191年,清木刻本。

本书炮制大体与当代同。

(四)元代

1.《素问病机气宜保命集》元·刘完素,公元1186年,人民卫生出版社,1959。

本书炮制大体同宋代,个别不同的有枳壳烧灰,于湿纸上令干。黄柏新瓦上烧令通赤。

2.《宣明方论》元·刘完素,公元1186年。千顷堂石印。

本书炮制方法大体同宋代,个别有蛤蚧酒炙,龙骨水飞等。

3.《儒门事亲》元·张子和,公元1217~1221年,上海大东书局,1986。

本书方法基本与宋代同。个别如瓜蒂剥尽碾破,以纸卷定,连纸锉细,去纸用粗罗罗过,将渣炒微黄,次入末一处同炒黄。何首乌用黑豆、红枣共蒸去黑都用,略有不同。

4.《内外伤辨》元·李东垣,公元1180~1251年,上海受古中一书店石印。

本书所载炮制方法基本与宋代同,但酒制者较多,如当归酒洗,黄连酒洗,黄蘗酒浸等。

5.《脾胃论》元·李东垣,公元1180~1251年,上海受古中一书店石印。

本书炮制法大体同前人。

6.《兰室秘藏》元·李东垣,公元1180~1231年。

本书炮制方法酒制较多。

7.《珍珠囊补遗药性赋》元·李东垣,公元1180~1251年,上海科技出版社,1958。

本书据考证不是李东垣的书。但本书第一次用歌括的形式说明炮制的意义。

如"芫花本利水非醋不能通""蒲黄生通血、熟补血运通""附子救阴症,生用起皮风"等,本书的炮制作用现多以为据。

8.《原机启微》元·倪维德,公元1305~1373年,科技卫生出版社。

本书是眼科专书,炮制方法大体同前人,个别石决明东流水煮一伏时,研极细入药。硇砂细调水研在盏内炖干为度。本书对酒制作用上有所阐明如"诸用酒制者为引导也"。

9.《汤液本草》元·王好古,公元1298年,人民卫生出版社影印,1956。

本书在炮制作用上有很多理述。如"黄芩、黄连……病在头面及手梢皮肤须用酒炒之,借酒力以上腾也,咽之下脐之上须酒洗之在下生用。""黄檗知母下部药也须合用之者,酒浸曝干恐伤胃气也,熟地黄酒洗亦然,当归酒洗取发之意""大黄酒浸入太阳经,酒洗入阳明经余经不用酒"对乌头附子"乌附,皆水浸泡裂多有外黑里白劣性尚在,莫若趁热切作片子再炒令表里皆黄……劣性皆去。"

10.《饮善正要》元·勿思慧,公元330年。

本书是食疗书,在诸般汤煎中有乌梅取肉,干枣焙干为末等,在食疗诸病中有吴茱萸水洗去涎焙干炒等炮制方法。

11.《疮疡经验全书》元·窦汉卿,公元13世纪,清康熙浩然楼板。

据考证本书是元代书(原书称宋版)

本书是皮肤科专书,有专章讨论了200余种炮制方法有发挥,"冬日入朴硝在黑牛胆汁中,挂风处120日去皮用之。""半夏用陈菜油炒之""益母草烧存性等"玄明粉的制法亦有"皮硝、白卜煮3~4沸"的记载,炮制上可以参考。

(四)明代

1.《普济方》明·朱橚等,公元1425年,人民卫生出版社,1959。

是我国最大的一部方书,共收集61 739方,在六经药性中提到炮制作用如当归身行血尾止血,治上酒浸,治下酒洗等。在论合和对千金方的制药凡例又有增补,如"凡麦门冬、生姜入汤皆切三捣三绞取汁汤成去渣下之,凡茯苓芍药补药需用白者、泽泻用赤者。"

方剂药品脚注均有炮制方法。

2.《救荒本草》明·朱橚等,公元1425年,上海中华书局,1959。

本书主要介绍可食植物炮制方法皆是为了食用。

3.《奇效良方》明·方贤,公元1425,商务印书馆,1959。

本书汇集了自宋至明初医方七千余,药品脚注有炮制方法,大体同前人。

4.《滇南本草》明·兰茂,公元1476年,云南人民卫生出版社,1959。

是一本地方性的本草,炮制不多。有特色的如香附,有童便浸、酒浸、醋浸、盐水浸、茴香浸、益智浸等。

5.《证治要诀及类方》明·戴元礼,商务印书馆,1955。

炮制方法大体同前人。

6.《本草品汇精要》明·刘文太,公元1503年,商务印书馆,1986。

本书共收集药物1 815种,有炮制的449种,方法略有发挥,如炉甘石以炭火煅赤、童子小便淬三十次研细用黄连龙胆草各一两当归三钱煎水一碗飞过重汤蒸干再研约一日,令极细如面用。天南星、姜汁泡过或矾皂角煮去毒并晒干用等。

7.《薛氏医案(外科心法)》明·薛已,公元1529,上海大成书局。

8.《名医类案》明·汪瓘,公元1552,人民卫生出版社。

9.《证治准绳》明·王肯堂,公元1589年,上海卫生出版社影印。

以上皆附方脚注有炮制,附方基本同前人。

10.《景岳全书》明·张景岳,公元1563~1640年,上海广益书局出版。

本书本草正一篇,提到214种药物其炮制性能及炮制方法提到很多,炮制作用也有较详尽的说明和新的见解。如黄芪制以乳欲润其燥,炒以壁土欲助其固。地黄……有砂仁拌者,必有胀满不行而后可,有酒拌者必有经络壅塞而后可,使无此数而必渑用制法者是不知用熟地也。对附子炮制也认为有些药物的治疗作用即是利用其毒性,如性味全无则性味即失。

本书对炮制品的作用讨论很深入。

11.《本草纲目》明·李时珍,公元1552~1597年。

本书是集前人大成的本草书,声价很高。在炮制方面多有发明,如石膏,古法唯打碎如豆大绢包入汤煮之,近人因其性寒,火煅过用,或糠拌炒用。白芍,今人多生用,惟避中寒者以酒炒,入女子血药以醋炒耳。半夏……惟洗去皮垢,以汤浸七日,逐日换汤,泡干切片,姜汁拌焙入药。乳香入丸药以少酒研如泥,以水飞过晒干用或言以灯心同研则易,或言以糯豆数粒同研,或言人指甲同研……皆易细。

12.《医学入门》明·李挺,公元1575年,上海锦章书局。

本书对炮制作用总结,较前人又有发挥,在李东垣的炮制药歌之外又增"丸药入肺蜜炙,入脾姜制,入肾用盐,入肝用醋,入心用童便,丸药火炮、汤泡、煨、炒制其毒也,醋浸姜制酥炙者,引经活血也,凡制桑皮,麦门冬,生熟地黄,何首乌,忌铁器,犯铁必患三消,远志巴戟门冬莲子乌药之类如不去心,令人烦躁……"。凡病在头面手梢皮肤者须用酒炒,欲其上腾也,病在咽下脐上须用酒浸,病在下者生用。并有90多种药物炮制及其作用的记载。

13.《审视瑶函》明·傅仁宇,公元1644年,上海会文堂新记书局。

本书是眼科专书。有个别用药炮制法与他书不同。如黄连水淬炉甘石,也有炉甘石煅后用三黄汤煮后晒干的。

其硇砂制法很特别,"以初生儿子乳汁湿透放古镜背面,碗盖密布埋土内四十九日取出,光绿的是活硇砂"。

14.《本草蒙荃》明·陈嘉谟,公元1565年,文茂堂藏版。

本书对炮制方法有较系统的说明,后世炮制多以为据,本书有180余种药物炮制方法及作用,与前人略有发明。

如对炮制的论述"凡制药贵在适中,不及则功效难求,太过则气味反失。火制四,有煅有炮有炙有炒之不同,水制者三或渍或泡或洗弗等,水火共制若蒸若煮而有二焉,余外制虽多端总不离此,匪故弄巧各有意存? 酒制升提,姜制发散,入盐走肾脏乃仗软坚……。"

15.《仁术便览》明·张浩,公元1585年,商务印书馆,1957。

本书炮制药法一章专论炮制,收药185种,方法较前人略有发挥,如麻黄去根节滚醋汤泡片刻去沫发汗。破故纸,东流水浸一宿,同芝麻焙声绝,去麻。大腹皮揉去土,有酒洗有姜汁浸去毒莲子用之者。

16.《本草原始》明·李中立,公元1591年。清信元堂版。

本书收载有炮制的药品260余种,较前人略有发挥,如苍术……亦有用芝麻同炒以制其燥者。括蒌仁,今人多用子,取子去壳取仁去油,亦有不去油微炒者,去外壳用仁渗油只一度,免人恶心,多次失药润性。半夏以滚汤泡2～3日,每日换汤后已皂荚白矾生姜同煮过。

17.《鲁府禁方》明·龚廷贤,公元1615年,世界书局印行。

本书所载炮制方法,较前人略有发挥,如姜蚕隔纸炒。青礞石,煅烘淬生姜汁内。

18.《寿世保元》明·龚廷贤,公元1615年,上海锦章书局。

本书有药歌括一章,包括药性及炮制方法,方法大体同前人。

19.《外科正宗》明·陈实功,公元1617年,人民卫生出版社影印,1956。

本书有专章讨论炮制,90余种,方法大体同前人,个别如附子童便浸……。

20.《本草汇言》明·倪朱膜,公元1619年。

本书有270余种药物有炮制,个别有发挥,如白术……用粳米糠衣拌炒则不染湿作霉矣。

21.《炮制大法》明·缪希雍,公元1622年。

本书是继雷公炮制论后,第二本炮制专书,内容较雷公炮制有新的内容,本书共收辑920余种药物,如地黄……好酒拌均,置磁瓮内包固重汤煮一昼夜腾干蒸者(可能为后人罐蒸之始。)菟丝子一法用酒煮一昼夜捣作并晒干,然后复研方细。

22.《温疫论》明·吴又可,公元1642年,人民卫生出版社1956.

本书炮制材料很少。

23.《本草通立》明·李中梓,公元1655年。

本书收有108余种药物的炮制方法,方法大体同前人。

24.《医宗必读》明·李中梓,公元1678年。

本书有炮制的有19种,主要谈到炮制作用,如五味子……嗽药生用,补药微焙。南星……性烈而燥,牛胆制则燥气减,得火炮烈性缓。常山,必须好酒久炒令透,不尔使人吐等。

(六)清代

1.《医门法律》清·喻嘉言,公元1658年,上海卫生出版社,1956。

本书附方药品脚注有炮制,方法大体同前人。

2.《本草崇原》清·张志聪,公元1663年。

本书主要为药性理论无炮制。

3.《本草汇》清·郭佩兰,公元1655年。

本书收集280余种药物的炮制方法,中间提到作用,方法大体同前人,但比较详尽可供参考。

如黄芪,去头刮皮以蜜水涂炙,若行其泥滞而助其达表当以酒炙,如补肾及崩淋药中须盐酒炒之。如半夏洗去皮垢,以汤浸七日,逐日换汤滑尽,以姜汁明矾皂角同煮晒干。

4.《医方集解》清·汪昂,公元1682年,科技卫生出版社,1957。

本书对方剂应用很详尽,炮制方法大体同前人。

5.《本草备要》清·汪昂,公元1604年,商务印书馆,1954。

本书收载300余种药物的炮制方法,大体同前人。炭药较前人增加,有山枝,干姜,五灵脂,香附,橄榄核,荔枝核,猬皮等,方法也有入罐固煅的。

6.《本草述》清·刘若金,公元1700年。

本书收载300余种药物的炮制方法,炭药又有增加,如龙胆草(虚人酒沙黑用)大蓟小蓟灯心等。

7.《修事指南》清·张骥,公元1704年,抱经堂书局印。

本书是第三本炮制专书,内容是以雷公炮制论,炮制大法等前人的著作汇集而成,无新发挥,只在陈嘉谟的炮制作用上又增加,"……吴茱萸制抑苦寒而扶胃气,猪胆汁制泻胆火而达木郁。"

8.《本草经解》清·叶天士,公元1724年,上溜卫生出版社,1957。

本书共收174种药物,介绍了炮制,药性,和与他药配伍的作用。

9.《神农本草经百种录》清·徐大椿,1736年,人民卫生出版社,1956。

本书着重介绍药性,很少谈到炮制。

10.《兰台轨范》清·徐大椿,上海卫生出版社,1958。

本书炮制方法大体同前人。

11.《医宗金鉴》清·吴谦,公元1742年,上海锦章书局,1957。

本书是历代医学书籍编集而成,炮制无新发挥。

12.《长沙药解》清·黄元御,公元1756年,木刻版年代不详。

本书主要介绍药性,炮制方法大体同前人。

13.《本草从新》清·吴洛仪,公元1757年,学库山房藏版。

本书共收集230余种药物的炮制方法,比前人略有发展,如半夏用姜汁浸造……,治浅近诸痰矾水煮透兼姜和作曲……,治清水痰皂角汁炼膏和半夏末为曲……,活风痰……,各有所用。如枝子内热用仁,表热用皮,生用泻火,炒黑止血,姜汁炒止烦呕。

14.《成方切用》清·吴仪洛,公元1761年,科技卫生出版社,1957。

本书炮制方法大体同前人。

15.《本草纲目拾遗》清·赵学敏,公元1765年,商务印书馆,1954。

本书收集民间草药很多,炮制方法上也有新发展。如仙露半夏(化痰用)用石灰,矾,皮硝,薄荷,甘草,丁香,白豆蔻等浸泡焙干用,现代法半夏大体都按此法改变制造。本文并认为当时药店中只有水泡尽去汁味再用甘草透晒的方法失去作用,与食渣无异。

本书炭药很多,如荔枝核、甘蔗皮、蒜梗、蜂房等。

16.《得配本草》清·严西亭,公元1761年,上海卫生出版,1957。

本书收集370余种药物的炮制方法,收集比较详细。

17.《木草求真》清·黄宫绣,公元1776年。

本书收载300余种药物炮制方法,方法上有新发挥,如半夏,浸水润洗以除去涎,再用皂荚水、白矾水、生姜水、甘草水各浸泡七日,最后洗净焙干用,与现代某些半夏制法极相似。

18.《要药分剂》清·沈金鳌,公元1784年,上海卫生出版社,1958。

本书炮制单到一项,但多为雷公、冠宗奭等各代的记载。

19.《温病条辨》清·吴鞠通,公元1798年,上海中医书局出版。

本书炮制方法大体同前人。

20.《本草三家合注》清·张隐奄等,公元1801年,鸿宝斋书局。

本书对炮制作用有许多新观点,如认为不妥的有"黄芪生用发汗,炒用止汗等贻误于古"及"枝子干姜炒黑全失本性为无用之物也""半夏用矾者服之往往致吐,且致酸心制法相沿之陋也。"等。

21.《时方妙用时方歌括》清·陈修圆,公元1801年,人民卫生出版社。

本书药品脚注有炮制、方法大体同前人。

22.《付青主女科》清·付山,公元1827年,上海卫生出版社,1957。

本书药品脚注有炮制,方法大体同前人。唯酒制醋制较多。

23~25.《本经疏证、本经续疏、木序疏要》清·邹澍,公元1832年,上海卫生出版社,1657。

本书主要解释药物作用,极少炮制方法。

26.《植物名实图考》。

27.《植物名实图考长编》清·吴其浚,公元1849年,中华书局出版。

本书为植物及药物介绍,长编是图考的初稿。主要介绍形态、性味、用途,间有炮制多为古代记述。

28.《医醇滕义》清·费伯雄,公元1893年,上海卫生出版社,1957。

本书是著者的医疗心得、药品脚注有炮制方法、大体同前人。

29.《理渝骈文》清·吴师和,公元1864年,人民卫生出版社,1950。

本书是理疗外治专书,主要谈膏药制法。

30.《本草问答》清·唐宗海,公元1893年,上海建文书局。

本书以问答形式,叙述中药治疗理论。有一部分炮制讨论,认为①善炮制者用其长而去其短,如炮姜温而不烈、葶苈子不炒不香、礞石山甲不煅不炒药效不能发。②又认为性平之药不可大制以竭其力,如地黄不可作炭药用。

31.《本草便读》清·张秉城,公元1896年,上海卫生出版社。

本书收载580余种常用药,各有简单的炮制作用介绍,易于检读。

三十二、麦芽、谷芽和稻芽的炮制研究*

麦芽,谷芽和稻芽共有宣中导滞,消化宿食的作用,是中医临床常用的药物,为了充分发挥其药效,我们对它们的治疗作用、有效物质、炮制及服用方法进行了部分实验研究。

(一)麦芽、谷芽、稻芽的治疗作用

麦芽等药物可消化米、面等食积。选摘历代本草对麦芽(麦蘖)的记载如下:"破冷气,去心腹胀满"(《药性本草》);"温中下气,开胃,止霍乱,除烦闷……"(《日华诸家本草》);"宽肠下气,腹鸣者用之"(《洁古珍珠囊》);"消化一切米面诸果食积"(《本草纲目》)。稻芽(稻蘖)的记载"开胃快脾,下气和中,

---

* 冯宝麟:《麦芽、谷芽和稻芽的炮制研究》,载《中医杂志》,1961年第12期,第27页。

消食化积"(《本草备要》)。谷芽古代即指稻芽,南方仍沿用,而北方则用谷子"生芽"。综合其作用也是启脾,开胃,消化米面食积。

由于米、面等食物主要的成份是淀粉等多醣物质,这类物质在人体的消化是借着唾液及肠液中的醣酶(淀粉酶等)将多糖分解成单糖(葡萄糖),始为人体吸收利用。

发芽的大麦、稻子、谷子,皆含有大量的醣酶(主要是淀粉酶,α-淀粉酶;β-淀粉酶)能分解淀粉为单醣。

根据以上材料,麦芽等帮助消化的作用,主要是淀粉酶的作用

(二)麦芽、谷芽和稻芽的炮制与服用方法对疗效的影响

这几种药物使用时习惯上有生用、炒、炒焦等方法,多用于煎剂(水煎服)。而淀粉酶本身是一种含蛋白质的物质,具有蛋白质的特性,不能耐受较高温度,100℃即丧失活力,经过炒、炒焦、沸水煎煮,可能会有损失,因此设计了以下实验。

(三)实验

1. 试验原理 米面等食物的主要物质是淀粉(60%~70%以上),淀粉具有一种与碘溶液产生蓝色的特性,但在淀粉分解为一单醣后,即失去产生蓝色之特点。因此我们取不同方法处理的药液,与一定量的淀粉液混合,在一定条件下,作用了一定时间,由颜色的变化以观察药物的效力。

2. 具体方法 取药物的煎出液或药物粉末(需先加少许水在40℃水浴上一小时,防止药物本身原具有之淀粉影响试验结果)一定量,加入一定量的淀粉液,再加入水至80毫升,在40℃水浴上一小时后过滤,吸取0.1毫升滴于含有N/10碘-碘化钾液0.2毫升的60毫升水中,以无蓝色为分解完全,有蓝色为未分解完全。

3. 试验材料 生麦芽:自省中医院领取。

炒麦芽:自省中医院领取,其制法是将自然干燥的麦芽,置锅内炒至微有爆声即取出。

焦麦芽:将生麦芽在锅内翻炒至外部内部皆呈均匀黄色即可。

生谷芽、炒谷芽、焦谷芽与生稻芽、炒稻芽、焦稻芽等制取方法与麦芽相同。

5%淀粉液:取可溶性淀粉,加少许水混和均匀,缓缓倒入沸蒸馏水中,随倒随搅,加热至沸,至溶液完全澄清后,放冷加足量水稀释至含量为5%。新鲜配制。

N/10碘—碘化钾溶液:按药典方法配制。

粉剂制法:将药物研磨后,过80号筛,不能通过之麸皮充分研细后,再混合均匀。

煎剂制法：取药物加水煮沸30分钟，过滤，滤渣再加水煮沸30分钟，过滤，滤液合并放冷后，加水至含量为10%。

4. 试验结果（参阅表1、表2）。

表1　煎剂与粉剂效力比较（药物均为炒制）

品名	1克药物可分解淀粉之克数	
	粉末	煎剂
麦芽	1.5	0.5
谷芽	1	0.05
稻芽	0.5	0.25

同一药物粉末效力较煎剂大，以谷芽煎剂效力损失最巨。其作用力以麦芽最高，谷芽此致，稻芽作用最小。

表2　不同炮制后效力比较

品名	1克药物可分解淀粉之克数		
	生	炒	炒焦
麦芽	1.5	1.5	0.25克以下
谷芽	1	1	0.25克以下
稻芽	0.5	0.5	0.25克以下

生用、炒用效力无改变，炒焦则对淀粉分解力显著降低。

（四）讨论

麦芽等药物的作用是帮助消化淀粉类食物的作用。起作用的物质是淀粉酶。在药物的使用上应充分发挥淀粉酶的作用。微炒并不影响淀粉酶的含量，但炒焦则降低很多，似可考虑少用。在服用方法上，煎服能损耗淀粉酶，如能研成粉末直接冲服。可以节约用药，建议临床试用。

三十三、硇砂醋制理论及成分分析（1961年）*

为了了解硇砂使用时为什么要醋制及炮制后是什么成分。我们按照该药的炮制方法，制出醋制硇砂，又经过分析，从炮制的过程中及其结果观察，醋制是一种精制的作用，在成分上分析后是较纯的氯化钠（食盐）。

硇砂产于西藏等地，价格较昂，每斤约需10余元。硇砂在应用时一般又不生用。既然醋制后是普通的食盐，如能广泛的代用，则很有节约价值。

硇砂炮制方法讨论：

---

* 冯宝麟等：《硇砂醋制理论及成分分析》，载《中医药研究参考》（内部资料）1978年11期，第31页。

硇砂一般不生用,炮制的目的根据古代记载是去毒,其方法为:(1)"凡用须水飞过,去尘秽,入瓷器中重汤煮干则杀其毒"(水飞在此地有溶解于水,再经过沉淀之意所谓重汤煮干即是隔水加热,也即是水浴上加热之意)。(2)今人多用水飞,净醋煮干如霜刮下用之(即最后得白色物质)。现代制法与古人大体相同,其方法为"取硇砂加 2 倍水及 1/2 量醋,在水浴上隔水蒸 8 小时,去火放一夜,取上层清液,再在水浴上蒸,捞取表面白色析出物"。

我们依照现代之方法,取市售硇砂(赤褐色之大块结晶称赤硇砂)溶解后加醋蒸时,有大量暗绿色沉淀物沉出,且时时嗅到氨味,蒸后取上层清液仍有少许黄绿色,随蒸随析出白色结晶。将结晶捞出,自然干燥后为略带黄绿色之白色结晶粒。从炮制的过程观察及最后除去沉淀,溢出氨味而得较白的纯物质观察,硇砂之醋制是一种重结晶之精制作用,古人所谓去毒,可能即除去杂质之意。

醋制硇砂成分讨论

硇砂的成分有人认为是氯化铵(NH_4Cl),也有人认为醋制后主要是氧化钠(食盐)。

我们取醋制后之硇砂进行定性试验,并无 NH_4 之反应,而仅呈现氯化钠之反应。同时由炮制时有氨味溢出之现象观察,认为硇砂是含有部分氯化铵,但醋制硇砂则不含氯化铵。

我们又进一步按照定性系统分析,在醋制硇砂中未发现其他各族阳离子。又将制出之硇砂,充分干燥后,按氯化钠之方法定量,得氯化钠含量在 98% 以上。所以我们认为醋制硇砂,实际上是较纯之氯化钠(食盐)。

中医用硇砂一般不生用,皆醋制后用。醋制即是精制,精制后为氯化钠,如能直接采用价廉之氯化钠代替硇砂用,可较自远地运入再经加工后使用,节约很大,确有推广之价值。

附注:实验方法

①定性分析:醋制硇砂作成 2% 溶液,过滤后按一般系统定性分析方法进行。

②定量分析:醋制硇砂(12℃ 干燥 2 小时后),以萤光黄为指示剂,用硝酸银滴定。

三十四、《中药炮制学》二版教材学用心得[*]

徐楚江、叶定江主编的《中药炮制学》二版教材(1985 年 5 月上海科技出版

---

[*] 冯宝麟等:《〈中药炮制学〉二版教材学用心得》,载《中药通报》1986 年 11 卷第 12 期,第 27 ~ 29 页。

社出版,以下简称《教材》),充实、提高了一版教材的内容,为高等医药院校中药专业提供了一本较好的专业教科书。

《教材》突出了中医临床用药的特色。在从理法方药整体观,用中医药基本理论阐述炮制作用方面作了有益的探索。如从中药配伍赖于"药力共出"上,说明药材合理的水制处理和切制适宜饮片的意义;从脾胃特性上阐述对某些苦寒药炒制的作用;从病机病位上论炮制通过对药性的影响,为临床灵活用药服务的目的;从"病在上宜缓"的用药法度解释蜜制的内涵等等。同时在各论中,注意论述了不同炮制品在临床应用中的区别。这样从配伍需要、脏腑喜恶、病机病位、用药治则上阐述炮制在辨证论治中所发挥的作用。充分说明了炮制不仅是对药材的简单处理加工,而且是适应中医临床用药的重要措施。从而突出了以炮制品入药组方这一中医临床用药的特色,揭示了炮制与中医药基本理论之间的内在联系,对炮制的学习与提高起到了明确的指导作用。

《教材》加强了炮制方法的系统性和继承性。总论补充、加强了炮制起源、发展概况的论述。在炮制与临床疗效的关系,制品质量、贮藏保管等方面弥补了一版教材的不足。订正了"雷公炮制十七法"的部分内容。各论新增药物23种。将发芽、发酵,复制诸法单独列章介绍,加强了传统炮制方法的系统性。各药新增"历史沿革"项,突出了炮制历史的继承性和应用的广泛性,对了解炮制的原意和方法的演变,有正本清源的作用。同时也提出了进行炮制历史沿革研究的必要性和重要性,对一版教材炮制研究项的增减整理,增添了部分新的研究结果。总之,《教材》不失为中药教育中炮制学教材的奠基作。它在中药炮制教学、科研中所起的重要作用是不言而喻的。但学用之中,尚感《教材》有下列之处值得商榷。

(一)总论部分

1. 对"炮"与"炙"字意解释引文中,"炮者以涂烧之为名也"出《礼记·内则》郑注,非出之《说文·内则》。"裹而烧曰炮"出《礼记·礼运》注,也非《说文·礼运》注曰:炮,裹烧之。《说文》释"炙"为"炮肉也,从肉在火上"而非"炙者,抗火炙肉也","抗火曰炙"据《康熙字典》载出之《诗·小雅·瓠叶传》。第一节第四段引文应为《周礼·天官·冢宰》篇载有"食医掌……八珍之齐"。

2. 第二节第七段中谓"'凡炼蜜一斤只得十二两半……'是对辅料的比例作出了规定"宜为对辅料的质量或蜂蜜的炼制过程作出了规定。

3. 第二章在理论上颇有发展,唯按徐灵胎《医学源流论》中制其形、性、质、味来论述炮制与疗效的关系,教学中颇感抽象。如对药物性能和味的炮制与疗效的关系两部分,关系不易讲清。中药性能包括气味、归经、升降、补泻、毒性等内涵。把性能和味并列论述,学用中都感困难,且与第二节炮制对药物性味的影响重复,不易讲述。炮制对疗效的影响是通过具体制法体现出来的。笔者在教学中通过净制、切制、干燥、炮制几个方面,结合举例概括炮制对临床疗效的影响,感到既不影响用中医药基本理论阐述炮制作用,且加强了与各论中具体制法的联系。

(二)各论部分

1. 有些药物处方用名与炮制方法内容不符　其一是有制法者无处方用名。如第44页瓜蒌子项下。炮制方法中有瓜蒌子霜的制备,而处方用名中无瓜蒌子霜,使其处方应付不明。诸如此类的尚有22处(注一)。其二是有处方用名者缺制法。如第53页蒺藜项下,处方用名中有盐蒺藜,而制法中只有蒺藜和清炒蒺藜,盐蒺藜如何炮制,应付何物不明。诸如此类的计有15处(注一)。建议再版时,将处方用名项改为处方应付项,明确规定处方写何名应付何制品,以利炮制品处方应付的统一。

2. 有些药物制法值得商榷　①槟榔软化方法,只收传统法。很多研究报道说明,该法有效成分槟榔碱损失严重。以并收或备注中列出加压冷浸法、减压冷浸法为好,以利逐步改进传统方法。②龟板、鳖甲、穿山甲、虎骨所收传统砂烫醋淬法,易造成先后淬的药品吸醋浓度不均,且难以保证定量用醋,如采用烫后立即加定量稀释米醋拌炒至米醋吸尽近干更好。③雄黄炮制,不应将水飞法与干研法并列,后者 As_2O_3 含量高,不符合传统用药要求。④巴豆的淀粉稀释法制霜,可统一霜中含油量,但无加热处理过程,不利巴豆毒素的破坏,如将巴豆蒸后测定巴豆油含量,再如法稀释制霜,较符合传统炮制方法,也利于用药安全。⑤酒炙法中载可用白酒用量减半取代黄酒,二法能否取代,古今文献均未记载,历代炙药均以黄酒为主,作为全国统编教材,不宜将部分地区应用习惯并列其中。⑥煨法含义载:"将药物直接置于加热的麦麸中……",而具体煨法中则载麸药同下,二者意义不符。⑦复制法含义中谓"……反复炮制"似以反复炮制更妥。因复制中不仅只有火制,还有水制、水火共制等。

3. 有些药物炮制目的与研究尚需斟酌　①朱砂、雄黄水飞目的,不仅仅在于制得极细粉,还能降低其游离汞及三氧化二砷含量,达到降低毒副作用的目的。②黄连、当归的炮制研究项下仅仅收载了化学成分和引用了部分药理研究内容,未收炮制研究,宜列入备注项中。③白术、马钱子的炮制研究仅列出某一实验报道的数据,难以说明问题,二药尤其是马钱子炮制研究报道很多,宜综合分析,予以说明。④酸枣仁、栀子、棕榈炮制前后的药理研究,槐米、自然铜、代赭石炮制前后的成分研究等都做了不少有益的工作,宜酌收或列入备注项中,以利启发学习。⑤红娘虫备注项中载其毒性成分为斑蝥素,研究证明红娘虫不含斑蝥素而主含有机酸类,其临床中毒表现也与斑蝥素中毒截然不同。

4. 有些药物应补收鲜品规格 某些药物的鲜品对一定的急症、表证等具有特效。如白茅根治血热妄行,鲜品尤佳(陆拯《中药临床生用与制用》)。荷叶鲜者善清夏季之暑邪,藕节对多利出血症,鲜者捣汁服有效(周凤梧主编《中药学》)。而《教材》中仅收有干品和炭品,建议再版时增收鲜品规格和保鲜措施,以突出中医用药的这一特色。

上述仅系学用偶得,管见所及,敬祈指正。

注1:炒水红花子、盐葫芦巴、麸炒芡实、盐炙川楝子、焦鸡内金、醋鸡内金、砂炒骨碎补、蒲黄炒阿胶、滑石粉炒狗肾、酒黄柏、黄柏炭、酒菟丝子饼、淬阳起石、炒干漆、煅露蜂房、制远志、蜜炙远志、炒扁豆衣、焦粟芽、制豆卷、焙虻虫、焙蜈蚣。

注2:炒栀子、淡干姜、姜炭、炒蒲黄、炒知母、淡泽泻、炒益智仁、炒橘核、炒杜仲、杜仲炭、炒草果、枯芩、淡枯芩、淡吴萸、炒黄芩。

三十五、生、炒酸枣仁水煎剂镇静、安眠作用的比较[*]

酸枣仁是中医常用的安神药,具有镇静催眠作用。据古代文献记载,生用与炒用的作用不同,"睡多生使","不得睡炒熟"。但也有不同的报道,用生酸枣而治疗失眠也有催眠作用。为此,我们对生用与炒用的酸枣仁进行了有关的药理试验。

(一)材料制备

生、炒酸枣仁各20 g,分别研细,各加5倍量蒸馏水,煮沸半小时。三层纱布滤过。残渣同法再煎二次。合并滤液,浓缩至每毫升相当于原生药2 g备用。小白鼠为瑞氏种,本所动物室供给。

(二)实验方法及结果

1.非条件行为的影响—小鼠被动活动实验。

(1)电铃声刺激法:取健康、体重在20～22 g的小鼠20只,随机分两组,每组10只。按0.5 ml/10 g分别给小鼠灌胃生、炒酸枣仁水煎液。放入装有电铃的暗盒内,30 min后,每隔半小时观察小鼠活动及对铃声刺激的反应。如小鼠活动比药前正常的迟缓,对新饲料无反应,对铃声反应也低于正常,则为镇静;如伏卧不动,两眼闭合,触动其须、尾,及铃声刺激,反应和行动均迟钝或无反应,即为睡眠;如呼吸急促,全身痉挛则为中毒;如呼吸和心跳停止即为死亡。观察产生上述反应的动物百分率。

---

[*] 冯宝麟等:《生、炒酸枣仁水煎剂镇静、安眠作用的比较》,载《中成药研究》1987年第2期,第18～19页。

结果证明两组均有显著的镇静、安眠作用,而两组差异不显著,见图1。

(2)滚笼法试验:取健康、体重在18~20 g小鼠30只,雌雄各半,随机分三组,按0.5 ml/10 g剂量灌胃。分别给予生酸枣仁、炒酸枣仁水煎液及生理盐水对照。滚笼转速为6.5 rev/min。给药30 min后放入滚笼,每次放入10只,连续转动1 hr,观察小鼠落下只数。

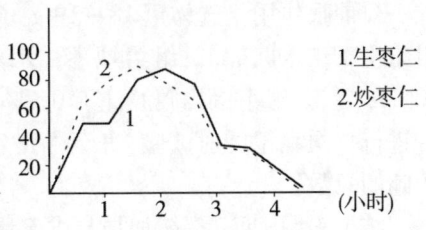

图1　对小鼠被动活动二组镇静安眠比较

结果证明,两组间无显著差异,与对照组比较两组差异均非常显著,见表1。

表1　生、炒枣仁水煎剂对小鼠被动活动的影响

	动物数	落下鼠数(只)	未落下鼠数(只)	p值(与对照组比)
生枣仁煎剂	10	7	3	$p<0.01$
炒枣仁煎剂	10	6	4	$p<0.01$
生理盐水	10	0	10	

2. 对小鼠自发活动的影响(抖笼法)　取健康小鼠27只,体重20~23 g,雌雄各半,随机分为3组。每组9只。分别给予生、炒酸枣仁水煎剂0.5 ml/10 g及等容量生理盐水灌胃。30 min后放入黑布封闭的抖笼内,每次放入3只,连接多用描绘器上,记录三组小鼠活动曲线。结果给药组均有明显抑制作用,而二组间无差异,见图2、3。

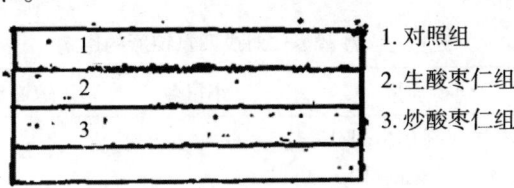

图2　给药后30 min活动曲线

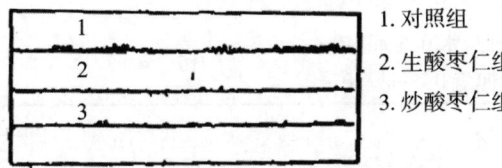

图3　给药后120 min活动曲线

3. 催眠作用 选体重 18~19 g 健康小鼠 30 只,雌雄各半,随机分三组。一组给生枣仁水煎剂,二组给炒枣仁水煎剂,三组给等容量生理盐水对照。灌胃 30 min 后,三组小鼠均腹腔注射 0.2% 戊巴比妥钠 0.1 ml/10 g。给药后每五分钟进行一次翻正反射试验,直至翻正反射消失,作为睡眠指标。记录 30 min 内入睡的只数。

结果表明,两组都能加强与戊巴比妥钠的作用,而组间无显著差别,见表 2。

表 2 生炒酸枣仁煎剂对翻正反射的影响

	药物剂量	鼠数(只)	翻正反射消失数(只)	p 值
生酸枣仁组	生酸枣仁煎剂 0.5 ml/10 g 戊巴比妥钠 0.2% 0.1 ml/10 g	10	8	$p<0.01$
炒酸枣仁组	炒酸枣仁煎剂 0.5 ml/10 g 戊巴比妥钠 0.2% 0.1 ml/10 g	10	7	$p<0.01$
对照组	生理盐水 0.5 ml/10 g 戊巴比妥钠 0.2% 0.1 ml/10 g	10	0	

4. 抗惊作用 取体重 18~19 g 健康小鼠 45 只,雌雄各半,随机分三组。一组给生酸枣仁煎剂;二组给炒酸枣仁煎剂,均按 0.5 ml/10 g 剂量灌胃,三组给等容量生理盐水对照。给药 30 min 后每组均从腹腔注射戊四氮 50 mg/kg(半数惊厥量),观察给药后产生全身性惊厥的小鼠数及死亡率。

结果两组对戊四氮引起的惊厥,均有对抗作用,而两组间差别不显著,见表 3。

表 3 生、炒酸枣仁对戊四氮惊厥的影响

	药物剂量	小鼠数	惊厥率(%)	p 值
生酸枣仁组	生酸枣仁煎剂 0.5 ml/10 g 戊四氮 0.5 mg/10 g	15	13	$p<0.01$
炒酸枣仁组	炒酸枣仁煎剂 0.5 ml/10 g 戊四氮 0.5 mg/10 g	15	20	$p<0.01$
对照组	生理盐水 0.5 ml/10 g 戊四氮 0.5 mg/10 g	15	0	

(三)讨论

历代文献记载生、炒酸枣仁的作用各不相同,根据分析,生用醒睡也可能是误传。如《证类本草》记载过陶隐居"子似武昌尽而极酸,东人啖之以醒睡与此疗不得眠正反矣"。又,同书"今注"中提到"陶云醒睡而经云疗不得眠,盖其子肉味酸,食之不思睡,核中仁服之疗不得眠,正如麻黄发汗,根节止汗也"。所谓醒睡可能是酸枣肉的误引。

我们的实验结果也证明,生、炒酸枣仁对中枢神经系统均呈现镇静、安眠、抗惊作用,而且二者之间并无差别,但生酸枣仁经煎煮后是否与炒的酸枣仁作用相似,从催醒复成催眠尚待进一步研究。目前我们认为临床用来治疗失眠等症时,生、炒酸枣仁煎剂效果相同。